Franz Mailer · Weltbürger der Musik

Ein Österreich-Thema aus dem Bundesverlag

Franz Mailer

Weltbürger der Musik

Eine Oscar-Straus-Biographie

Österreichischer Bundesverlag · Wien

Diese Buchreihe ist Österreich gewidmet: Österreich mit seinen geistigen Kräften und Strömungen, Österreich mit seiner historischen und seiner kulturgeschichtlichen Bedeutung, Österreich mit seinen landschaftlichen Besonderheiten, seinen Persönlichkeiten und der so vielfältigen Wesensart seiner Bevölkerung. Vieles bietet sich an. Es soll nach und nach behandelt werden – anregend geschrieben und zugleich hohen Ansprüchen genügend.

Satz: Times 10/11 Punkt
Gedruckt auf holzfrei Offset 120 g
Druck: Wiener Verlag, Himberg
ISBN 3-215-**05645**-3

Frau Kitty Makart, geborene Straus,
in Bewunderung und Verehrung gewidmet

Aussagen und Aufzeichnungen des Komponisten
sind seinem Nachlaß entnommen.

Inhalt

Jugend in Wien – Leopoldstadt 9
Von Strauß zu Straus (1) 15
Ringel-Ringel-Rosenkranz 22
„Leise, ganz leise . . .“ 32
Ein amüsantes Shaw-Spiel 49
Eine Vision: Schnitzler und Straus 59
Am Ende der himmelblauen Zeit 72
Es gibt Dinge, die muß man vergessen 88
Jedes Ende ist auch ein Anfang 100
O la la! 109
Neue Welten 122
In voller Lebensgröße 132
Fehlstart und glückliche Landung 145
Von Strauß zu Straus (2) 160
Weltbürger der Musik 172
Zu Hause bin ich in Ischl 182

Zeittafel 209
Bühnenwerke 217
Filme 224
Lieder 226
Instrumentalkompositionen 232
Namenregister 236

Jugend in Wien – Leopoldstadt

Er kam am 6. März 1870 im Hause Leopoldstadt (2. Bezirk), Untere Donaustraße 27, der k. u. k. Reichshaupt- und Residenzstadt Wien zur Welt. Am nächsten Tag wurde in den Büchern der Israelitischen Cultusgemeinde registriert: Oscar Nathan Straus, Sohn der Gabriele, geborene Stern, und des Ludwig Straus, Kaufmann, aus Otterberg in Bayern gebürtig. (Die beiden hatten am 27. Mai 1869 geheiratet, die Braut war 30, Ludwig Straus, der sich Louis nannte und nach Wanderjahren als Handelsagent in Wien seßhaft geworden war, 28 Jahre alt.) Am Tage der Geburt endete auch schon die Rolle der Eltern in der Biographie des kleinen Oscar. Louis Straus kommt darin nicht mehr vor, die Mutter wird seltsam wesenlos. Wichtig, bestimmend, ja beherrschend wird die prägende Macht der Familie Stern: Großvater Carl war reich und führte ein großes Haus, Onkel Alfred Stern behauptete die Position der Firma und erreichte überdies das ebenso ehrenvolle wie einflußbringende Amt des Vorstehers der Israelitischen Cultusgemeine Wien. Und so wurde dem Baby Oscar Straus schon an der Wiege – nein: eben nicht gesungen, sondern dekretiert, was er zu werden habe – ein tüchtiger Kaufmann und ein nützliches Mitglied der Erwerbsgesellschaft.

Die Zeichen der Zeit schienen günstig zu sein. Nach der Niederlage im Kampf gegen Preußen auf den böhmischen Schlachtfeldern im Juli 1866 hatten sich die Menschen in der Donaumonarchie in einen fieberhaften Aufschwung hineingesteigert, als wollten sie dadurch den politischen Abstieg wettmachen. Ein Gründerwahn hatte sich einer allzu breiten Schicht wagemutiger (aber auch waghalsiger) Männer aus allen Kronländern des Habsburgerstaates bemächtigt. Überall sollte gleichzeitig gebaut werden: Fabriken, Lagerhäuser, immer noch Eisenbahnlinien (von Wien bis in den Orient!), Häuser, ja ganze Stadtviertel und Städte wurden projektiert. Jedermann wollte teilhaben und erwarb Aktien mit dem Einsatz aller Ersparnisse oder auf Kredit. Und Aktien wurden unübersehbar zahlreich angeboten. Die Börse war zum meist genannten Gebäude in der Donaumetropole geworden und die Kurse der Aktien wurden täglich beobachtet wie in den Krankenstuben die Fieberkurven. Es war eine hektische Zeit.

Am 9. Mai 1873 war dann alles ganz anders. An diesem „Schwarzen Freitag" brach die Börse zusammen, die Kurse verfielen, und da sich Tausende und Abertausende an den weit über die tatsächliche Wirtschaftskraft der Monarchie hinaus in schwindelnde (und schwindelhafte) Höhen gesteigerten Transaktionen beteiligt hatten, forderte das Börsenfieber Tausende und Abertausende Opfer: Tote, Sieche, Verzweifelte. Selbst Mitglieder des Kaiserhauses waren in diesen fatalen Kreis einbezogen. Das Haus Stern aber blieb stabil. Durch des Onkels Tüchtigkeit und Umsicht war Oscars Weg in eine gesicherte Zukunft als Handelsmann sogar noch besser untermauert und abgesichert. Aber vielleicht hat damals der Kleine inmitten der Turbulenzen des Wirtschaftslebens unwillkürlich die Ansicht entwickelt: Geld sei nicht wichtig, man könne es zwar zählen, aber es zähle letztlich doch nicht. Ob man Geld habe oder nicht: leben, wirken müsse man jedenfalls. Und nach dieser Maxime handelte Oscar Straus zeitlebens. Je älter der Bub wurde, desto deutlicher zeichnete sich ab, daß wohl kein Kaufmann aus ihm werden sollte. Die Zeugnisse des Schülers Straus beurkunden geringen Fleiß bei hoher Begabung. Immer weniger interessierte ihn, was in der Handelsakademie vorgetragen wurde. Ihn faszinierte anderes.

Die Reichshaupt- und Residenzstadt Wien war um 1870 – wieder einmal in der Geschichte – eine Metropole der Musik. Die beherrschende Stellung kam dabei den Brüdern Johann, Joseph und Eduard Strauß zu. Auch als Joseph im Juli 1870 plötzlich seinem Gehirnleiden erlag und Johann sich aus den Ballsälen zurückzog, um Operetten zu komponieren, beherrschte ihre Musik weiterhin den Alltag der Stadt und die vom „schönen Edi" elegant und präzise geleitete Strauß-Kapelle blieb vorerst neben den Philharmonikern das wichtigste und beste Orchester der Monarchie! Doch das Musikleben erhielt gerade in dieser Zeit weitere Impulse: Aus Oberösterreich war Anton Bruckner, als Organist bereits geschätzt, ja bewun-

Der vierjährige Oscar

dert, ans Konservatorium der Gesellschaft der Musikfreunde berufen worden, und Johannes Brahms kehrte nach Wien zurück, ließ sich ebenfalls von der Gesellschaft verpflichten und setzte die Kraft seiner Persönlichkeit ein, um von der Position eines Musikdirektors aus das Konzertleben zu prägen. Richard Wagner veranstaltete umstrittene, ja umkämpfte Konzerte; er fand begeisterte Anhänger und schuf sich vehemente Gegnerschaft. Jedermann engagierte sich für Musik! In den wichtigsten Journalen Wiens, etwa in der „Neuen Freien Presse“, dem

„Fremdenblatt“, dem „Neuen Wiener Tagblatt“ und sogar in der auf Skandalgeschichten spezialisierten „Morgen-Post“ wurde der Beobachtung des Kulturlebens breiter Raum zugemessen. Grandiose Feuilletonisten wie der gebürtige Prager Eduard Hanslick in der „Neuen Freien Presse“, der aus Ulm stammende Ludwig Speidel im „Fremdenblatt“ und später Max Kalbeck in der „Presse“ berichteten, gewiß subjektiv und anfällig für Irrtümer, aber mit souveränem Stilgefühl und einprägsamen Sätzen über Konzerte und Opernabende. Die Wiener Gesellschaft – Industrielle, Kaufleute, Beamte, Gewerbetreibende, aber auch Offiziere und Arbeiter, die ihren eigenen Gesangsverein und eine Musikerorganisation gegründet hatten, nahmen Teil oder zumindest Anteil am kulturellen Leben.

Das war die Sphäre, die den heranwachsenden Oscar immer deutlicher in ihren Bann zog. Ein Mädchen, das ihn damals auf einer Bahnfahrt kennengelernt hatte, notierte später auf dem Rand eines seiner Briefe: „Eigentlich interessiert hat ihn nur die Musik.“

„Der Oscar wird Musiker!“ Allmählich sprach es sich in der Großfamilie Stern herum. Mit scheuem Stolz zeigte die Mutter einige Skizzen ihres Sohnes vor: einen langsamen Walzer (mit Widmung: „Der Mutter in Liebe“), etwas Konzertmusik. Der Familienrat trat zusammen. Ein Beschluß wurde vorerst nicht gefaßt, aber immerhin durfte ein Klavier für Oscar angeschafft werden. Ein Onkel aus Brünn erwies sich als beharrlicher Widersacher. „Der Mensch braucht zum Leben ein Stück Brot, mit Butter bitteschön, und ab und zu ein wenig Kaviar darauf. Und dazu kommt es bei einem Musikanten nie!“ Er wünschte Oscar in seiner Kleiderfabrik zu sehen oder in einer Bank in Frankfurt am Main. Der Chef des Hauses Stern war tolerant, aber auch er wollte sicher sein, daß Oscars Begabung für ein ganzes, möglichst langes Leben als Musiker, und zwar als Komponist „wie Herr Brahms, oder Ignaz Brüll oder Carl Goldmark“ ausreichen werde. Oscar Straus pilgerte also zu Brahms, zeigte seine Skizzen vor und erhielt den undeutlich gemurmelten Rat (derlei Konsultationen waren Brahms stets verhaßt), Unterricht bei Professor Hermann Grädener zu nehmen.

Das bedeutete im Grunde gar nichts, denn der biedere Grädener war gleich unbedeutend als Komponist wie als Lehrer.

Als sich später das Wunderkind Erich Wolfgang Korngold nach dem Abgang seines Lehrers Alexander von Zemlinsky notgedrungen ebenfalls bei Grädener einschreiben ließ, fragte Zemlinsky spottend bei ihm an: „Hat er schon viel von Dir gelernt?" Aber während der Zeit bei Grädener machten erste Kompositionen auf den jungen Oscar aufmerksam. Und wie es ihm mit seinem Opus 1 erging, das hat Straus später, viel später gern erzählt und sogar aufgeschrieben:

„Ich hatte ziemliches Glück mit meinem Opus 1. Es waren zwei heitere Lieder von Rudolf Baumbach, die ich vertont hatte, ‚Drei Schlüssel' und ‚Ach, wie kühle' benannt. Der damalige Wiener Hofopernsänger Horwitz interessierte sich für dieselben und sang sie oft in Konzerten und Gesellschaften. Gleich allen jungen Komponisten genügten mir die Lorbeeren aber nicht, und mein heißestes Sehnen ging dahin, meine Noten gedruckt zu sehen. Ein in Wien lebender Onkel [Alfred Stern] erklärte sich bereit, mir die Kosten für die Drucklegung vorzustrecken, jedoch unter der Bedingung, daß es mir gelänge, ein günstiges Urteil von einer musikalischen Kapazität zu erlangen. Meinem Namen alle Ehre machend – frech wie Oscar – sandte ich die Lieder an den ersten Musikkritiker Wiens, Eduard Hanslick, mit der Bitte um aufrichtige Beurteilung. Hanslick schrieb mir schon nach wenigen Tagen einen liebenswürdigen Brief, dem ich folgendes entnehme: ‚Ihre beiden Lieder haben den nicht gering schätzenden Vorzug der natürlichen Frische und Einfachheit. Über die Bedeutung und den Umfang Ihres Talents läßt sich freilich aus dieser Kleinigkeit kein Schluß ziehen.' Es folgte ein Schlußpassus, in welchem Herr Hanslick mir zart zu verstehen gab, daß darin keine Aufforderung um weitere Einsendungen enthalten sein solle. Das verlangte ich ja auch nicht. Mein Onkel gab mir das nötige Geld, ein Verleger fand sich, und so konnte ich wirklich in wenigen Wochen mein Manuskript in gestochene Noten umgewandelt sehen. Ich war zufrieden, jeden Mittag vor dem Schaufenster der Musikalienhandlung meinen gedruckten Namen bewundern zu können, und machte mir während des Tages häufig in dem Geschäfte zu schaffen, um zu hören, ob jemand meine Lieder kaufte, was mir auch manchmal gelang ..."

Nicht nur der Salonlöwe Horwitz sang die adretten frühen Lieder des jungen Straus, auch der Tenor des Theaters an der Wien und erste Barinkay in der Johann-Strauß-Operette „Der Zigeunerbaron“, Karl Streitmann, trug sie bereitwillig vor. Aber gerade diese ersten Erfolge gaben Oscar die Gewißheit, daß er Grädener sobald wie möglich verlassen mußte, um einen Lehrer seiner Wahl aufzusuchen; und er wußte auch genau, wer dieser Lehrer sein sollte: Léo Clément Philibert Delibes!

Die heiteren Spielopern (z. B. „Le Roi l'a dit“) und die graziösen Ballette des eleganten Franzosen hatten auch in Wien mühelos das Publikum erobert. Wenn dieser Musik auch das Salz der Parodie fehlte, wie es Jacques Offenbach in seinen Werken so reichlich verwendet hatte, so war sie doch gefällig und angenehm für jedermann.

Oscar Straus setzte sich durch: Im Jänner 1891 reiste er mit ausdrücklicher Zustimmung der Sternfamilie nach Frankreich. Doch genau am Tage seines Eintreffens in Paris, dem 16. Jänner, starb Delibes. Trotzdem wollte Oscar in Frankreich bleiben, aber ein Machtwort des Onkels rief ihn zurück. Und nun entschied Präsident Alfred Stern: „Entweder du kommst bei Johannes Brahms als Schüler unter oder du lernst bei Max Bruch in Berlin!“ Der Wunsch des Onkels war natürlich Befehl – und zugleich blanker Unsinn, Brahms war und blieb unzugänglich. Oscar ging zu Max Bruch. Der gewiß tüchtige, aber trotz einiger vortrefflicher Arbeiten nie so recht anerkannte Max Bruch suchte in seinen Schülern vor allem sich selbst zu bestätigen. Sie sollten gleichsam mit *seiner* Musik den Erfolg haben, den man ihm – davon war er überzeugt – aus irgendwelchen Gründen absichtlich vorenthielt. Oscar Straus übte mit Max Bruch Fugen und Melodramen, ja er begann sogar die Komposition eines Requiems. Die Briefe, die Bruch dem Schüler zwischendurch sandte, zeigen eindringlich, wie streng er dabei die Durchsetzung seiner Ansichten überwachte. Als der Wiener einmal offen auszusprechen wagte, daß auch Richard Wagner, Johannes Brahms und Johann Strauß durchaus erfolgreiche Komponisten seien, wurde Bruch rabiat und fuhr Straus an: „Ich möchte Sie nie mehr sehen und ich werde Sie verfluchen, wenn Sie es jemals wagen, musikalische Mißgestalten zu fabrizieren wie ihr erbärmlicher Namensvetter!“ – Oscar Straus kehrte nach Wien zurück und wurde endlich, was er werden mußte: er selber!

Von Strauß zu Straus (1)

Auch in seiner Heimatstadt hielt die ‚Ernste Musik' den jungen Strauß zunächst einmal beharrlich fest. Er komponierte Klavierstücke, Lieder, eine Serenade (dabei stritt er mit Max Bruch, ob er das Werk nicht besser „Suite" nennen sollte) und eine komische Oper mit dem Titel „Der Weise von Cordoba". Nur so zwischendurch streute er nach Wiener Brauch für den einen oder anderen Gesellschaftsball einen Walzer ein. In Fachkreisen galt er als kommender Mann. Das erfuhr auch Johann Strauß. Als sein Bruder Eduard im Jahre 1893 ins Programm seiner Musikvereinskonzerte neben den Werken seiner Dynastie auch Stücke zeitgenössischer Komponisten aufnahm, war der Walzerkönig gar nicht zufrieden und schrieb dem schönen Edi skeptisch:

„. . . Komponisten, die außerordentlich musikalisch sind, gibt es heute in unendlicher Zahl. Sie bekunden aber nur Mache! Alle zusammengenommen haben keine Spur von einem göttlichen Funken . . . Max Kalbeck rechnet den Oscar Straus als einen sehr großen Komponisten. Ich habe von ihm noch nichts gehört, glaube an sein Talent, weil Kalbeck, der Musikverständige, es mir sagt. Aber ich bin heut' überzeugt, daß er ihm nur durch die Mache imponiert. Gute Musiker sind heute zum Schweinefüttern vorhanden. Die Leute haben alle viel gelernt – ich verkenne nicht die gute Arbeit, aber auch nicht, daß diese Leute zum Schaffen nicht geboren sind."

Oscar Straus schien Johann Strauß recht zu geben. Er bastelte weiter an kleinen Stücken, begann eine weitere Oper „Verbot und Befehl" (die keine Aussicht auf eine Annahme etwa im Theater an der Wien hatte), schrieb neue Lieder und experimentierte mit Ballett und Melodram. Kaum eines dieser Stücke wurde jemals aufgeführt. Gewiß, die Berliner Kroll-Oper hatte, so war in den Zeitungen zu lesen, den „Weisen von Cordoba" angekündigt, doch es klappte nicht mit der Premiere.

Auch die Liebe warf den temperamentvollen Oscar nicht aus seiner Lebensbahn, sondern führte ihn auf seinen eigentlichen Weg. Schon beim ‚Bruch' mit Max Bruch hatte eine kleine Affäre mit einer Schwägerin des Lehrers mitgespielt, nun aber führte die Verbindung mit der Geigerin Helene Neumann – sie nannte sich Nelly Irmen – zur Vertreibung Oscars aus dem Hause Stern. Die etwa gleichaltrige Künstlerin, eine begabte, mit der Glorie erster Triumphe als Virtuosin umgebene Schülerin des Konzertmeisters der Wiener Philharmoniker, Arnold Rosé, und der Pianist, Kapellmeister und Kompositeur Straus wurden ein Liebespaar. Das erste Kind dieser Verbindung kündigte sich bereits an, als das Aufgebot bestellt wurde. Der sittenstrenge Onkel Alfred Stern wollte einen derartigen Verstoß gegen die gerade in jüdischen Kreisen peinlich gewahrten Bräuche nicht hinnehmen. Er sah in Nelly Irmen kein ‚süßes Mädel', sondern eine ‚leichte Person'. Im Familienrat konnte sich die Stimme der Mutter nicht durchsetzen. Oscar hielt zu seiner Nelly, und aus war es mit dem doch recht bequemen Leben eines jungen Herrn aus großem Hause. Am 24. April 1895 fand die Hochzeit statt, wenig später unterzeichnete Oscar einen Vertrag als Kapellmeister und Komponist am Stadttheater Brünn, im Sommer trat er sein Engagement an und am 10. November 1895 kam in Brünn der erste Sohn zu Welt. Er wurde Louis genannt, wie der Großvater. Damit im Zusammenhang kam es zu einem weiteren Konflikt mit Onkel Alfred, Oscar wurde nun auch noch enterbt und von allen Zuwendungen abgeschnitten.

Um die Jahreswende 1895/96 war die Familie Nelly, Oscar und Louis Straus zwar in Brünn etabliert, im übrigen aber fast völlig mittellos. Auch der Ruhm wollte sich nicht einstellen. Die Oper „Der Weise von Cordoba" war zwar am ersten Dezember in Preßburg uraufgeführt worden und konnte auch beim angesehenen Verlag Cranz in Hamburg plaziert werden, aber der erhoffte Triumphzug des Werkes über weitere Bühnen blieb aus. Für das Festspiel „Die Schweden vor Brünn", mit dem Oscar am 10. August im Stadttheater der mährischen Metropole debütiert hatte, erhielt er schriftlich die ehrende Anerkennung des Bürgermeisters. Das war aber auch alles.

Es wurde einsam um den jungen Komponisten und Familienvater. Die Freunde der sorglosen Jugendzeit gingen ihrer

Oscar Straus mit seiner ersten Frau Helene Neumann (Nelly Irmen)

Wege, und die führten nicht über Brünn. Straus, der sich wohl schon im Hause Stern abgekapselt hatte von allen, die so ganz anders dachten und fühlten als er, wurde noch verschlossener, aber auch selbstbewußter. Man hat ihm später manchmal Arroganz, jedoch niemals leichtfertige Kumpanei nachgesagt.

Der Weg des Kapellmeisters Straus schien jedoch rasch aufwärts zu gehen: Hamburg war die nächste Station seiner Karriere. Aber gleich zu Beginn der Spielzeit 1896/97 kam es zu einem Konflikt zwischen Direktor Bernhard Pollini und dem jungen Mann, der andernfalls noch kurze Zeit neben Gustav Mahler am Hamburger Stadttheater hätte arbeiten können! Er mußte froh sein, in Teplitz unterzukommen. Dort aber, wo der zweite Sohn des Ehepaares, Leo, am 21. Jänner 1897 zur Welt kam, lernte der Herr Kapellmeister wenig für sein Repertoire, aber Entscheidendes für sein Leben: der in Wien zwar latent stets vorhandene, aber nicht ernst genommene Antisemitismus präsentierte sich ihm hier im Sudetenland in aller Brutalität. Straus wurde aus dem Theater hinausgeekelt. Den ‚Nachruf' konnte er am 15. Juli in der „Nationalen Zeitung" lesen:

„Bericht aus Teplitz-Schönau: Aus Neu-Jerusalem. Oskar Straus.

Eine von der hiesigen Judenschaft bis ins Übertriebene verherrlichte Person war der gewesene Theaterkapellmeister Oskar Straus. Wer diesen Kapellmeister gekannt hat und seinen Namen nennen hörte, mußte unwillkürlich lachen. So war es, und nun die Begründung. 1. Beschreibung seiner Person. Oskar Straus, Jude, ca. 1.80 Meter lang, hager bis zum Lachen, lange hagere Beine, lange Arme mit langen Fingern, Kopf lang und schmal mit 18 Zentimeter langem tiefschwarzem Haar, schwarze freche Augen, eine enorme krumme Nase, welche als Monstrum für's künftige antisemitische Museum angekauft werden müßte, ausgesprochene Plattfüße mit Frostbeulen. 2. Nun seine Leistung aus musikalischen Fachkreisen geschildert. Dieser Prachtjude war beim hiesigen, teils aus jüdischen Schauspielern bestehenden Stadttheater als Dirigent angestellt. Er kam absichtlich bei den musikalischen Aufführungen im Theater meist zu spät und beim Eintritt ins Orchester grüßte er nie, sondern warf rollende Augen auf die harrenden Orchestermitglieder, sprang auf den erhöhten Dirigentenstuhl, warf die eminent langen Rockschöße auseinander und zog die Zipfel derselben vorne durch die Beine. Theaterstücke, welche die hiesige aus geschulten Kräften bestehende Kurkapelle zu öftern schon gespielt, dirigierte er ganz erbärmlich, theils zu rasch, größtentheils aber zu schlecht, sodaß es sprichwörtlich hieß: Dem Straus sein Dirigentenstab sollte Laute geben, dann wäre das Theater bald leer. Es war auch stets anzunehmen, daß die Orchestermitglieder den richtigen Takt hatten, während Straus nach Belieben in der Luft herumfuchtelte und dabei sich sogar erfrechte, Namen einzelner Musiker während des Spieles aus Ärger zu nennen. Die Folge war, daß die Orchestermitglieder eine Beschwerde über diese echt jüdische Frechheit beim hiesigen Stadtrate einbrachten, sich beleidigt fühlten und sogar einig waren, unter Straus nicht weiter zu spielen. Auf das hin wurde der jüdische Kapellmeister Straus vorgeladen und nachdem sich die Sachen so darstellten, mußte dieser Judendirigent den Orchestermitgliedern Abbitte leisten. Gleichzeitig wurden Straus die künftigen Verhaltungsmaßregeln, soweit sie Anstand und gute Sitte betreffen, vorgeschrieben. Dies grämte den Juden sehr und er zog es vor, seine Entlassung zu geben. Welch' Jubel, welche Freude bei den christlichen Theaterbesuchern. Erwähnt sei noch, daß die Theaterberichte er selbst verfaßte und Loblieder über seine Leistungen im ,Teplitz-Schönauer-Anzeiger' persönlich einschalten ließ. Dieser Kunstjude, an dessen Rockschösseln die ganze hiesige Judenschaft hing, ist nun endlich von der Oberfläche verschwunden."

Die Familie Straus zog eine Station weiter. Im Gepäck des Vaters befanden sich einige neue Kompositionen, die in den

Capriccio all'Ongharese, komponiert für Nelly Irmen

knappen Mußestunden des Kapellmeisterdienstes entstanden waren: kleine Stücke für die Geige der Gattin, aber auch eine anspruchsvolle Sonate für Violine und Klavier, „Feuilles dansantes", Charakterstücke für Klavier unter dem Sammeltitel „Pantomime" und die Suite „Pittoreske Szenen" für Klavier (später auch für Orchester) sowie das „Bilderbuch ohne Bilder", Miniaturen, die auf frappierend zärtliche und doch auch humorvolle Weise Vater Oscar Straus in seiner Kinderstube zeigen.

Natürlich versuchte der junge Komponist immer wieder, seine Werke auch in seiner Heimatstadt vorstellen zu können. Es war zunächst vergeblich. Da erinnerte sich Oscar daran, daß Max Kalbeck ihm eine Einladung zu Johann Strauß verschafft hatte. Er klopfte also gelegentlich an die Pforte des Strauß-Palais' in der Igelgasse. Was sich dort zutrug, hat Oscar Straus lebenslang in seiner Erinnerung behalten:

„Ich spielte dem Meister eine Reihe meiner Kompositionen vor, unter anderm auch einen kleinen Walzer. Johann Strauß hörte sich geduldig alles an und gab mir am Ende den Rat: ‚Gebens Ihnen net ab mit schweren Symphonien, schreibens lieber Walzer, dazu habens wirklich Talent.'"

Oscar Straus durfte sich also als Erbe des Walzerkönigs, der am 3. Juni 1899 starb, fühlen, trat aber diese Nachfolge keineswegs sofort an. Im Jahre 1898 schrieb er neben weiteren kleinen Stücken auch ein breit angelegtes Konzert für Klavier und Orchester; vielleicht wollte er sich nun auch als Pianist profilieren.

Im Herbst 1897 zog Oscar Straus in ein neues Engagement nach Mainz. Dort wiederholten sich die Ereignisse von Pollinis Stadttheater in Hamburg. Um die Jahreswende erschien folgender Bericht in der Lokalpresse:

„Herr Kapellmeister Straus hat seiner hiesigen für ihn peinlichen Position am hiesigen Theater per 1. Januar ein Ende bereitet. Wir geben nachstehend den Briefwechsel, der dieserhalb zwischen den Herren Kapellmeister Straus und Direktor Simons gepflogen wurde:
Geehrter Herr Direktor!

Ich hatte mir schon längst vorgenommen, Ihnen zu Neujahr eine angenehme Überraschung zu bereiten, zugleich eine Neujahrsfreude für mich. Dieselbe besteht darin, Sie um Lösung meines Vertrages ab 1. 1. 1898 zu ersuchen. Ich glaube Ihnen zur Genüge den Beweis geliefert zu haben, daß man mit mir nicht ungestraft spielt; nun denke ich, können wir es genug sein lassen des grausamen Spiels. Ich gebe mich der angenehmen Überzeugung hin, daß Sie meiner Bitte ohne Weiteres willfahren werden und ersuche höflichst um umgehende Antwort.

Hochachtungsvoll Oscar Straus.

Mainz, 31. 12. 1897
Kapellmeister Straus, hier.
Geehrter Herr Kapellmeister!
Sie dürfen versichert sein, daß ich mit größtem Vergnügen Ihren Entschluß begrüße und Ihnen die gewünschte Entlassung mit Ende des morgigen Tages gerne gewähre.

Mit gleicher Hochschätzung zeichnet
R. Simons."

Die Familie Straus durchlebte nun ihre wohl schwerste Zeit. Und gerade in diesen Wochen der Sorgen, ja der Not kam am 7. August 1898 in Jugenheim bei Darmstadt das dritte Kind zur Welt: Katharina Esther Rosina Straus. Im Herbst 1898 fand die Familie neuen Halt, zwar nicht in Wien, aber immerhin in Berlin. „Ich war dort", erzählte Oscar Straus später, „abwechselnd an verschiedenen Theatern tätig, zuletzt sogar an einem Varieté. Es war mir damals noch nicht gelungen, als Komponist festen Fuß zu fassen". Und doch war Straus zur richtigen Zeit am rechten Ort: am Ausgangspunkt seiner eigentlichen Karriere.

Ringel-Ringel-Rosenkranz

Man kann es in der Rückschau fast nicht begreifen: Kaum hatten die Neunzigerjahre des 19. Jahrhunderts begonnen, überkam eine Art ‚Endzeitstimmung' so gut wie alle Völker Europas. Je näher man dem Ende dieses Saeculums kam, desto ungeduldiger wurde überall und von jedermann das neue, das 20. Jahrhundert erwartet. Alles, buchstäblich alles sollte besser, angenehmer, aber auch fröhlicher werden. Dabei hatte das 19. Jahrhundert gerade den Europäern ungeahnte Fortschritte gebracht, auch die Künste, allen voran Musik und Theater, hatten sich reich wie nie zuvor entfaltet – aber das wurde damals gering geachtet, man sah nur noch verbliebene Zwänge höfischer, aber auch bürgerlicher Konventionen. Im neuen Jahrhundert sollten, nein mußten sie fallen. Man wünschte sich jetzt den Himmel auf Erden . . .

Zu den vielen, die mit dem Beginn des 20. Jahrhunderts sofort, ohne jeden Aufschub die alte Welt ändern wollten, gehörten als amüsanteste Gruppe einige Dutzend Sänger, Dichter und Denker aus Frankreich, Deutschland und Österreich. Es war eine bunte Schar – nur eines einte sie: das Wissen darum, daß die hergebrachte Ordnung, die sich irgendwo zwischen Thron, Altar und Operette etabliert hatte, längst irreal geworden war. Mit klarem Blick erkannten sie, was die Bürger ihrer Vaterländer noch nicht sehen wollten und nach dem Willen ihrer Obrigkeiten auch gar nicht sehen sollten: daß beispielsweise die sozialen Spannungen tiefe Sprünge in das nur noch scheinbar heile Gefüge der Staatsvölker gerissen hatten. Sie machten sich also daran, diese Brüche in den Liedern und Dramen der Jahrhundertwende nachzuzeichnen. Und weil sie sich nun einmal einer solchen ‚subversiven' Aktivität ergeben hatten, begannen sie gleich auch noch mit dem Niederreißen der Mauern des Schweigens, mit denen sich geistliche wie weltliche Zensoren jegliche Darstellung der indessen auch von der Wissenschaft bereits beschriebenen und gedeuteten Mächte des menschlichen Trieblebens umgeben hatten, und sie begannen, sich inmitten einer Welt von Spießern, unbekümmert und justament zur Glorie wie zur Dämonie der Sexualität zu bekennen. Im neuen Jahrhundert sollte es keinerlei Scheuklappen mehr geben. Sie hatten die Schriften des Philosophen Friedrich Nietzsche studiert, die deutschen Dichter und auch die französischen Chansonniers, und waren dabei nicht nur auf die gefährlichen Visionen von einem ‚Übermenschen' gestoßen, sondern auch auf handfeste Merksätze, wie zum Beispiel ...

„Es zahlt sich teuer, zur Macht zu kommen. Die Macht verdummt. – Deutschland, Deutschland über alles: Ich fürchte, das ist das Ende der deutschen Philosophie!"

Um ein solches Ende abzuwehren, um überhaupt jeder Art von ‚Götterdämmerung' vorzubeugen, suchten die jungen Literaten und Künstler alles zu erneuern, in erster Linie ihre Kunst. Nicht nur wahrhaftiger und ehrlicher sollte sie werden, sondern zugleich schöner, lebens- und wirkungsvoller, überdies auch noch schillernder, lockender, verführerischer!

Man ließ sich von der Sphäre des Varietés faszinieren, von ihrer Primitivität und Vielfalt. Der moderne Mensch, so überlegte man, der in Wohnkasernen gepreßte Großstädter will Abwechslung, Lärm und Trubel auch beim Vergnügen, er hat ‚Varieténerven'. Wer ihn erziehen wolle, müsse Kunst und Vergnügen zu einer großen Nummer vereinen, zur Attraktion für das ‚große Varieté des neuen Lebens' steigern:

„Völker hört! Wir wollen die Renaissance aller Künste und des ganzen Lebens vom Tingeltangel her! Wir wollen den heiteren Geist, das Leben verklären, die Kunst des Tanzes in Worten, Tönen, Farben, Linien, Bewegungen. – Wir wollen die nackte Lust am Schönen, den Humor, der die Welt am Ohr nimmt, die Phantasie, die mit den Sternen jongliert und auf des Weltgeistes Schnurrbart-Enden Seil tanzt! – Wir werden eine neue Kultur herbeitanzen. Wir werden den Übermenschen auf dem Brettl gebären! Wir werden diese alberne Welt umschmeißen!"

So fing es also an, um die Wende vom 19. zum 20. Jahrhundert, mit einem bunten Völkchen und einem noch bunteren Programm. Der aus Bayern stammende, damals gerade in Berlin agierende Ernst Freiherr von Wolzogen beschloß, Künstler um sich zu versammeln, um ein derartiges Programm zu erstellen und der – hoffentlich! – staunenden und begeistert aufjauchzenden Welt zu präsentieren. Als erster Schauplatz des Unternehmens war Darmstadt ausersehen, aber dort kam Herr von Wolzogen mit den Gründungs-Fatalitäten nicht zurecht, und so verlagerte sich der Schwerpunkt des Geschehens an die Ufer der Spree.

Von diesem Moment an war Oscar Straus Zeuge, wenig später aber wichtigster Akteur des Unternehmens. Man läßt daher am besten ihn selbst erzählen, wie sich die Dinge aus seiner Sicht entwickelt haben:

„Als Ernst von Wolzogen gegen Ende des Jahres 1900 daran ging, seinen lang gehegten Plan eines literarischen Kabaretts zur Verwirklichung zu bringen, hat ihm teilweise etwas ganz anderes vorgeschwebt als das Unternehmen, das im Januar 1901 unter dem Namen „Überbrettl" in Berlin ins Leben trat. Daraus mag sich mancher Zwiespalt, vielleicht auch das allzu frühe Ende dieser unter den glücklichsten Auspizien inaugurierten Kunstgattung erklären lassen. Vielleicht waren gerade die Zufälligkeiten, die mich mit Wolzogen in Berührung brachten und meine Tätigkeit beim „Überbrettl" zur Folge hatten, die Ursache, daß das Ganze eine etwas andere Richtung nahm. Möglicherweise wäre der Erfolg den rein literarischen Intentionen nicht gelungen.

Ich domizilierte damals in Berlin. Wie alle unbekannten oder unerkannten Künstler pflegte ich die freien Stunden in dem damals sehr frequentierten Bohémecafé ‚Westminster' unter den Linden zu verbringen. Dort führte mich der Zufall unter anderem mit einem Mitarbeiter des ‚Berliner Lokalanzeigers' namens Oskar Geller zusammen. Eines schönen Tages, nachdem von Wolzogens Plänen schon einiges durch die deutsche Presse gegangen war, erschien besagter Geller im Café Westminster und erklärte mit der größten Selbstverständlichkeit, daß er nicht mehr Geller, sondern Spontelli heiße, nicht mehr Journalist, sondern Pantomimiker sei und daß er in dieser Eigenschaft ein Engagement bei Wolzogen angenommen habe. Es fehle ihm nur noch an einer geeigneten Rolle und er wende sich daher an mich mit dem Ersuchen, sie ihm zu schreiben. Ich nahm dieses Anerbieten nicht ernst. Da sich aber meine Hoffnung, Geller-Spontelli werde von seiner Idee wieder abkommen, als Täuschung erwies, erkärte ich ihm schließlich, ich sei mit der Arbeit bereits beschäftigt, in der Hoffnung, für einige Zeit Ruhe von ihm zu bekommen. Wie groß war mein Erstaunen, als ich bald darauf eine Rohrpostkarte von Baron Ernst von Wolzogen erhielt, worin dieser mich aufforderte, ihm die neue, für Herrn Spontelli komponierte Pantomime vorzuspielen. Ich hatte tatsächlich nicht eine Note komponiert und auch mit Ausnahme eines im Kaffeehause scherzhaft gemachten Vorschlages keine Ahnung von einer dramatischen Idee. Da ich mir aber die Bekanntschaft mit Wolzogen, diesem feinsinnigen Dichter, den man nie genügend geschätzt hat, nicht entgehen lassen wollte, ging ich, jung und frech wie ich damals war, kurzerhand in die freiherrliche Wohnung. Der Herr Baron empfing mich mit ausgesuchter Liebenswürdigkeit und forderte mich auf, meine Musik vorzuspielen. Da ich doch nun unmöglich damit debütieren konnte, ihm zu eröffnen, daß ich überhaupt keine Musik geschrieben hätte, setzte ich mich kurz entschlossen ans Klavier und spielte ihm, was ich so an musikalischen Skizzen in der letzten Zeit angesammelt hatte, untermischt mit freien Phantasien vor. Das Unbegreifliche – hier ward's Ereignis. Wolzogen war entzückt von der Musik und brachte mich nur noch dadurch in Verlegenheit, daß er einiges über den Inhalt der Pantomime wissen wollte. Ich half mir schlecht und recht, indem ich ihm in unzusammenhängender Weise eine Idee, die übrigens nicht von mir, sondern von Rudolf Schanzer stammte, auseinandersetzte. Und das Fazit war, daß die Pantomime, der der unheimliche Titel ‚Pierrots Tücke, Traum und Tod‘ beigelegt wurde, von Wolzogen für seinen Eröffnungsabend kontraktlich erworben wurde. Mit den Proben wurde sofort begonnen, so daß ich nicht einmal Zeit fand, das Nötigste zu Papier zu bringen und mir damit half, daß ich während der Probe das auf dem Wege des Phantasierens zustande Gebrachte nach der Probe fixierte.

Wie es den Anschein hatte, war von nun an alles, woran ich rührte, von einem glücklichen Stern begleitet. Nach wenigen Tagen teilte mir Wolzogen mit, daß es ihm gelungen sei, sein Vertragsverhältnis mit dem von ihm engagierten Kapellmeister zu lösen, und er machte mir – unter nach damaligen Begriffen glänzenden Bedingungen – einen Engagementantrag, den ich selbstverständlich ohne Zögern akzeptierte. Nun hatte ich die gesamten Proben für die Eröffnungsvorstellung zu leiten und gemeinsam mit dem Direktor das Programm festzusetzen, das noch keineswegs komplett war. Zu seinem kleinen Stab gehörten außer den bereits Erwähnten die Sängerin Božena Bradsky, die es bisher über eine Tätigkeit als Operettensoubrette in der Provinz noch nicht hinausgebracht hatte, und ein junger Sänger, Robert Koppel, dessen Tätigkeit sich bisher hinter dem Ladentisch abgewickelt hatte, sowie eine ebenso anmutige wie unbekannte Sängerin Olga d'Estre, und der als Schauspieler engagierte, nachmals als Lustspieldichter berühmt gewordene Karl Rößler, der sich damals Franz Reßner nannte. ...

Da wendete sich Wolzogen in der Sorge um Komplettierung seines Programms an mich mit dem Ersuchen, ihm für den Eröffnungsabend noch eine kleine Musiknummer, etwa ein Gesangs- und Tanzduett zu komponieren, und schlug mir zu diesem Zweck als Textunterlage den ‚Lustigen Eh'mann' von Otto Julius Bierbaum vor. Ich gestehe ehrlich, daß ich von dem Gedicht nicht sehr begeistert war, und stellte daran namentlich aus, daß durch den Mangel eines greifbaren Refrains keine Gelegenheit zu einer dankbaren und ohrengefälligen Form gegeben sei. Wolzogen beschwichtigte dieses Bedenken mit dem Bemerken, es werde mir schon etwas Richtiges einfallen. Allem Anschein nach ist mir auch etwas Richtiges eingefallen, indem ich dem von mir gerügten Übelstand dadurch abhalf, daß ich einen Refrain auf die ebenso originellen wie schlagkräftigen Worte ‚Tralala' komponierte. Diese ganze Operation vollzog sich in etwa zehn Minuten. Ich ging mit dem Manuskript zu Wolzogen, legte ihm aber ans Herz, von einer Aufführung dieses Mistes lieber abzusehen. Wolzogen aber, der ganz Vorsichtige, hatte gleichzeitig denselben Text einem anderen Komponisten, dem später populär gewordenen Viktor Holländer, zur Komposition übergeben. Er war im Gegensatz zu mir auf den interessanten Einfall gekommen, den Refrain statt mit ‚Tralala' mit ‚Lalala' zu textieren. Nun stand unser lieber Baron vor einer überaus ernsten Entscheidung. Abgesehen davon, daß ihm die Wahl zwischen ‚Tralala' und ‚Lalala' überaus schwerfiel, wollte er mich als seinen engagierten Kapellmeister nicht vor den Kopf stoßen, war sich vielleicht auch nicht klar darüber, welche von beiden Kompositionen dem Geschmack des großen

Publikums mehr entsprechen könnte, entschied sich aber schließlich trotz meines Zuredens, die Holländersche Komposition zu akzeptieren, für meine Vertonung. . . .

Nun trat die Frage der Kostüme an uns heran. Da die Direktion weder mit großen Kapitalien noch mit einem übermäßigen Fundus ausgestattet war, wurde bestimmt, daß Herr Koppel in demselben Biedermeierfrack, der bekanntlich für sämtliche männliche Mitglieder angefertigt wurde, zu mimen habe, die Bradsky aber holte aus ihrer vorhandenen Provinz-Theatergarderobe ein Kleid, das sie in der Rolle der ‚Komteß Guckerl‘ wiederholt getragen hatte. Auf diese Weise, und durch gar keine wie immer geartete geniale Idee, wurde ‚Der lustige Eh'mann‘ zu dem Biedermeierduett gestempelt, das damals etwas Neues war, später für so vieles vorbildlich geworden ist. . . .

Als wir nach der Vorstellung das Resümee zogen, mußten wir zu dem Ergebnis kommen, daß ‚Der lustige Eh'mann‘ einen großen Erfolg errungen habe, daß aber das Überbrettl durchgefallen sei. Da nicht anzunehmen war, daß dieses kleine Biedermeier-Tänzchen ausreichen könne, das ganze Fiasko wettzumachen, gingen wir mit nichts weniger als frohen Gefühlen auseinander. Wolzogen selbst war von einer solchen Deprimiertheit, daß wir ernstlich um ihn besorgt waren. Unter diesen wenig erfreulichen und wenig Hoffnung erweckenden Auspizien begaben wir uns am nächsten Abend in das Alexanderplatz-Theater, um wieder unser ganzes Spießruten-Programm zu durchlaufen, um vielleicht mit dem ‚Lustigen Eh'mann‘ einen vorübergehenden Abenderfolg zu erringen. Und da geschah das Merkwürdige und Unfaßbare, daß von der ersten Programmnummer an das Publikum, welches allerdings aus ganz anderen Elementen bestand als am Vorabend, wie man im Theaterjargon zu sagen pflegt, ‚mitging‘ und jeder einzelnen Programmnummer eine warme Aufnahme bereitete, die sich nach dem ‚Lustigen Eh'mann‘ zu einem Sensationserfolg steigerte. Sogar meine dann folgende Pantomime konnte die gute Stimmung nicht mehr verderben und die von einer frenetischen Beifallslust erfüllten Zuhörer hätten sich am liebsten auf der Bahre von Pierrot und Colombine ein nochmaliges Dacapo des ‚Ringel-Ringel-Rosenkranz‘ erzwungen. Es war ein Sieg auf allen Linien. Und wenn man mich fragen sollte, wieso das möglich war, so habe ich wieder nur die eine Antwort: es war eben das ‚Überbrettl'!"

Die Premiere des „Bunten Theaters" am 18. Jänner 1901 – es war der 200. Geburtstag Preußens! – in der „Secessionsbühne" am Berliner Alexanderplatz war also ein voller Erfolg, das Echo aber, das dieser Abend fand, war beispiellos. Nicht nur die großen Blätter in den Zentralen (einschließlich St. Petersburg und Bukarest), sondern auch die armseligsten Zeitungen, etwa in Siebenbürgen, dem böhmisch-mährischen Raum und den deutschen Sprachinseln in Ungarn und in der Krain, veröffentlichten ausführliche Berichte. Es wurde zwar allgemein angemerkt, daß die Revolutionäre, die Erneuerer der schönen Künste mit „Kling-Klang-Gloribusch" und „Ringel-Ringel-Rosenkranz" gesiegt hatten, nicht aber mit dem ebenfalls im Programm vorhandenen, aber wirkungslosen politischen Scherz „Zur Dichtkunst abkommandiert" und erst recht nicht mit der „Episode" aus dem Anatol-Zyklus von Arthur Schnitzler. Aber den Triumph des „Überbrettls" hat ganz Europa erfahren.

Die Lieder von Oscar Straus waren es auch, die das Unternehmen in der Folge so einigermaßen über Wasser hielten. Die kleine Ballade „Die Musik kommt" auf einen Text von Liliencron, die Straus damals schrieb und einem Sänger der Berliner Oper widmete, erwies sich sogar als wertbeständig bis auf den heutigen Tag. Allmählich mischte sich freilich die längst übliche ‚Diseusenliteratur' ins Repertoire (z. B. „Der erste Verdacht"), aber das war zunächst nicht so wichtig. „Überbrettl" war zur Devise geworden, der man überall folgen wollte. Derlei Ensembles etablierten sich an vielen Orten, und schon nach wenigen Monaten war im Grunde nur noch lächerlich, was alles dem Publikum als „Überbrettl" vorgeführt wurde.

Natürlich wurden die Ereignisse in Berlin auch an der blauen Donau aufmerksam beobachtet. Als erste Reaktion beschlossen literarische Kreise die Gründung eines „Jung-Wiener-Theaters zum lieben Augustin" und ein Komponist mit Namen Arnold Schönberg schrieb u. a. einige Überbrettl-Lieder.

Im Mai kam Wolzogens Truppe mit Oscar Straus als ‚Flügelmann' zu einem Gastspiel ins Wiener Carltheater. Der Erfolg war wie überall auch in der k. k. Reichshaupt- und Resi-

Das „Überbrettl"-Ensemble in Berlin: links Oscar Straus mit Božena Bradsky, rechts Ernst von Wolzogen mit Olga d'Estrè

denzstadt zunächst einmal groß genug, um eine parodistische Konkurrenz ins Leben zu rufen, ein „Unterbrettl", das sich im Prater etablierte. In diesem kurzlebigen Unternehmen debütierte eine blutjunge Diseuse, ein Frl. Massarik, das sich Fritzi Massary nannte. Wie skeptisch die Wiener dem „Überbrettl" entgegensahen, geht vielleicht am besten aus der amüsanten Episode hervor, daß der k. k. Klavierfabrikant Ludwig Bösendorfer keines seiner kostbaren Instrumente für die Truppe des Herrn von Wolzogen zur Verfügung stellte, obwohl er es sich sonst zur Ehre anrechnete, jedem Pianisten einen Bösendorfer aufs Podium transportieren zu lassen.

In der Summe blieb das Auftreten der Künstler rings um Wolzogen und Oscar Straus in Wien wirkungslos. Die heimischen Literaten waren unter sich so zerstritten, daß es zwar zu einigen Abenden des „Jung-Wiener-Theaters zum lieben Augustin“ im Theater an der Wien kam (mit dem ersten Auftreten Frank Wedekinds in Wien), daß aber schon nach wenigen Tagen der Impuls wieder verebbte. In Berlin ging es recht ähnlich: Auch das Konkurrenzunternehmen, das Max Reinhardt dort unter dem Namen „Schall und Rauch“ ins Leben gerufen hatte, war rasch wieder aus dem Kulturbetrieb verschwunden.

Im Trubel der „Überbrettelei“ blieb allerdings auch die Künstlerehe Nelly Irmen – Oscar Straus auf der Strecke. Die beiden gingen einvernehmlich auseinander. Die Buben landeten bei der Großmutter im Hause Stern, das Mädchen Kitty blieb vorerst bei der Mutter, folgte aber später nach. Neue Lebensgefährtin Oscar Straus’ wurde die dralle Diseuse Božena Bradsky. Übrigens hatte sich auch Freiherr von Wolzogen in eine Sängerin verliebt, und so kam es, daß Elsa Laura Seemann ab Herbst 1901 die Truppe vermehrte (wenn auch nicht verstärkte). Dazu kam als zweiter Kapellmeister Herr Arnold Schönberg. Seine Überbrettl-Lieder hatten ihm das Engagement verschafft; er hat es sehr bald verwünscht.

Im November 1902 begannen Wolzogen und seine Künstlerschar die zweite Saison. Wieder waren es die Lieder von Oscar Straus, die, von der Bradsky mit Pfiff und Schmiß vorgetragen, den Erfolg herbeizuführen schienen. Auch ein heiteres Singspiel von Rudolf Schanzer mit Musik von Straus, „Der schwarze Mann“, startete mit Erfolg. Aber bald standen Skandale im Mittelpunkt der Berichte über die Truppe – „Revolverattentat auf Oscar Straus“ lautete eine Schlagzeile; was wirklich geschehen war, wurde nie geklärt – und schließlich kam es zum Bruch zwischen Wolzogen und Straus. Die entscheidende Szene soll kabarettreif gewesen sein: „Ich schätze es nicht“, sagte Wolzogen, „wenn der Kapellmeister mit der Sängerin ein Verhältnis hat.“ „Und ich“, entgegnete Straus, „schätze es noch viel weniger, wenn der Direktor sein Verhältnis als Sängerin auf die Bühne stellt.“ So schieden die beiden Männer in gegenseitiger Wertschätzung. Die phantastische Episode „Überbrettl“ war zu Ende.

Der Zusammenbruch des Unternehmens, den Oscar Straus mit Recht der dilettantischen Geschäftsführung des Freiherrn von Wolzogen anlastete, traf ihn besonders schwer. Der Absturz vom europaweiten Ruhm zur fast völligen Bedeutungslosigkeit war kaum zu verkraften. Mit zäher Verbissenheit suchte Oscar Straus wenigstens den Nachhall der eben noch so begeisterten Stimmen, die diesen Ruhm verkündet hatten, für sich und einen Rest der Truppe auszuwerten. Er gründete ein „Oscar-Straus-Ensemble“, dem Božena Bradsky und die blonde Soubrette Mitzi Bardi als Stars sowie eine kleine Schar von Schauspielern und Musikern angehörten. Für seine Diseusen schrieb Straus weiterhin jene Tändellieder, die auf dem Überbrettl so erfolgreich gewesen waren. Als man ihm daraufhin vorwarf, er schreibe Gassenhauer, meinte er gelassen: „Kann schon sein, aber nur für die feinsten Gassen.“

Ein Blick auf die Programme des Oscar-Straus-Ensembles, das im März 1903 in Berlin Station machte, zumeist aber im norddeutschen Raum tingelte und nach Süden hin die Mainlinie kaum überschritt, zeigt ein buntes Repertoire: die gebürtige Pragerin Bradsky, deren leicht böhmischer Akzent gerade von einem norddeutschen Publikum nicht als amüsant empfunden wurde, trug Kabarettlieder (z. B. „Wiener Ringstrassen-Corso“ auf einen Text von Schönthan, „Die Chansonette“, Text: Leo Heller und „Das nüchterne Mädchen“, Text: Rideamus) sowie – zusammen mit der Bardi – das Duett „Das Tanzpärchen“ vor. Es standen aber auch ein Duett mit Versen von Mörike, Lieder der rumänischen Königin (Pseudonym: Carmen Sylva) und das erschütternde „Ghetto-Liedchen“ auf dem Programm, das heute noch bei jedem Liederabend gesungen werden könnte. Höhepunkt des Programms war das Monodram in vier Szenen „Lolotte“, Text von Leo Heller. Es zeigte den ‚Abstieg‘ eines armen, aber keuschen Mädchens zur Freundin eines Grafen und zum gefeierten Revuestar.

Das Unternehmen schleppte sich mühsam dahin. Nur in Berlin erweckte es Wehmut der Erinnerung an das Überbrettl und neue Anerkennung. Aber in der Rezension der „Berliner Zeitung“ standen auch die Sätze:

„Alle Achtung vor dem Talent der gebliebenen Überbrettler, aber Musik zu machen haben sie nie verstanden. Herr Oscar Straus aber macht Musik, wirkliche, echte Musik. Herr Straus gehe – mag auch Božena weinen – aus dem Lager der Bohéme in das der Musikanten. Das ist nach diesem Abend mein Rat.“

„Leise, ganz leise ...“

Natürlich wußte auch Oscar Straus, daß er am Theater Fuß fassen mußte, wenn er bleibende Erfolge erreichen wollte. Schon Max Bruch hatte zuletzt seinem Schüler geraten, sich der komischen Oper zuzuwenden. Dann hatte der Wiener Komponist Ignaz Brüll diesen Rat mit allem Nachdruck wiederholt, und in Berlin hörte Straus bei jeder Gelegenheit: Wie wäre es, Herr Straus, mit einer Operette?

Die Frage war nur: Gab es für dieses Genre noch – oder schon wieder – ein Publikum? Jedermann wünschte ja vom 20. Jahrhundert ‚das Neue‘! Die komische Oper und erst recht die Operette galten als veraltet, überholt, abgestorben. Die Meister, die das ‚Goldene Zeitalter‘ der Operette heraufgeführt hatten, Jacques Offenbach, Franz von Suppé, Johann Strauß und Carl Millöcker, waren tot, hatten es aber noch erleben müssen, wie fast alle ihre Alterswerke vom Publikum nicht mehr akzeptiert wurden.

Oscar Straus versuchte sich in einem anderen Genre, das in Mode zu kommen schien: dem Sensationsstück. Er vertonte für das Berliner „Theater des Westens“ den Einakter „Colombine“, den der Literat Arthur Pserhofer verfaßt hatte. Es war die Bearbeitung eines Gastierstückes für eine virtuose Schauspielerin (etwa für Helene Odilon), eine Demonstration des ‚Dämons Weib‘, das ‚den Mann‘ ins Verderben, in den Selbstmord treibt. Dieses Sujet war freilich – nach Strindberg und Wedekind – auch nicht mehr originell. Neu war immerhin das mondäne Milieu, in dem sich das kunstvoll verfremdete Spiel ereignete: es beschwor die Sphäre des Spielcasinos in Monte Carlo. Wenn die Kritik nach der Uraufführung am 13. Februar 1904 konstatierte, die Musik von Oscar Straus trage den „Charakter einer graziösen Causerie“, so ist eigentlich bereits alles gesagt. Eine adrette „Colombine-Suite“ fand in die Konzertsäle, das Stück aber versank nach wenigen Vorstellungen.

Indessen hatte Oscar Straus den Weg zur ‚neuen Operette' bereits entdeckt. Unter den Textdichtern für das Überbrettl hatte sich der Berliner Rechtsanwalt Dr. Fritz Oliven befunden, der sich als Autor Rideamus (= laßt uns lachen) nannte. Straus und Oliven fanden unter der Devise ‚Zurück zu Offenbach' rasch zu gemeinsamer Arbeit. Hatte Offenbach das Paris des Zweiten Kaiserreiches persifliert, so nahmen die beiden das Wilhelminische Deutschland aufs Korn. Hatte Offenbach in „Orpheus in der Unterwelt" bzw. in „Die schöne Helena" die Antike zum Vorbild für Karikaturen genommen, so eignete sich für Oliven-Straus einzig das germanische Heldenlied. Oliven textete und Straus komponierte „Die lustigen Nibelungen", eine burleske Operette in drei Akten mit den Akteuren Siegfried, Kriemhild, Brunhild, Gunther, Hagen und selbstverständlich ‚Magen' (= Sippe, Verwandtschaft). Es handelte sich unbestreitbar um eine Operette neuen Stils. Doch niemand wollte das Stück aufführen. Und schon gar kein Berliner Theater. So lag die Partitur zwei Jahre in Dr. Olivens eleganter Kanzlei, indessen Oscar Straus' Tourneetheater zu Grunde ging. Die Mitglieder verliefen sich, auch Božena Bradsky und Oscar Straus wählten fortan eigene, getrennte Wege.

Wieder einmal war für Straus alles zu Ende. Es wurde still um ihn, fast unheimlich still. Beliebt war er seit den bitteren Erfahrungen seiner ersten Kapellmeisterjahre nie gewesen, nun wurde sein Wesen schroff, mitunter abweisend. Und nur seine wenigen Freunde wußten seine unbeirrbare Aufrichtigkeit, seinen unbeugsamen Charakter, aber auch seinen sarkastischen Witz zu schätzen.

Unbeachtet kehrte Straus im Sommer 1904 nach Wien zurück. Damit aber war er abermals zur rechten Zeit am rechten Ort. Denn in seiner Heimatstadt fand sich wieder ein Publikum für Operetten. Der geschickte Musikant und Journalist Heinrich Reinhardt stellte eine Figur Arthur Schnitzlers, das „süße Mädel", auf seine Weise in den Mittelpunkt einer gewiß oberflächlichen, aber gefälligen Handlung und hatte damit Erfolg. Der Militärkapellmeister Franz Lehár steuerte zu dem k. und k. Genrebild „Der Rastelbinder" eine schmissige Musik bei und fand damit ebenfalls ein dankbares Publikum. Und so war auch der Boden für den Versuch bereitet, gleichsam als dritte Version der Erneuerung, eine moderne Offenbachiade auf die

Bühne zu bringen. Die Direktion des Carltheaters nahm „Die lustigen Nibelungen" zur Aufführung an. Nach einer geschickten Vorreklame ging das amüsante Stück am 12. November 1904 zum ersten Male über die Bretter. Niemand wußte, daß zwei der bekanntesten Akteure des Theaters sich geweigert hatten, die Rollen des Siegfried bzw. der Kriemhilde zu übernehmen. Am 13. November haben sie es bitter bereut: Diese „Nibelungen" (und natürlich auch der so gar nicht grimme Hagen des urgemütlichen Komikers Carl Blasel) waren an diesem Tage bereits Stadtgespräch. Das Marschcouplet „Von vorne, von vorne, da war er ganz von Horne" wurde sofort zum fröhlich geträllerten Schlager. Den Rezensenten der maßgebenden Zeitungen gefielen die Verse des Herrn Rideamus so gut, daß sie diese bereitwillig zitierten, zum Beispiel die Szene am Frühstückstisch am Hofe des Königs Gunther, wo alle Familienmitglieder einander mit den Worten: „Siegfried sterbe" begrüßten und dann, einander ins Wort fallend, zuletzt unisono sangen:

Nun, so laßt uns den Siegfried ermorden
Und lustig fließe sein Blut, Blut, Blut!
Ist er erst 'mal ein Engel geworden,
Dann geht alles noch einmal so gut!
Der gute Onkel Hagen
Soll ihn nach Tisch erschlagen!
Mit Speeren und mit Spießen!
Er kann ihn auch erschießen!
Revolver, Dolch und Gift!
So oder so! Wie's trifft!
Ach, wie wird das lustig sein!
Ach, wie werden wir uns freun!
Wenn er sanft entschlafen ist und still!
Und der schwere Schicksalschlag
Trifft uns heute nachmittag
Zwischen vier und fünf, so Gott will!
Nun, so laßt uns den Siegfried ermorden
's ist das Beste für ihn, denn ihr wißt,
's ist noch keiner unsterblich geworden
Der nicht vorher gestorben ist!
Wir wollen ihn diskret begraben,
Er soll 'ne schöne Leiche haben,

„Die lustigen Nibelungen“ am Wiener Carltheater, Karl Blasel als Hagen

Wir schreiben auf seinem Leichensteine:
Hier ruh'n vom Herrn Siegfried die Herr'n Gebeine!
Und wenn wer fragt, dem wird gesagt:
Er starb per Zufall auf der Jagd!
Da zerbricht man sich so oft
Seinen Kopf und sinnt und hofft,
Und steht ratlos und verzweifelt da!
Müht sich, plagt sich und erwägt,
Grübelt, denkt und überlegt,
Und das Gute liegt doch stets so nah!
Nun, so laßt uns den Siegfried ermorden,
Dann sind wir mit Anstand ihn los!
Im Guten, im Guten geht alles.
Im Guten geht alles famos.
Holdrio!

Anerkannt, und zwar ohne Einschränkung, wurde auch der Komponist:

„Straus ist dem Publikum kein Neuling mehr, man kennt ihn als Schöpfer der vielen anmutig leichten Überbrettlgesänge, welche das Überbrettl überlebt haben, ja ohne Brettl erst famos leben. Indes – Straus hat Kraftvolleres zu bieten als bewegliche Anmut. Er kann wirklich lustig sein, witzig, spöttisch, geradezu auf das Wort pointiert – natürlich meist parodistisch. Immer wieder zeigt sich der Drastiker Straus. Aber der Melodiker ist uns noch willkommener! Orchesterwitze sind heute fast ebenso billig wie Milieuschilderungen unter den Dichtern. Erfindung ist die Hauptsache. Und da gibt es reizende, ja entzückende Sachen – den ‚Rheingoldwalzer' etwa und den Schlußcancan, den das Publikum bereitwillig mitmacht. – Oscar Straus, der seine erste Operette selbst dirigierte, wurde mit den Hauptdarstellern oft und oft gerufen. Ein echter, durchschlagender Premierenerfolg . . ."

Mehr als dreißigmal konnten „Die lustigen Nibelungen" en suite auf der Bühne des Carltheaters erscheinen, insgesamt wurden es an die siebzig Vorstellungen. Das war eine stolze Serie nach den fast operettenlosen Jahren. Richard Heubergers Stücke „Ihre Excellenz" und „Das Baby" hatten es nur auf einige wenige Vorstellungen gebracht und sogar die ‚Girardi-Operetten', die dem seit den Achtzigerjahren populären

Volksschauspieler Alexander Girardi auf den Leib geschrieben worden waren, versagten immer öfter, selbst wenn der ebenfalls populäre Kapellmeister Carl Michael Ziehrer die Musik dazu schrieb.

Oscar Straus war nach dem Erfolg der „Lustigen Nibelungen" auch als Operettenkomponist anerkannt. Unverzüglich legten ihm die Direktionen der beiden großen Operettentheater Wiens neue Verträge vor: Das Carltheater akzeptierte ein weiteres Stück von Rideamus (es handelte sich abermals um eine Burleske, Titel „Hugdietrichs Brautfahrt"), das Theater an der Wien aber spannte Straus mit dem Routinier Ignaz Schnitzer zusammen, der seit den fernen Jahren des „Zigeunerbarons", den Schnitzer für Johann Strauß aufbereitete, zahlreiche Libretti, u. a. auch für Joseph Hellmesberger geliefert, aber nur noch selten Erfolg erreicht hatte. Das neue Stück hieß „Zur indischen Witwe", und der von den Direktoren des Theaters an der Wien unterfertigte Vertrag sah vor, daß es zwischen dem 1. Oktober 1905 und dem 10. Februar 1906 Premiere haben sollte. Oscar Straus übersah die Fallstricke, die in diesen Verträgen enthalten waren.

Ein weiteres Spiel von Rideamus, nach derselben Masche gestrickt wie die „Lustigen Nibelungen" und nicht mehr mit der Attraktion des Neuen, zumindest lange nicht Dagewesenen ausgestattet, dazu auch noch ‚verfeinert', konnte eigentlich nur versagen. Und was die Direktoren des Theaters an der Wien von dem ‚gut abgelegenen' Stoff des alten Schnitzer hielten, sollte Straus sehr bald erleben. Ihm schien das alles egal zu sein, er sah nur die Gelegenheit, zu arbeiten, zu komponieren, seine Musik loszuwerden. Damals findet sich in der Schilderung eines Gesprächs mit Oscar Straus zum ersten Male jenes Bild, das ihn lebenslang begleiten sollte und das seine Tochter Kitty noch im hohen Alter von ihrem Vater gab:„Er schien immer irgendeine Musik zu hören. Stets pfiff er leise vor sich hin. Wenn man etwas sagte, mußte man glauben, er höre einem gar nicht zu. Das war natürlich nicht richtig, denn er reagierte schon, später, irgendwann einmal – doch er war nicht bereit, den Strom der Musik, die ihn offenkundig erfüllte, im Moment zu unterbrechen. Er lebte eben in Musik."

So muß es auch im Jahre 1905 gewesen sein: In kürzester Zeit waren die Partituren „Hugdietrichs Brautfahrt" für das

Carltheater und „Zur indischen Witwe“ für das Theater an der Wien fertiggestellt.

In ebendiesen Monaten war auch Franz Lehár auf der Suche nach einem Libretto. Ihm wurde zugetragen, der routinierte Theaterfachmann Victor Léon, der u. a. für Richard Heuberger aus dem französischen Lustspiel „Die rosa Dominos“ das Textbuch für die Operette „Der Opernball“ hergestellt hatte, bearbeite gerade wieder ein französisches Lustspiel: „Der Attaché“ von Henri Meilhac, das seit 1863 auf dem Spielplan des Burgtheaters stand, aber nur noch selten gegeben wurde. Richard Heuberger hatte sogar schon einen Akt des neuen Werkes konzipiert. Franz Lehár war alarmiert: dieses Buch mußte *er* bekommen! Es gelang ihm tatsächlich, Heuberger das Buch abzujagen, und machte sich mit größtem Eifer sofort an die Arbeit. Als Titel schlug er vor:„Die lustige Witwe“. Das war Léon zunächst nicht recht: „Eine ordentliche Witwe ist traurig“, raunzte er. Aber Lehár hielt an seinem Vorschlag fest und setzte sich schließlich durch.

Die Summe aus allen diesen Ereignissen wurde um die Jahreswende 1905/1906 gezogen: Das Carltheater bereitete ein wenig zögernd und lustlos die Uraufführung der Burleske „Hugdietrichs Brautfahrt“ vor, in der Saisonvorschau des Theaters an der Wien aber fand sich nicht die „Indische Witwe“ von Schnitzer und Straus, sondern die „Lustige Witwe“ von Léon und Lehár. Gekränkt übergab Oscar Straus seine Partitur dem Berliner Zentraltheater. Dort ging die Operette am 30. September 1905 unter der Leitung des Komponisten über die Bretter. Nach Wien wurde zwar gemeldet, die Aufführung sei erfolgreich gewesen, doch als sich die Direktoren des Theaters an der Wien davon überzeugen wollten, stand das Stück nicht mehr auf dem Repertoire. Mit gekonnter Bosheit verklagte Direktor Wilhelm Karczag daraufhin Oscar Straus wegen Vertragsbruchs (!) und spielte nun erst recht die „Lustige Witwe“.

Franz Lehárs Werk hatte am 30. Dezember 1905 im Theater an der Wien Premiere. Seit diesem Tag ranken sich Geschichten und Legenden um diese Vorstellung, die gewiß übereilt angesetzt werden mußte, weil andere Stücke versagt hatten, an deren Erfolg dennoch nicht nur der Komponist Franz Lehár und der Musikverleger Bernhard Herzmansky glaubten. Es gab eine ganze Reihe von Fachleuten in Wien, die sofort erkannt hatten, daß dieses Werk eine neue Ära einleiten, ja gleichsam die Wiedergeburt der eigentlich bereits totgesagten Wiener Operette herbeiführen werde. Sie behielten recht: Lehárs „Lustige Witwe“ behauptete sich auf der Bühne des Theaters an der Wien ein volles Jahr lang und setzte sich sehr rasch auf den wichtigsten Operettenbühnen der Welt fest. Zu den Bewunderern dieser Musik gehörte – zum Erstaunen seiner Gattin Alma – auch Operndirektor Gustav Mahler.

Selbstverständlich erkannte auch Oscar Straus die Bedeutung der schmeichelnden Walzerweisen, adretten Polkatänze und flotten Märsche, mit denen Franz Lehár seine Partitur förmlich überschwemmt hatte. Seine erste Reaktion war: „Also das kann ich auch! Vielleicht sogar noch besser!“ Fortan suchte er nach einem Wiener Sujet für seine nächste Operette.

Vorher war allerdings noch der Fall „Hugdietrich“ zu erledigen. Nun – es kam, wie es wohl kommen mußte: obwohl die

„Hugdietrichs Brautfahrt“ im Wiener Carltheater, Mizzi Zwerenz

skurrile Geschichte aus uralten Zeiten diesmal in der Form eines gewiß amüsanten, aber etwas langatmigen Märchenspiels vorgeführt wurde, fand sie zwar das Interesse der Kritiker, die nach wie vor bereit waren, über jede Neuerung auf dem Gebiete der Operette in Jubel auszubrechen, – nicht aber die Zustimmung des Publikums. Es half nichts, daß die Prinzessin auf ihrem goldenen Kamm fröhliche Liebeslieder blies und der Drache, selbstverständlich wieder vom gemütlichen Komiker Blasel furchterregend und umwerfend komisch gemimt, einen gekonnt kontrapunktischen Baß dazu brummte, der Premiere am 10. März 1906 im Carltheater folgten zwar etliche dreißig Vorstellungen en suite und einige Nachmittagsvorstellungen, aber dann verschwand „Hugdietrichs Brautfahrt" für immer vom Spielplan. Dafür kehrten die „Lustigen Nibelungen" bereitwillig zurück und wanderten sogar an etliche Bühnen weiter, so zum Beispiel nach Graz.

Dort ereignete sich freilich abermals etwas, das zumindest Oscar Straus nachdenklich stimmen mußte: In der steirischen Metropole demonstrierten Parteigänger des großdeutschen Schulvereins gegen das Stück „wegen Verhöhnung des edlen Germanentums durch einen Saujuden" und erzwangen prompt die Vertreibung der „Nibelungen". Die Fratze eines Ungeistes, der Jahrzehnte später zum unfaßbar grauenvollen, irren Vernichtungswahn werden sollte, war auf gespenstische Weise erkennbar geworden. Oscar Straus, der stets beteuerte, daß ihn Politik langweile und absolut nicht interessiere, maß damals den Ereignissen in Graz nicht allzuviel Bedeutung bei. Ihn beschäftigte ausschließlich seine neue wienerische Operette, denn er hatte indessen das Sujet gefunden, das er gegen die „Lustige Witwe" ins Treffen führen wollte. Wie sich das zugetragen hat, wurde von Straus selbst später oft erzählt, zum Beispiel so:

„Ich kehrte im Frühling und Sommer 1906 häufig in meinem Stammlokal im Wiener Prater, im Café-Restaurant ‚Zum Eisvogel' ein. Dort konzertierte allabendlich eine Wiener Damenkapelle in reizenden weißen Kleidchen mit blauen Schleifen, dirigiert von einer charmanten jungen Kapellmeisterin. Zu Ehren meiner Anwesenheit spielten sie einige meiner bekannteren Kompositionen. Eines abends kam die hübsche Dirigentin an meinen Tisch mit der Bitte um ein Autogramm und frug mich ganz naiv: „Sagn's, warum komponieren's uns net amol an richtigen Weaner Walzer?“ Um ihr eine Freude zu bereiten, skizzierte ich auf dem Tischtuch ein paar Walzertakte, die später der führende Walzer in meiner Operette werden sollten. Dabei kam mir spontan der Gedanke, daß so eine Wiener Damen-Kapelle mit der jungen Dirigentin eigentlich ein sehr reizvoller Vorwurf für eine Wiener Operette wäre. In meinem Kopfe schwirrten schon wienerische Melodien herum und der Gedanke nahm immer festere Formen an. Es fehlte nur eines – die Hauptsache: ein Sujet, eine Handlung.

Und da kam mir ein ganz merkwürdiger Zufall zu Hilfe. Bei einem meiner folgenden Eisvogel-Besuche bemerkte ich an einem Nebentisch einen jungen Mann, der sich angelegentlich mit der Betrachtung meiner Person zu beschäftigen schien. Auf meine Frage, was ihn so interessiere, bat er, sich vorstellen zu dürfen. Sein Name war Dr. Hans Müller, Schriftsteller, und er vertraute mir an, daß soeben ein Novellenband aus seiner Feder mit dem Titel ‚Buch der Abenteuer‘ erschienen sei und ob er sich die Freiheit nehmen dürfe, mir ein Exemplar zu widmen.

So erhielt ich am nächsten Tage sein Buch. Beim Durchblättern desselben fiel mir eine Erzählung mit dem hübschen Titel ‚Nur der Prinzgemahl‘ auf. Wie groß waren meine Überraschung und Entzücken, als ich entdeckte, daß sich der Inhalt der Novelle mit der Geschichte einer Wiener Damenkapelle und ihrer Dirigentin befaßte. Sofort setzte ich mich mit Hans Müller in Verbindung, der mir enthusiastisch seine Einwilligung zur Verwendung seiner Erzählung für eine Operette gab. In wenigen Wochen (in Zusammenarbeit mit meinen Librettisten Jacobson und Dörmann) wurde der ‚Walzertraum‘ in Baden bei Wien geboren.“

Bei anderer Gelegenheit präzisierte Oscar Straus diese Darstellung und verriet dabei die Arbeitsteilung unter den Librettisten:

„In Felix Dörmann glaubte ich zunächst den echt wienerischen Volksdichter gefunden zu haben. Er schrieb mir aber in der Hauptsache nur Texte. Der Journalist Leopold Jacobson ward mein umso eifrigerer Mitarbeiter, und auch ich selber half damals kräftig beim Buche mit.“

Insgesamt hat die gemeinsame Arbeit angeblich nur vier Wochen in Anspruch genommen – so stand es zumindest in nicht recht glaubwürdiger Untertreibung in manchen Presseberichten zu lesen. Aber derlei war nicht wichtig: Das Werk gelang aus einem Guß! Das zählte, und das spürt man bis auf den heutigen Tag.

Die Situation, in der sich Straus unmittelbar vor der Komposition des „Walzertraums“ befand, war für den kundigen Beobachter zweifellos recht amüsant, denn auch nach den Erfahrungen mit „Hugdietrichs Brautfahrt“ trat der Komponist weiterhin für die Reformierung der Operetten ‚nach frischen, unverbrauchten Rezepten‘ ein. Und etwa zur gleichen Zeit wurde im Lustspieltheater am Rande des Praters, nur ein paar Schritte vom Café-Restaurant „Zum Eisvogel“ entfernt, ein weiteres Effektstück mit der Musik von Oscar Straus aufgeführt, und zwar bei einer Wohltätigkeitsvorstellung am 16. März 1906. Der Einakter, Text von Erich Korn, behandelte unter dem Titel „Mamzell Courage“ – lange vor Bert Brecht – eine Episode aus dem Dreißigjährigen Krieg und war, wie Straus selber sagte, „recht schrecklich“. Er brachte prompt keinen Erfolg, hatte aber doch für Straus großen Wert, denn bei dieser Vorstellung wurde auch Arthur Schnitzlers Marionettenspiel „Zum großen Wurstel“ uraufgeführt, und so kam es zu der – nach der Überbrettl-Premiere in Berlin – zweiten Begegnung des Komponisten mit dem Dichter. Fortan dachten beide an gemeinsames Wirken.

Zunächst freilich wurden alle Pläne unwichtig – der „Walzertraum“ mußte auf die Bühne gezaubert werden. Das Theater an der Wien war durch die Aufführungsserie der „Lustigen Witwe“ blockiert, es blieb also nur das Carltheater als Stätte der Uraufführung. Doch nun rächte es sich, daß sich Oscar Straus noch im Sommer 1906 für ‚Reform-Operetten‘ ausgesprochen hatte: Man traute ihm einfach nicht zu, die Musik zu einem Stück zustandezubringen, in dem es nach gewohnter Handlungsschablone zuging und dessen Verse wieder einmal Herz auf Schmerz reimten. Straus mochte seine Musik noch so schwungvoll vorspielen, die Direktoren blieben lange, lange skeptisch; aber schließlich ließen sie sich doch überzeugen.

Am 2. März 1907 hatte dann die Operette in drei Akten „Ein Walzertraum“, Text von Felix Dörmann und Leopold Jacobson nach einer Novelle von Hans Müller, Musik von Oscar Straus, am Wiener Carltheater Premiere. Am selben Abend noch spielten die Salonkapellen in den Restaurants und in den Nachtcafés die schönsten Melodien des Werkes und schon am nächsten Tag summte man in ganz Wien, was sich das Premierenpublikum jubelnd, jauchzend und tobend hatte wiederholen lassen: Polkaweisen und Melodien im Dreivierteltakt, vor allem aber den Walzer, den Oscar Straus beim ‚Eisvogel' notiert hatte:

Niemals in der Theatergeschichte hat ein Triumphzug dezenter und trotzdem mit einer derart zwingenden, unwiderstehlichen Behutsamkeit zu seinem Weg um die ganze Welt angesetzt.

Die Operette erzählt die Geschichte eines Leutnants aus der Reichshaupt- und Residenzstadt Wien, der ein wenig aus Übermut, ein wenig aus Eitelkeit eingewilligt hatte, sich mit der hübschen Prinzessin Helene, der Erbin der Herrschaft über das winzige Fürstentum ‚Flausenthurn', zu vermählen. Als nun die Hochzeit stattfindet, hat Leutnant Niki längst erkannt, daß es ihm schwer fallen werde, sich in das in seinen Augen lächerliche Leben und Treiben an diesem Hof einzufügen. Als ihm der fürstliche Schwiegervater nun eröffnet, daß er im Lande nichts zu reden haben werde, weil er – als Prinzgemahl – nur für die

K. k. priv. Carltheater

Direktion: A. Aman.

Samstag den 2. März 1907.

Anfang 7 Uhr. Anfang 7 Uhr.

Gastspiel Fritz Werner.

Auftreten Mizzi Zwerenz.

Unter persönlicher Leitung des Komponisten.

Zum 1. Male:

Ein Walzertraum

Operette in 3 Akten von Felix Dörmann und Leopold Jacobson (mit freier Benützung einer Novelle aus Hans Müllers „Buch der Abenteuer"). — Musik von Oskar Straus.

Nach dem 1. Akt ist eine längere Pause.

Kassa-Eröffnung ½7 Uhr. Anfang 7 Uhr. Ende 10 Uhr.

Sonntag den 3., Nachmittags halb 3 Uhr bei ermäßigten Preisen: Der Rastelbinder.
Abends halb 8 Uhr: Gastspiel Fritz Werner und Auftreten Mizzi Zwerenz. Unter persönlicher Leitung des Komponisten.
Ein Walzertraum
Montag den 4. und die folgenden Tage: Gastspiel Fritz Werner und Auftreten Mizzi Zwerenz. Unter persönlicher Leitung des Komponisten. Ein Walzertraum.

Weiterführung der Dynastie zu sorgen habe, bereut er die Abenteuerlust, die ihn nach Flausenthurn geführt hat. Er tritt in den Ehestreik und verlangt gleich für die Hochzeitsnacht und für alle Zukunft getrennte Schlafzimmer. Doch auch in dem ihm daraufhin höchst widerwillig zugebilligten Appartement hält Niki es nicht aus, als aus einem nahen Gasthausgarten Walzerklänge heraufklingen. Er verläßt das Schloß, um den Klängen nachzuspüren.

Im Musikpavillon des Gartenrestaurants spielt eine Wiener Damenkapelle unter der Leitung der Geigerin Franzi Steingruber den Gästen auf. Niki kommt mit der resoluten Künstlerin ins Gespräch. Spontan entwickelt sich ein Flirt, eine Liebelei. Die an Huldigungen gewöhnte Geigerin verliert ihr Herz an den so plötzlich und unvermutet auftauchenden feschen Landsmann. Aber ehe sich diese jähe Zuneigung voll entfalten kann, greifen Prinzessin Helene und etliche Mitglieder der Hofgesellschaft ein. Die in ihren Gatten aufrichtig verliebte

„Walzertraum“: Mizzi Zwerenz als Franzi und Artur Guttmann als Graf Lothar

junge Frau war nicht untätig im Schloß zurückgeblieben, sondern ist Niki dezent gefolgt. Nun spürt sie selbst den Zauber, der von der wienerischen Musik ausgeht, und erkennt ihre Chance: sie muß diesen Zauber für sich ausnützen. Niki geht darauf ein, und so tanzen die beiden zu den Walzerklängen. Dabei werden sie vom Publikum erkannt. Die Bevölkerung von Flausenthurn läßt das junge Paar hochleben. Da spürt die Musikerin, daß aus dieser Liebelei keine Liebe und erst recht keine dauernde Verbindung werden könne. Sie resigniert, während Helene glücklich mit Niki ins Schloß zurückkehrt. Nun weiß die Prinzessin aus Flausenthurn, wie sie ihren Gatten ganz für sich gewinnen und ihm das Leben fernab der Heimat erträglich machen kann: Sie sorgt für eine wienerische Atmosphäre im Schloß und überzeugt Niki, daß er an ihrer Seite im Fürstentum alle Rechte haben wird. Franzi, die der Prinzessin bei der Durchführung dieses Planes selbstlos geholfen hat, geht in ihr nächstes Engagement: nach Wien!

Am Tag nach der Uraufführung wußte man in den Theaterkanzleien Europas und der Vereinigten Staaten: zu Franz Lehárs „Lustiger Witwe" gibt es ein Gegenstück, die Operette „Ein Walzertraum" von Oscar Straus. Die Wiener Tagespresse bestätigte im großen und ganzen das Urteil des Premierenpublikums. Die „Neue Freie Presse" fand auch gleich die rechte Etikette für das Stück: „Apotheose des Wienertums!"

Es wäre freilich nicht Wien gewesen, hätte es nicht auch kritische Stimmen gegeben. Es fanden sich Rezensenten, denen die Richtung ganz und gar nicht paßte, die Oscar Straus eingeschlagen hatte:

„So hat uns also, die wir für die Hebung des literarischen und ethischen Wertes der Operette rücksichtlos mitzukämpfen gelobten, Oscar Straus verlassen! Irgendeiner, der es mit Straus ‚gut gemeint', hat ihm den Rat gegeben, auch einmal eine Wiener Operette zu komponieren. Der Teufel hole solche guten Freunde! Oscar Straus hat sich zur Popularität bekehrt, die Macht der Tantieme hat auch ihn besiegt, die Welt des Grammophons und des Leierkastens hat sich ihm eröffnet. Doch der Jubel am Premierenabend möge Meister Straus nicht auf die falsche Fährte führen! Sein Element ist die literarische, feinkomische, parodistische Operette. Mag sein, daß unser großes Publikum für dieses Genre noch nicht reif ist, aber die Zukunft wird Oscar Straus recht geben."

Gegen Straus, Dörmann und Jacobson und daher auch zugleich gegen ihre Operette war selbstverständlich die Antisemiten-Presse, wie es sie ja damals inmitten der überaus zahlreichen Zeitschriften und Zeitungen der Donaumonarchie unübersehbar gab. Aber besonders gehässig legte die „Arbeiter-Zeitung" gegen das Werk los und fand auch für Oscar Straus nur folgende ‚Anerkennung':

„Oscar Straus ist ein so guter Musiker, daß er Heurigenmusik (!) mit allen Mitteln musikalischer Technik wiederherzustellen vermag. Sein Orchester klingt immer wie ein vergrößertes, durchaus aber nicht vergröbertes, eher verfeinertes Heurigenquartett. Die Melodien sind von einer verblüffenden Selbstverständlichkeit: man hat nicht viel Zeit, sich über den Mangel an Originalität zu wundern, denn schon wird man von diesen Themen mitgezogen . . . schließlich muß man sagen, daß darin nicht hilfloser Dilletantismus, sondern eine sehr berechnende und wirkungsvolle Mache steckt."

Da war er also wieder, der Ausspruch von der Mache ohne das Berufensein, den schon Johann Strauß ausgesprochen, aber keineswegs nur auf Straus gemünzt hatte. Doch jetzt kümmerte sich keiner um derlei Ansichten: „Der Walzertraum" nahm in Wien den Wettstreit mit der „Lustigen Witwe" auf. Lehárs Operette erreichte am 3. Oktober 1907 die 450. Aufführung, die ebenso wie die Premiere und alle Jubiläumsvorstellungen der Komponist selbst dirigierte, dann rückte, nach einem kurzen Intermezzo mit einer Operette „Tip-Top", Text von Schnitzer und Schlesinger, Musik von Josef Stritzo – diese Premiere dirigierte erstmals Robert Stolz –, schon in kurzer Zeit der nächste Schlager an: Am 2. November 1907 erzielte Leo Fall mit seiner Operette „Die Dollarprinzessin", Text von Willner und Grünbaum, ebenfalls einen Serien-Erfolg.

Der „Walzertraum" aber behauptete weiterhin seinen Platz im Repertoire des Carltheaters, erreichte am 19. Dezember 1907 die 250. Aufführung, übersprang den Jahreswechsel, ging am 19. Mai 1908 zum 400. Male über die Bretter, überwand auch noch die Sommerpause, mußte am 3. Oktober 1908 abgesetzt werden, weil die Direktion alte Verträge zu erfüllen hatte, erschien schon am 24. Oktober wieder auf dem Spielplan, hielt sich bei wechselndem Repertoire, überholte schließlich die „Lustige Witwe" und erreichte am 28. Mai 1909 während eines Gastspiels des Carltheater-Ensembles in der Volksoper am Währingergürtel den Rekord der 500. Aufführung. Wieder saß Oscar Straus am Dirigentenpult und spielte zur Feier des damals einzigartigen Jubiläums einen neuen „Walzertraum"-Walzer mit dem Titel „Lieben im Mai". Straus hatte recht gehabt: Was Lehár konnte, das konnte er auch.

Indessen hatte die Serie der „Walzertraum"-Premieren im Ausland längst schon begonnen. Das Werk war über Königsberg nach Berlin gelangt – es wurde zur Visitenkarte des Operettenkomponisten Straus – und über Straßburg nach Paris. Nach verschiedenen Aufführungen in den Vereinigten Staaten kam der „Walzertraum" nach New York und schließlich faßte das Stück in einer sehr geschickten Anpassung an englische Verhältnisse auch in London Fuß. Oscar Straus war – wie vor ihm Johann Strauß – weltberühmt.

Oscar Straus im Interview

(1908)

„Fühlen Sie nun in der Betätigung der Kunst im Rahmen der heiteren Muse volle Befriedigung?“

„Gewiß, insoferne diese Befriedigung nicht durch eine Erscheinung getrübt wird, die sich in unserer Zeit allenthalben, am hervorstechendsten aber merkwürdigerweise in Wien, geltend macht, nämlich der Umstand, daß dem heiteren Genre a priori ein geringerer künstlerischer Rang zugesprochen wird. Ich sage merkwürdigerweise in Wien, da ja Wien der eigentliche Ausgangspunkt für die klassische, heitere Musik ist, und gerade in Wien die größten Meister gelebt und gewirkt haben. Ich nenne nur Haydn, Mozart, Schubert, der vielleicht der klassische Begründer der Wiener Tanzmusik ist, die dann später in Lanner und Johann Strauß Vater und Sohn zu ihrer volksthümlichsten Vollendung und Entwicklung gebracht wurde. Nichtsdestoweniger wird gerade in Wien seitens ernster Musiker dem heiteren Genre oft mit einer gewissen Geringschätzung begegnet. Ein Beispiel hiefür ist folgendes persönliches Erlebnis: Ein hervorragender Wiener Musikpädagoge, der zudem ein ausgesprochen konservativer Musiker ist, also tief in der Wiener Tradition wurzelt, und der von meinen ernsten Schöpfungen eine besonders hohe Meinung hatte, hörte in der Überbrettlzeit geradezu auf, meinen Gruß zu erwidern. So deutlich gab er mir seine künstlerische Geringschätzung kund. Und das tritt umso auffälliger hervor, als ich in meinen besten Kompositionen aus jener Zeit, dem „Lustigen Eh'mann“, „Haselnuß“, usw., doch – wie ich glaube – nicht ganz ohne Glück bestrebt war, das Triviale, Varietémäßige zu vermeiden und mehr die Wiederbelebung der so anmutigen und innigen Biedermeierzeit angestrebt habe, was übrigens selbst von hervorragenden Musikern der modernsten Richtung anerkannt wurde!“

Ein amüsantes Shaw-Spiel

Der Welterfolg der Operette „Ein Walzertraum" bedeutete für Oscar Straus endlich die Unabhängigkeit! Denn nach seiner Rückkehr aus Berlin hatte er wieder im Hause Stern in der Unteren Donaustraße Zuflucht suchen müssen. Onkel Alfred war nobel und erweiterte den Wohnbereich seiner Schwester, in dem ja bereits die Enkelkinder Louis, Leo und Kitty lebten, um weitere Räume für den ‚Herrn Komponisten'. Im übrigen kümmerte er sich nicht viel um ‚die Straus', die kleine Kitty jedenfalls hat ihn kaum einmal gesehen: „. . . er zog sich, wenn er heimkam, stets sofort in die Bibliothek zurück, sah man ihn doch, mußte man Herr Präsident zu ihm sagen und ein Knixerl machen", so schilderte später, viel später, Frau Makart-Straus ihre Kindheit an der Seite der Großmutter, die „viel krank" war.

Wohlgefühlt hat sich Oscar Straus in dieser Atmosphäre sicher nicht. Vielleicht drückte sich seine Ablehnung des ‚Hauses Stern' auch dadurch aus, daß Geld für ihn künftig nichts oder nicht viel bedeutete. Er suchte und fand Entspannung beim Glücksspiel, vor allem beim Pokern, das zu seiner einzigen Leidenschaft wurde. Noch waren die Einsätze, mit denen er spielte, notgedrungen gering, insgesamt aber sollte Straus während seines langen Lebens mehrere Vermögen riskieren und – verlieren.

Als Komponist des „Walzertraums" wurde Straus zur ‚Wiener Figur'. In den vielen Feuilletons und Berichten über die Ereignisse vor und hinter den Kulissen der Wiener Bühnen tauchte nun stets sein Name auf. Ein Montagblatt fand sogar seine wechselnde Barttracht einiger Verse würdig:

„Streicht Dir das Glück um Deinen Bart,
so opfre ihn und sei nicht hart!"
Das dacht' der „Nibelungen"-Straus,
kämmt sich beglückt den Vollbart aus.

Als dann gefiel Hugdietrichs Märe,
griff er voll Seligkeit zur Schere
und ging ganz „english“ umeinand’ –
worauf der „Walzertraum“ entstand.
Den Schnurrbart, glücklicher als glücklich,
opferte er nun augenblicklich:
zehn Hauptmann und drei Gustav Mahler,
die blicken auch nicht ratzekahler. –
Wenn nochmals ihn das Glück erkoren,
ist er „Fiesco“ – glattgeschoren.
So rauft nach jedem Sieg der Straus
sich stückelweis die Haare aus.

Nun – Oscar Straus begnügte sich auch nach den weiteren Premieren damit, glattrasiert wie der Dichter Gerhart Hauptmann und Wiens um diese Zeit von seinem Amt scheidender Operndirektor Gustav Mahler in den Salons der Wiener Gesellschaft, die sich dem erfolgreichen Operettenkomponisten weit öffneten, und in den Caféhäusern zu erscheinen. In einem dieser Salons lernte Straus die angehende Sängerin Clara Singer kennen, die Tochter eines Kantors, eine ‚hübsche Person‘, wie man zu sagen pflegte, die allerdings aus einem Kreis von Musikern in seine Welt kam, deren Wirken Straus mit einiger Reserve gegenüberstand, aus dem Kreis um Arnold Schönberg und Alban Berg. Fräulein Clara ließ sich recht bald verführen – vorerst einmal zur ‚leichteren Muse‘ des Oscar Straus.

Natürlich gab es sofort nach dem Triumph des „Walzertraums“ neue Pläne. Die Klagen seiner Feunde, er habe sein Ziel, die Operette zu reformieren, verraten, erzielten einige Wirkung. Straus wünschte ein Spiel mit seiner Musik zu verbinden, das als ‚Literatur‘ gelten konnte. Er traf sich also mit Arthur Schnitzler, konferierte gelegentlich mit dem geschickten Schriftsteller Rudolf Lothar und suchte einen Weg zu Hermann Bahr. Aber dann kam Leopold Jacobson mit einem Vorschlag zu Straus, der überlegt werden mußte: Jacobson dachte an den Briten George Bernard Shaw, dessen Stücke damals die Bühnen Europas und der Neuen Welt eroberten. Der zweite Librettist der Operette „Ein Walzertraum“, Felix Dörmann, der als Autor phantastischer Visionen erotischer Fieberträume seinen Einstand in der Literatensphäre Wiens herbeigeführt und sich bereits als Arrangeur der ‚Love-story‘ im Walzertraum mißbraucht gefühlt hatte, wollte vom kühlen Spott des Briten nichts wissen. Aber Jacobson wußte Rat, er wollte den routinierten, in Berlin tätigen Rudolf Bernauer als Mitarbeiter gewinnen. Bernauer hat in seinen Erinnerungen detailliert erzählt, was sich daraufhin zutrug:

„Im Sommer 1907 verbrachte ich meine Ferien an der Ostsee. Da erhielt ich ein Telegramm aus Venedig. Der Absender war der bekannte Wiener Kritiker und Librettist Leopold Jacobson. Wenn ich gewußt hätte, was er mir vorschlagen wollte, wäre ich wahrscheinlich niemals gefahren. Bei den Spaziergängen am Lido zeigte mir Jacobson ein Stück und sagte, daß es als Grundlage für das nächste Libretto einer Oscar-Straus-Operette dienen solle. Ich war sofort fasziniert. Es handelte sich immerhin um Bernard Shaws parodistisches Spiel „Arms and the Man“, das in Berlin und in Wien in der Übersetzung von Siegfried Trebitsch unter dem Titel „Helden“ mit Erfolg gespielt worden war. [In Wien, wo das Stück im Theater in der Josefstadt auf der Bühne erschienen war, hatte sich der Erfolg allerdings in bescheidenen Grenzen gehalten.] Ich fragte Jacobson sofort: „Shaws ‚Helden‘ – alles schön und gut, aber hast Du eigentlich die Rechte schon erworben?“ „Nein“, sagte Jacobson lässig, „aber ich kenne den Übersetzer. Er ist ja ein Kollege von uns.“ „Ein Kollege?“, erwiderte ich, „dann wird Herr Trebitsch doch eigentlich erst recht dagegen sein!“ Jacobson zuckte mit den Schultern. Er meinte wohl, eine Lösung werde sich schon finden. Wir wandten uns zunächst an den Verlag, in dem die Übersetzungen erschienen waren. Er würdigte uns keiner Antwort. Wir verhandelten also mit Trebtisch selbst und boten ihm schließlich „für die Benützung seiner Übersetzung“ tausend Gulden. Er war sofort einverstanden. Nun fragten wir bei Bernard Shaw in London an. Wir boten Mr. Shaw 50 Pfund für die Überlassung aller seiner Rechte. Wir waren selbst überrascht, als Shaw unser Angebot prompt akzeptierte. Eiligst schickten wir einen Scheck nach London, wir hatten Angst, er könnte sich, wenn wir ihm jetzt noch Bedenkzeit ließen, die Sache noch einmal überlegen. Nichts rührte sich. Oscar Straus begann an seiner Partitur zu arbeiten . . .“

Hier ist in Bernauers Schilderung einzufügen, daß Oscar Straus anläßlich seines Aufenthaltes in London ein Interview gab und dabei von seiner Arbeit an einer Komischen Oper nach der Vorlage von Shaws „Arms and the Man" berichtete. Er nannte das Stück „excellent – the best libretto, I know". Vielleicht machte er damit erst den Verlag in London auf sein Unternehmen aufmerksam.

„Eines Tages", so heißt es bei Bernauer weiter, „platzte aus heiterem Himmel die Bombe. Shaw schickte den Scheck zurück. Er bedauere außerordentlich, schrieb er, den Scheck retournieren zu müssen, aber sein englischer Verleger sei mit dem geplanten Geschäft leider nicht einverstanden. Der Betrag von 50 Pfund sei bei weitem zu niedrig. Das war gewiß korrekt, der Betrag von 50 Pfund war tatsächlich lächerlich niedrig. Aber Shaw hatte sich möglicherweise in den Gedanken verbissen, es sei schließlich sein ureigenstes Recht, zu entscheiden, wie er über sein geistiges Eigentum verfügen wolle. Und er wußte auch, wie er vorzugehen habe. Shaw schrieb ausführlich, wenn wir seiner Idee folgten, könnten wir uns jede Ausgabe sparen und brauchten überhaupt nichts zu bezahlen. Das Gesetz sehe vor, daß Parodien tantiemefrei seien. Wir sollten also das Stück ganz einfach parodieren, dann seien wir zu gar nichts verpflichtet. Es war grotesk – sein eigener Rat schädigte Bernard Shaw lebenslang und noch dazu schwer. Ob er es bereut hat, weiß niemand. Er hat es sich niemals anmerken lassen und tat so, als ignoriere er alles, was mit unserem Stück zusammenhänge."

Was Rudolf Bernauer in seinen „Erinnerungen" angemerkt hat, ist gewiß richtig, trifft aber nur für die Theaterfassung zu: Der Oscar-Straus-Operette gegenüber hat Shaw zeitlebens jeden Zusammenhang mit seiner Person und seinem Stück „Arms and the Man" geleugnet, ja geradezu wütend abgestritten. Als es aber zu einer Filmversion kommen sollte, reagierte er, wie zu berichten sein wird, ganz anders. Im Sommer 1908 war jedenfalls der Weg frei für Straus und seine Mitarbeiter.

Diesmal hatte sich die Direktion des Theaters an der Wien so sehr beeilt, das neue Werk für ihre Bühne zu erwerben, daß schon im April 1908 etliche Journale meldeten, der Vertrag über das Werk sei perfekt. Die Arbeit ging auch zügig voran: Wieder zog sich Straus nach Baden zurück und stellte dort pünktlich zu Saisonbeginn die Partitur des Werkes, das indessen den Titel „Der tapfere Soldat" erhalten hatte, fertig. Und Straus gab sich mit dieser einen, recht umfangreichen

Arbeit nicht zufrieden, sondern ließ sich auch noch für eine Reihe weiterer Projekte verpflichten. Er hat später eingeräumt, daß dies gewiß leichtsinnig gewesen sei, aber er habe darauf vertraut, daß „irgendetwas von der Musik, die stets in mir war, schon passen werde für diese Sachen". Und einmal sagte Straus: „Es hat so lange gedauert, bis ich ‚gefragt' war. Nun konnte ich einfach nicht mehr ‚Nein!' sagen. Manchmal habe ich dann bereut, diesen oder jenen Vertrag unterschrieben zu haben. Aber ich habe stets versucht, alles so gut wie möglich zu machen."

Die Partitur der Operette „Der tapfere Soldat" erwies sich als ausgezeichnete Arbeit, sie steht in einer Reihe mit den unvergänglichen Liedern für das „Überbrettl", mit den „Lustigen Nibelungen" und dem „Walzertraum". Aber das wollte man nicht sofort einsehen: der Uraufführung der Operette am 14. November 1908 im Theater an der Wien unter der Leitung des Komponisten folgte zwar der obligate Premierenjubel, aber die Kritiker, deren Votum damals so viel galt, daß Operndirektor Mahler sie, vielleicht augenzwinkernd, aber eben doch als „die Herren Vorgesetzten" ansprach, hatten allerlei Einwände vorzubringen. Vor allem gingen die Meinungen darüber auseinander, ob der geistreiche Parodist Straus dem geistreichen Spötter Shaw gerecht werde oder nicht. Darüber wurde überhört, daß gleich zu Beginn dieser Operette ein Schlager präsentiert worden war, der zum Ohrwurm in allen Kontinenten werden konnte, nein, werden mußte: das Walzerlied „Komm, komm, Held meiner Träume". Es wurde von der jungen Sopranistin Grete Holm mit unwiderstehlichem Charme, exakt auf dem schmalen Grat zwischen Schmelz und Persiflage balancierend, vorgetragen. Überhaupt waren alle Darsteller glänzend vorbereitet auf ihre Aufgaben, der junge Kapellmeister des Hauses, Robert Stolz, hatte zusammen mit Oscar Straus gute Arbeit geleistet. Doch ausgerechnet die Hauptrolle, der unkriegerische Held Leutnant Bommerli aus dem Schwyzerland, war mit dem Debütanten Gustav Werner völlig unzulänglich besetzt. Der Aufschrei über diesen Mißgriff widerhallte in allen Rezensionen.

Doch nicht dieser Protest des Publikums störte den Ablauf der weiteren Vorstellungen, sondern die wütende und sehr energische Reaktion der königlich-bulgarischen Gesandtschaft in Wien: auf persönliche Weisung des Zaren Ferdinand, eines gebürtigen Coburger, der mehr in Wien zu Hause war als in Sofia, wurde die sofortige Verlegung der Handlung der Operette in ein anderes Land gefordert. Prompt wurden die Direktoren des Theaters an der Wien ins Polizeipräsidium befohlen. Dort wurde ihnen eröffnet, sie hätten alle Anspielungen auf serbisches und bulgarisches Milieu aus der Darstellung und Inszenierung zu entfernen. Die Hausschneiderei war von dieser Maßregel am ärgsten betroffen, aber nachdem etliche Nächte durchgearbeitet worden war, präsentierten sich auf der Bühne tartarische und kalmükische Nationaltrachten und Uniformen dem darob sehr erstaunten Publikum: die Handlung war eben nach Zentralasien übersiedelt worden.

Oscar Straus machte diesen Rummel, kopfschüttelnd und zu einigen sarkastischen Anmerkungen herausgefordert, gerade noch mit. Dann ließ er sein Werk im Stich und heiratete am 9. Dezember 1907 das indessen völlig zur leichten Muse bekehrte Fräulein Clara Singer. Bei der Feier im engsten Familienkreis spielte die Harfenistin des k. u. k. Hofoperntheaters, Frl. Victoria Baum, zart und zärtlich den „Alt-Wiener-Reigen" von Oscar Straus. Das Frl. Baum heiratete wenig später einen Kapellmeister, doch als das Ehepaar Straus nach Jahren wieder mit der Freundin aus dem Jahre 1908 zusammentraf, hatte diese sich von dem Musiker und überhaupt von der Musik abgewandt und war unter ihrem Mädchennamen Vicki Baum eine bekannte Schriftstellerin geworden.

Die Hochzeitsreise führte Clara und Oscar Straus nach Monte Carlo. Das Spielcasino hatte diesmal keine Macht über Oscar, und so konnte er nach seiner Rückkehr eine Villa in der Auhofstraße in Wien-Hietzing erwerben und sich damit endgültig vom Hause Stern emanzipieren. Seine Tochter Kitty nahm Oscar Straus zu sich. Er hatte sich daran gewöhnt, mit der Kleinen vierhändig Klavier zu spielen. Sie liebte seine Musik und war sein aufmerksamstes Publikum. Das sollte – vorerst – so bleiben.

Während der Komponist auf Hochzeitsreise war, verlor seine Operette „Der tapfere Soldat" sehr bald den Wettstreit um die Gunst des Publikums. Schon im Jänner 1909 verschwand das Stück von der Bühne des Theaters an der Wien. Obwohl es damals mehr Operettentheater in der Donaumetro-

pole gab als jemals zuvor, konnte die Nachfrage nach unterhaltsamen Stücken mit guter, gefälliger Musik auf durchaus seriöse Weise zufrieden gestellt werden: die ‚Silberne Ära' der Wiener Operette prunkte mit einem beispiellosem Reichtum an Talenten und daher auch an Stücken. Heinrich Reinhardt, der mit seinem Spiel vom „Süßen Mädel" den Theaterdirektoren den Mut zu Operettenaufführungen wieder gegeben hatte, war bereits in die zweite Reihe abgedrängt worden. Aber Franz Lehárs leichte Hand für die heitere Muse hatte sich immer aufs neue bewährt. Fast alle seine Operetten waren Serienerfolge. Nun war noch Leo Fall, der Sohn des originellen Militärkapellmeisters Moritz Fall, an seiner Seite erschienen mit einer ganzen Reihe von publikumswirksamen Werken. Auch Fall besaß die ‚Gnade der Melodie', viele seiner Walzerweisen gingen rund um die Welt. Im Jahre 1909 stellte das Theater an der Wien überdies den Ungarn Kálmán Imre mit seinem Stück „Ein Herbstmanöver" vor. Auch ihm bereitete es keinerlei Schwierigkeiten, sich von den Operettenbühnen der Kaiserstadt weg sofort in den Zentren Europas, später auch in den Vereinigten Staaten, durchzusetzen. Dazu kamen das heitere, vielleicht allzu produktive Talent Edmund Eysler (sein lustiges Spiel um den „Bruder Straubinger" war nicht nur wegen der darin enthaltenen Bombenrolle für Alexander Gerardi, sondern auch wegen Eyslers einschmeichelnder Musik rasch populär) und das große, zuletzt freilich doch nicht voll eingelöste Versprechen Leo Ascher (er debütierte in Wien mit dem originellen Stück „Vergelt's Gott" im Oktober 1905). Von der alten Garde der wienerischen Theaterkomponisten sorgten Carl Michael Ziehrer sowie der Hofopernkapellmeister und Dirigent der Philharmonischen Konzerte, Joseph Hellmesberger junior, für eine Brücke zwischen den Generationen. Vereinzelt gelang auch die Belebung von Operetten aus der Werkstatt von Johann Strauß (aus „Indigo" wurde durch geschickte Verbesserung des Textbuches die Operette „Tausendundeine Nacht") und Karl Zeller („Der Kellermeister"); aus Tanzstücken von Joseph Strauß wurde die Operette „Frühlingsluft" zusammengestellt. Und dann gab es auch noch die ganz Jungen: Robert Stolz, den Kapellmeister am Theater an der Wien, und Bruno Granichstaedten, der im Jahre 1908 im neuen Johann-Strauß-Theater auf der Wieden mit der Operette „Bub oder Mädel" auf sich aufmerksam machte.

Die Konkurrenz so vieler ‚Kollegen' bedrückte Oscar Straus, der übrigens nur mit Leo Fall näher bekannt und befreundet war, nicht im geringsten. Für ihn schien die Zeit gekommen zu sein, Bilanz zu ziehen und dann die Grenzen seiner Möglichkeiten ausfindig zu machen. Sein Ruhm als Operettenkomponist stand unverrückbar fest. Mochte der „Tapfere Soldat" in Wien nicht die erhoffte Anerkennung finden, der Erfolg

Das berühmte Walzerlied aus „Der tapfere Soldat“ in der englischen Version

des Stückes in den angelsächsischen Ländern war umso größer und nachhaltiger. Es mag schon zutreffen, daß Bernard Shaw der Straus-Operette den Start in London erleichtert hatte: er beschimpfte bei jeder Gelegenheit aus vollem Hals die Berichterstatter der Zeitungen und leugnete mit der ungebremsten Bissigkeit seines Temperaments, gerade weil es jedermann anders wußte, jeden Zusammenhang dieses ‚Pfusches‘ mit „Arms and the Man“. Nun liefen die Leute erst recht ins Theater, als „The Chocolate Soldier“ Anfang September 1910 im Londoner Lyric-Theatre zum ersten Male gespielt wurde. Den Triumph errang aber doch die Musik von Oscar Straus, und das Lied „My hero“ (Held meiner Träume) wurde zum Evergreen für Generationen! Auch in Paris und in der Schweiz – wo das Stück den köstlichen Titel „Der Praliné-Soldat“ erhielt – gab es lange Aufführungsserien, so gut wie alle Bühnen Deutschlands wollten, auch wenn sie sich den „Lustigen Nibelungen“ verschlossen hatten, auf den Krieger aus dem Zauberland der Parodie und der Persiflage nicht verzichten. Natürlich registrierte man auch in der Heimat den internationalen Triumph, aber da etwa um diese Zeit die Satire „Der Feldherrnhügel“ von Karl Rößler und Roda Roda von der Zensur verboten wurde, weil

‚derlei Gesinnungen' die Monarchie gefährden könnten, wollte man den „Tapferen Soldaten“ nicht noch einmal in Wien auf die Bühne stellen. Oscar Straus konnte es verschmerzen.

Von einem anderen Genre mußte sich Straus allerdings trennen: im Orpheum war zwischen dem lasziven Schwank „Die Rechnung“ und der etwas unbeholfenen Vaudeville-Operette „Ein tolles Mädel“ (Musik: Carl Michael Ziehrer) eine melodramatische Szene „Der Frauenmörder“ gezeigt worden; doch weder der Text des Routiniers Victor Léon noch die Musik des Oscar Straus wurden auch nur eines freundlichen Wortes gewürdigt. Straus erkannte: So ging es nicht! Und er dachte an die Puppenspiele Arthur Schnitzlers. Dazu eine passende Musik, anspruchsvoll und doch leger und elegant? Das mußte man versuchen. Schnitzler gefiel der Plan. Die Wahl der beiden fiel auf das Spiel vom „Tapferen Kassian“. Rasch und geschickt arrangierte der Dichter ein Libretto und Straus begann sofort mit der Konzeption einer sorgfältig durchdachten Singspiel-Partitur.

Endgültig Abschied nahm Oscar Straus nunmehr auch von den symphonischen Werken seiner Jugend, überhaupt von der ‚ernsten Musik'. War es Zufall oder wollte das ehrgeizige Unternehmen der – übrigens mit Unterstützung von Oscar Straus – neu eingeführten „Tonkünstler-Konzerte“ von der Popularität des Komponisten profitieren? Im November 1909 erschien das Klavierkonzert, das Oscar Straus anno 1898 für sich komponiert hatte, auf einem Konzertprogramm. Oscar Nedbal dirigierte, den Solopart trug Paul Weingarten vor. Beide Künstler sollten im Wiener Musikleben noch wichtige Rollen spielen, Nedbal auch als Operettenkomponist. Aber damals konnten sie für das Klavierkonzert von Straus keinen Beifall erreichen und noch weniger die Anerkennung durch die Kritik. Etwa zur selben Zeit wurden bei einem anderen Konzert auch die Violinkompositionen des jungen Straus als „zu seicht“ befunden, und ein Blatt zitierte Millöckers Oberst Ollendorf: „Schwamm drüber!“ „Alles“, so schrieb ein Freund damals an Oscar Straus, „darf man in Wien halt nicht können!“

Mehr Anklang fand Božena Bradsky, als sie im Ehrbar-Saal wieder einmal ihr Straus-Repertoire vortrug. Die Brettl-Lieder aus Berlin und die ernsten Gesänge aus der Zeit des Tournee-Theaters („Ghetto-Liedchen“) gefielen noch immer.

Eine Vision: Schnitzler und Straus

Das volle Spektrum seiner Begabung und seines Könnens entfaltete Oscar Straus im Spätherbst 1909 auf mehreren Bühnen: bei einem Galaabend am 30. Oktober in Leipzig wurden nach dem aus dem Jahre 1901 stammenden Einakter „Colombine“ die gemeinsame Arbeit mit Arthur Schnitzler „Der tapfere Kassian“ und das Satyrspiel „Venus im Grünen“ zum ersten Male der Öffentlichkeit vorgeführt. Der Beifall organisierte sich nach dem häufigen Prinzip: teils – teils. Auch die Kritiker konnten nicht zu einhelligen Ansichten finden. Aber es gab auch eine seltsame Stimme, einen Mißton mit vielfachem Echo, wortgewaltig aus Haß und Voreingenommenheit – ein Fanal auf dem Lebensweg des Komponisten:

„Drei Herren haben gedichtet (der eine schlecht, der andere leidlich, der dritte schnoddrig) und Oscar Straus machte die Musik dazu. Das ist das große Geheimnis. Lediglich deswegen gab's vom Stadttheater aus eine ungewöhnliche Reklame: eine Erst- und zwei Uraufführungen – noch dazu alles, Stück für Stück, unter persönlicher Leitung des Komponisten! Wir hätten also in diesem Fall den reinen Jahrmarkt von Tönen. Und das ist eben das Böse an der Geschichte: Wo die Kunst in sich, an sich nichts fertig bringt, muß der Tamtam herhalten. Vogel-Strauß-Politik. Schnurrig, wie Namen und Tatsachen hier zusammentreffen.

Also: Herr Pserhofer schrieb anno dazumal (und zwar nach einem tüchtigen Prunkreißer aus der Feder des Breslauer Rechtsanwaltes Dr. Erich Korn) einen Einakter „Colombine“. Schrieb ihn mit Tinte und in schlechten Versen. Alles auf den Effekt zugeschnitten. Und dasselbige Ganze in lauter larmoyante Sauce eingebuttert. Herr Oscar Straus aber gedachte auf der Skala solcher Worte zum – Opernkomponisten zu werden. Als solcher rührte er dreist und gottesfürchtig des Herrn Pserhofers süßlich schlierige Tunke noch um einige Grade tränenduseliger ein: wippte nur so in verlogener Musik-Resignation und machte auf diese Weise selber einen Harlekin zum süffisanten Jammerlappen, der halb in Elegie und halb in borniertem Egoismus plätschert. Nirgends charaktervolle Tongebung – alles zerschwimmt in ohrengefällig-billiger Instrumentation, die sowohl im heuchlerischen Pianissimo wie im unmotivierten, im gequälten Forte nur einen Endzweck kennt: den Zuhörer zu verblüffen, ihm eine Lüge zum brünstigen Evangelium werden zu lassen. Es gehört wirklich nicht viel Musikverständnis dazu, um diese Irreführung sofort herauszufühlen. Das große Publikum freilich . . . ja, das Publikum! Um den „Tapferen Kassian" steht's nicht viel besser. Hier heuchelt der Komponist zum Teil schlichte Alltagsnaivität, zum Teil will er (mit selbstverständlich-simplen) Mitteln ein ungezügeltes Kraftmeiertum musikalisch illustrieren. Wohl gemerkt: Er will es. Mit einem Pianoforte im Orchester aber läßt sich eine solche Naivität nicht erzwingen. Auch nicht mit etwas Flötendudelei. Nein: um Schlichtheit in Musik umzusetzen, muß Empfindung beim Komponisten vorhanden sein: Seele, nicht Klügelei; Herz, nicht Kontrapunkt-Weihrauch. Bei Oscar Straus dominiert auch hier die Berechnung. Er läßt den Wert „4" nicht etwa höchst selbstverständlich aus 2 + 2 oder 2 mal 2 entstehen; nein, er gestikuliert dorfschulmeisterlich pathetisch: 1/4 + 1/4 + 1/2 + 1/3 + 2/3 + 5/6 + 1/6 + 1/8 + 3/16 + 1/16 + 9/16 + 1/16 . . .: das alles zusammen, Kinder, ja das alles gibt ganze „4"!! Und: Kinderchen, mit was für einfachen, mit was für schlichten Mittelchen habe ich das alles, habe ich meine „vier" erreicht. Der reine schollenduftige Volksliedsänger – sagen dumme Leute. Lieber, bester Oscar Straus, das alles ist Mache bei Ihnen. Sie sind nämlich ein lüsterner Geselle durch und durch, und wenn Sie Volksweisen simulieren, dann kenne ich Ihre eigene Empfindung: Perversion, bester Herr – wie der Junker, der sich schließlich auch nach simplen Mägden sehnt, nach Poussaden, die (unter anderem) auch den Reiz des Heuduftes von sich ausgehen lassen mögen. Es ist das die schlüpfrigste Musik ohnmächtigen Dekadententums. Ich danke dafür. Danke trotz Cimbalo. Danke trotz Flöte. Mir ist das wirklich ein wenig zu viel Flunkerei.

Käme zum Schluß: „Venus im Grünen". Das Ding mag gehen, denn hier ist dieser Herr Straus beim Walzer als seiner eigentlichen Domäne angekommen. Und dieser Walzer (zwar zeigte er allenthalben bekannnte Motive) klingt, fördert Rhythmus zutage und gibt sich als echtes Kind seines Schöpfers: er verzapft nackten Dreivierteltakt und läßt die Violine und die Lippen der Choristen sinnlich bis zum Exzeß summen und wispern. Da ist also Freundchen Straus echt: Schlüpfrigkeit mit Haselnußbäumen und etwas Ringeltingel-Rosenkranz im Hintergrund – Sentiment und Sexualaplomb zu einem Brei vermischt. Igitur: Das Publikum girrte und fing unter sotaden Weisen an auf den Sitzen zu rutschen. Und das ist am Ende in unserer nervösen Zeit auch etwas wert.

Um eine Bescherung handelte es sich an diesem Straus-Abend. Um eine schöne Bescherung."

Außerhalb Deutschlands wurde diese seltsame Stimme aus Leipzig, Papier geworden in der Zeitschrift „Deutscher Kampf", freilich kaum beachtet. In Wien konzentrierte sich die Aufmerksamkeit des Publikums vorerst auf zwei andere Novitäten mit Musik von Oscar Straus. Vorrang hatte diesmal das Carltheater. Auf seiner Bühne erschien am 23. Oktober 1909 die Operette „Didi", Libretto frei nach Sardous „Marquise" von Victor Léon. Das Urteil der Zuschauer und Zuhörer war schon am Premierenabend einhellig und unumstößlich festgelegt: Victor Léon wurde sein vollständiges Versagen als Arrangeur eines bewährten Lustspielstoffes vorgeworfen, Oscar Straus aber hatte zuviel gewollt: Brettl-Couplets und Walzer, Tanzliedchen und Märsche; nun stand eine Gattung der anderen im Licht des durchaus möglichen Erfolges. Diesmal summte am Tag nach der Uraufführung von „Didi" niemand eine Melodie aus dem Stück – der schöne, kunstvolle „Schleierwalzer" war dafür zu kompliziert –, aber man brummte unisono: „Schade um die Musik". Mitte November war die lustige Französin aus dem Theaterrepertoire bereits wieder verschwunden. Das Publikum lief lieber ins Theater an der Wien, zu Franz Lehárs „Graf von Luxemburg".

Bei der zweiten Premiere des Jahres wagte Oscar Straus ein weiteres Experiment. Noch war ja der Traum von der komischen Oper nicht ausgeträumt, zu der man dem Komponisten vom Anfang seiner Laufbahn an geraten hatte. Nun stellte er der Volksoper in Wien und der komischen Oper in Berlin eine musikalische Komödie zur Verfügung, die den Titel „Das Tal der Liebe“ erhalten hatte. Wieder lag ein erfolgreiches Schauspiel dem Libretto zugrunde. Der ehrgeizige Literat Rudolf Lothar hatte die Handlung für die Komposition aufbereitet und die sehr adretten Verse verfaßt.

Doch abermals fiel ‚ganz Wien‘ über den Librettisten her, und weil die Kritiker so schön im Zuge waren, ‚vernichteten‘ sie auch die Aufführung in der Volksoper. Sogar das Oscar Straus sonst durchaus gewogene „Fremdenblatt“ war entrüstet:

„Die gestrige Premiere, nach dem witzigen Stück von Max Dreyer auf die Operettenschablone von Rudolf Lothar zugeschneidert, nennt sich musikalische Komödie und glaubt damit ein Mäntelchen zu haben, worin Ideenarmut, Langeweile und Anleihen bei fremdem Gut sich verbergen können. Zum Entrüsten gab es so viel, daß man gar nicht ins Detail gehen kann. So mischte sich in den Beifall auch Widerspruch.“

Abgelehnt wurde das Werk auch in Berlin, obwohl dort Emil Nikolaus von Rezniček als Dirigent der Uraufführung seine Autorität für Straus in die Waagschale warf. Um die Musik zu retten, wurden später mehrfach Versuche unternommen, das Libretto umzuarbeiten. Aber allein schon der Stoff, der sich – um es mit einem Satz des „Fremdenblattes“ zu sagen – „um das Nichtvaterwerdenkönnen eines alten, halbblöden Markgrafen und um das Jamutterwerden der jungen, liebessüchtigen Markgräfin mit Hilfe eines stämmigen ‚Ammenkönigs‘ drehte“, ließ einen Erfolg nicht zu. Die Musik versank mit dem Stück.

Die Nachricht, „in Leipzig ist ein Werk von Arthur Schnitzler mit der Musik von Oscar Straus aufgeführt worden“, alarmierte in Wien nach einiger Zeit sowohl die an Literatur interessierten Kreise als auch die Musikfreunde. Der Direktor der k. k. Hofoper, Felix Weingartner, der als Nachfolger Gustav Mahlers einen schweren Stand hatte, sah eine günstige Gelegenheit, die Phalanx seiner Gegner zumindest aufzubrechen, und nahm das Stück „Der tapfere Kassian“ zu Beginn des Jahres 1910 für das Haus am Ring an. Freilich betrieb er dann die Aufführung mit souveräner Lässigkeit: er wünschte Änderungen und Kürzungen, auch die Instrumentation, so ließ er Straus ausrichten, sei vielleicht doch nicht optimal.

Schließlich nahm Felix von Weingartner die Widmung des

Oscar Straus im Alter von etwa vierzig Jahren

Werkes an, und zwar mit den Worten: „Möge es in der Hofoper den Erfolg haben, den Sie für das Werk wünschen, also den allerbesten!" Doch als Herr von Weingartner diese Zeilen an Oscar Straus schrieb, hatte er längst den Entschluß gefaßt, mit Beginn der Spielzeit 1910/1911 als Hofoperndirektor zu demissionieren. „Kassian" blieb auf dem Schreibtisch liegen – für den Nachfolger!

Oscar Straus konnte und wollte nicht tatenlos abwarten, wie es denn in der k. und k. Direktion des k. k. Hof-Operntheaters weitergehen werde. Er stellte der mächtigen und einflußreichen Journalisten- und Schriftstellervereinigung „Concordia“ für eine ihrer stets in allen Zeitungen mit intensiver Vorreklame angekündigten und ebenso ausführlich gewürdigten Wohltätigkeitsveranstaltungen das Fastnachtspiel „Venus im Grünen“ zur Verfügung und nahm wenig später das Angebot an, zusammen mit Felix Salten, der sich als Operettenlibrettist Friedrich Stollberg nannte, eine ‚Girardi-Operette‘ für das Raimundtheater nach Maß bereitzustellen.

In der Hietzinger Villa wurde eine Kinderstube eingerichtet: Der kleine Erwin Straus – zeitlebens „Bibi“ genannt – kam am 5. April 1910 zur Welt, etwa ein Jahr später folgte ein Brüderchen Walter. (Nehmen wir gleich vorweg, daß Erwin das Leben seines Vaters wie ein angenehmer, stets willkommener Schatten begleiten sollte, während Walter keine Rolle darin spielte.) Anno 1910 mußte also Geld ins Haus; und nur mit Operetten war – wenn die Stücke Erfolg hatten – ein Vermögen zu verdienen.

Das Fastnachtspiel „Venus im Grünen“ wurde vom Publikum der „Concordia“ mit großem Vergnügen akzeptiert. Die Handlung bietet ein amüsantes Quiproquo:

‚Anno Casanova‘ durchqueren zwei Mädchen in Männerkleidern einen Wald und fallen unter die Räuber. Es handelt sich zwar um junge Männer aus gutem Hause, aber sie haben etwas angestellt und brauchen dringend neue Kleider. Sie wollen auch nichts weiter als einen Tausch von Mänteln, Wämsen und Kniehosen. Aber gerade das können die verkleideten Mädchen nicht zugestehen. Natürlich siegt Venus. Zunächst zieht man gemeinsam der Gefahr entgegen und später, da wird man sehen, wie das mit den Kleidern werden wird. Im Augenblick genügt ein fröhliches Walzerquartett, um das Publikum zufrieden zu entlassen.

Ein solches amüsantes Spiel, von Oscar Straus mit einer schwerelos dahingleitenden, abwechslungs- und pointenreichen Musik versehen, war ganz nach dem Geschmack eines Publikums, das sich im Theater zu unterhalten wünschte. Die Burleske „Venus im Grünen“ wanderte daher vom Carltheater eiligst weiter ins Varieté Ronacher, in dem längst schon nicht nur

Artisten und Volkssänger auftraten, sondern auch Singspiele und Einakter mit Musik das Programm ergänzten. Ab 1. Dezember 1910 war Oscar Straus nun auch Komponist für ein Varieté und hatte keine Ursache, sich dafür zu genieren.

Auch die Girardi-Operette „Mein junger Herr“ tat ihre Schuldigkeit. Der alternde Volksschauspieler, der es schließlich noch zum Ensemblemitglied des Burgtheaters bringen sollte, fand darin eine dankbare Charakterrolle vor. ‚Xandl‘ spielte, besser gesagt, erlebte das Schicksal eines treuen Dieners, der seinen ‚jungen Herrn‘ vor allerlei Dummheiten bewahrt. Girardi schöpfte die Rolle voll und ganz aus. Für Straus war das Sujet freilich nicht sehr ergiebig, und zu einem neuen ‚Girardi-Lied‘, wie es ja bereits Hunderte gab, ist es durch Oscar Straus – derlei war sein Tonfall nicht! – auch nicht gekommen. In Wien wurde „Mein junger Herr“ nach der Premiere am 23. Dezember 1910 im Raimundtheater wochenlang en suite gespielt und übersiedelte vorübergehend auch ins Theater an der Wien, doch als 50 Vorstellungen absolviert waren, kehrte Girardi lieber zu seiner weniger anstrengenden, altvertrauten Paraderolle im Volksstück „Mein Leopold“ – mit einer ähnlichen Handlung – zurück. Nur auf wenigen deutschen Bühnen wurde „Mein junger Herr“ nachgespielt. „Mein Leopold“ war ja überall längst dagewesen.

Im Fasching 1911 unternahm Oscar Straus einen Seitensprung in die „Hölle“. Es handelte sich bei dem Etablissement dieses Namens um ein ‚Cabaret‘ im Gebäude des Theaters an der Wien. Dort spielte man im Souterrain nicht nur drastische Unterhaltung nach dem Motto: „Ein Griff, ein Bett“, sondern ließ auch die besten Diseusen Wiens auftreten und stellte den in einem Spätabend-Lokal wohl unvermeidlichen Schönheitstänzen als Kontrast anspruchsvolle Einakter gegenüber. Franz Lehár komponierte für die „Hölle“ den Schwank „Mitislav der Moderne“, Leo Fall sogar das anmutige, ja ergreifende Singspiel „Brüderlein fein“. Straus steuerte zum Höllen-Repertoire nur eine melodramatische Szene bei: „Die anderen Herren sind nicht so“, Text wieder von Viktor Léon. Sie lief ab 1. Februar 1911, allerdings nur bis zum Programmwechsel im März.

Damals ging Oscar Straus die Arbeit so leicht von der Hand, daß er nebenbei auf Vorrat komponierte. Was in seiner Palette noch fehlte, war die helle, freundliche Farbe eines sorglosen, leichtfüßig einhertändelnden musikalischen Lustspiels. Er fragte in Librettistenkreisen nach einem solchen Stück herum. Natürlich gab es Bedenken: Das Publikum erwarte in einem großen Theater auch eine ‚große Operette' und kein dezentes Spiel mit unaufdringlicher, gewiß anmutiger, aber ebenfalls dezenter Musik! Aber dann lieferten die vielfach als Erfolgsautoren bewährten Librettisten A. M. Willner und Leo Stein ein solches Stück, dessen Handlung eben auch nach einem vielfach erprobten und bewährten Schema ablief: Junger Graf soll standesgemäß heiraten, liebt aber ein Blumenmädchen, der Vater wird getäuscht, alle Frauen dieses Spieles wechseln ihre Rollen, und zuletzt verbinden sich eben doch die Liebespaare. Das Produkt, von Oscar Straus mit einer gewiß amüsanten und tatsächlich leichtfüßig einhertändelnden Musik versehen, erhielt den Titel „Die kleine Freundin". Die Direction des Carltheaters setzte das Stück schon am 20. Oktober 1911 auf ihren Spielplan; vielleicht nur mit der Absicht, eine Überleitung vom ‚modernen Repertoire', also den nun recht rasch aufeinanderfolgenden, nicht immer vom Publikum akzeptierten Novitäten zu den Meisterwerken der ‚Goldenen Operettenära' herzustellen. Denn im Theater an der Wien wurde damals Offenbachs „Schöne Helena" wieder belebt, und das Carltheater bereitete als Gegenstück dazu die Operette „Boccaccio" mit der zeitlosen Musik von Franz von Suppé vor. Dazwischen wurde nun „Die kleine Freundin" geschoben und machte ausgezeichnete Figur!

Das Werk war seiner Zeit ein wenig voraus: Das elegante Zusammenspiel zwischen der Diva Mizzi Zwerenz und dem Publikumsliebling Hubert Marischka war wohl doch zu dezent für ein Operettentheater mit rund zweitausend Plätzen. Die Ära des musikalischen Lustspiels sollte erst einige Jahre später beginnen. Immerhin hielt sich das ‚Operettchen', wie ein Rezensent das Stück in bewußt doppelter Verkleinerung klassifizierte, bis in die ‚undankbare' Vorweihnachtszeit hinein. Dann erst konnte „Boccaccio" wieder einmal ins Carltheater einziehen.

Weil sich Oscar Straus nun einmal auf Experimente eingelassen hatte – die zugleich als Test gelten konnten, wo denn die Grenzen seines Talents erkennbar würden, aber auch eine gewisse

Unsicherheit verrieten, welcher Weg in die Zukunft führen werde –, wagte er auch ein Abenteuer auf englischem Boden. Gegen ein hohes Honorar stellte Oscar Straus einem Agenten ein Stück zur Verfügung, das dieser in London von einem Wiener Ensemble in deutscher Sprache aufführen lassen wollte. Es handelte sich um eine lose Aufeinanderfolge von Operettenszenen und Tanzeinlagen, deren Libretto abermals zwei routinierte, aber – im Gegensatz zu Willner und Stein – ‚moderne' Autoren nach Maß anfertigten: Julius Brammer und Alfred Grünwald. Straus kam bei dieser Gelegenheit mit dieser erfolgversprechenden Firma in Verbindung und das war – neben dem Honorar! – auch der einzige Gewinn des Unternehmens, an dem übrigens abermals Hubert Marischka beteiligt war. Denn das Stück mit dem Titel „Eine vom Ballett" wurde bei der Premiere Anfang Juni 1912 in London überhaupt nicht verstanden; es war auch nicht zu retten, als der Veranstalter seinen Fehler, im Londoner „Coliseum" deutschsprachiges Theater zu bieten, endlich einsah und nun zu „The Dancing Viennese" einlud. Das Telegramm, das nach der Uraufführung des Werkes in den Wiener Journalen veröffentlicht wurde: „. . . hatte bei ausverkauftem Hause kolossalen Erfolg . . ." war nichts als – na, sagen wir Reklame. Oscar Straus, der auch diese Premiere bereitwillig dirigiert hatte, sorgte umgehend dafür, daß der Fehlschlag nicht nur durch den tatsächlich kolossalen, immer noch anhaltenden Erfolg des „Chocolate Soldier" im Lyric-Theatre, sondern auch durch eine weitere Novität wettgemacht wurde. Er komponierte eigens für London die dreiaktige Operette „Love and Laughter", deren von Frederik Fenn und Arthur Wimpers gefertigtes Textbuch angeblich exakt dem Geschmack des englischen Publikums entsprach. Das Stück „machte tatsächlich Geld", aber in der Heimat hat man von dieser „stupiden Geschichte" – wie Straus selbst urteilte – nicht viel erfahren.

In Wien ging es nun vor allem und jetzt erst recht um „Kassians" Einzug in die Hofoper. Arthur Schnitzler hatte damals bereits sehr oft, allzu oft, erfahren müssen, wie wenig Versprechungen in der Kaiserstadt an der schönen blauen Donau galten, wie sich gelegentlich sogar sorgfältig ausgearbeitete Verträge im verfilzten Gestrüpp des Interessengeflechts aller der vielfältigen Cliquen auf Wiener Boden verfingen und zuletzt undurchsetzbar wurden. Oscar Straus wollte das nicht anerkennen, er beharrte auf dem Standpunkt: Felix Weingartner hat als amtierender Operndirektor das Singspiel „Der tapfere Kassian“ zur Aufführung angenommen, die k. und k. Generalintendanz hatte sich gleichfalls verpflichtet, das Werk auf die Bühne zu bringen. Wenn nun der Nachfolger Felix Weingartners, der aus Berlin in die Reichshaupt- und Residenzstadt der Monarchie geholte ‚Manager‘ Hans Gregor der Ansicht war, es gehe ihn nichts an, was der Herr von Weingartner geplant und zugesagt habe, dann mußte man ihm eben beibringen, daß es in Wien auch ungeschriebene Gesetze gab, die wirksamer sein konnten als Verträge. Straus war zuversichtlich, daß ihm dies gelingen werde. Hans Gregor, der Rechenkünstler in der Operndirektion, stellte sich zuerst auf den Standpunkt, alle Verträge seines Vorgängers seien für ihn gegenstandslos. Aber dann erkannte er allmählich doch, daß man sich, wollte man sich in Wien behaupten, immerhin mit einigen Leuten arrangieren mußte. Und es gab maßgebende Kreise der Wiener Gesellschaft, die sich von einer Zusammenarbeit des Dichters Arthur Schnitzler mit Oscar Straus ebenso interessante und wertvolle Ergebnisse versprachen wie von der künstlerischen Gemeinschaft des Dichters Hugo von Hofmannsthal mit dem Bayern Richard Strauss. Soeben hatte ja die Hofmannsthal-Strauss-Oper „Der Rosenkavalier“ von Dresden aus ihren Weg um die Welt angetreten und in Wien – nach langen, heftigen, leidenschaftlichen Debatten – ihre eigentliche Heimstatt gefunden. Sollte, ja mußte man da nicht jede Zusammenarbeit zwischen Schnitzler und Straus fördern, ermutigen?!

Nach zähen Verhandlungen der Kreise um den Dichter und den Komponisten mit Direktor Gregor kam es zu einem Kompromiß: Oscar Straus erinnerte sich an die Galavorstellungen der „Concordia“ und erreichte, daß das Präsidium der einflußreichen Journalisten- und Schriftstellervereinigung den Wunsch ausdrückte, die Wiener Erstaufführung des Singspiels „Der tapfere Kassian“ möge im Rahmen einer solchen Vorstellung erfolgen. Im Gegenzug beeilte sich die Operndirektion zu versichern, sie werde sowohl den Regisseur als auch den Dirigenten für diese Aufführung zur Verfügung stellen, ebenso die Akteure, und selbst das Orchester – ohnedies nur ein Kammer-

Das Textbuch zum Singspiel „Der tapfere Kassian"

ensemble – werde man durch Mitglieder des Hofopernorchesters, also durch Philharmoniker, verstärken. Nach dieser Aufführung, die ja dadurch die Qualität einer Hofopern-Premiere erhalte, werde man halt sehen, ob der werte „Kassian" ins Haus am Ring einziehen oder – in der Versenkung verschwinden werde! So kam es zu jener seltsamen „Concordia-Matinee" am

Nachmittag des 17. März 1912 im Carltheater. Ihr Programm zwängte das Singspiel zwischen die einleitend gespielte ‚dramatische Situation' von Peter Nansens „Kameraden" und das unverwüstliche Spiel um den Domkapellmeister Drechsler und den Dichter Ferdinand Raimund „Brüderlein fein", Musik von Leo Fall. Und weil die „Concordia" auf den Kassenmagneten Alexander Girardi keineswegs verzichten wollte, dieser aber in keinem der Stücke auftreten konnte, nahm man auch noch ein „Neues Fiakerlied" ins Programm auf, einen rührseligen Abgesang auf einen ohnedies tausendfach verherrlichten Stand, der nun aus dem Stadtbild verschwinden, den Taxifahrern und ihren Automobilen weichen mußte.

Die Hofoper hatte Wort gehalten. Unter der Regie des Oberspielleiters Wilhelm vom Wymetal und der Stabführung des Hofopernkapellmeisters Franz Schalk sang und spielte ein vortreffliches Ensemble die Mär vom „Tapferen Kassian", die Philharmoniker ließen alle Kostbarkeiten der Partitur aufblitzen. Aber es kam, wie es bei diesem Arrangement unausweichlich kommen mußte: Das „Neue Fiakerlied" übertrumpfte sogar „Brüderlein fein", vernichtete Nansens „Kameraden", ließ aber auch „Kassian" keine Chance, wieder einmal triumphierte Girardi.

Die Kritik versuchte wenigstens, dem Stück gerecht zu werden; sie ließ die Absicht des Komponisten gelten, zu Arthur Schnitzlers geistreichen, formvollendeten Versen eine zeitgemäße Musik erklingen zu lassen. Diese Singspielmusik mußte notwendig jene zierlichen Figurationen und verspielten Schnörkel, aber auch jene bizarren Linien aufweisen, wie sie für den Jugendstil nun einmal typisch waren. Die Partitur des „Tapferen Kassian" stimmt ganz exakt mit der Malerei und dem Kunsthandwerk, ja selbst mit der Bildenden Kunst und der Architektur der Epoche überein. Und doch konnte nicht einmal in der Schar der Kritiker Einigkeit in der Frage erzielt werden, ob das Stück die Zeit spiegele, wie man es zuvor verlangt hatte, und erst recht nicht darüber, ob es dem Publikum gefallen habe oder nicht. War der „Tapfere Kassian" zu spät gekommen? Um 1912 hatte der Jugendstil seine Faszinationskraft auf die Elite des geistigen Wien – eine Kunst nach dem Geschmack der Mehrheit ist er ja nie gewesen! – bereits verloren. Konnte man jetzt noch für eine Musik des Jugendstils Verständnis erwarten? Diese Frage ist auch heute, zwei Menschalter später, kaum zu entscheiden. Auffällig freilich ist, daß seit etwa 1975 die Ära des Jugendstils wieder entdeckt wird: Die Malerei und die Bildende Kunst, das Kunsthandwerk und sogar die Architektur der Epoche werden diskutiert, anerkannt, geschätzt, auch die Musik dieser Zeit wird wieder beachtet. Leider gilt das nicht für das Singspiel „Der tapfere Kassian" von Arthur Schnitzler und Oscar Straus. Muß man es wirklich verloren geben?

Am Ende der himmelblauen Zeit

Nach der „Concordia"-Vorstellung am 17. März 1912 stand für Direktor Gregor fest, daß der „Tapfere Kassian" nicht ins Haus am Ring einziehen werde. Aber er fühlte sich verpflichtet, dem Komponisten gleichsam ein Ersatzprojekt vorzuschlagen: Oscar Straus wurde eingeladen, für die Hofoper ein Ballett zu komponieren. Man einigte sich rasch, und schon im Mai 1912 war in der Presse die Nachricht zu finden, für Straus sei ein Sujet des bekannten Ballett-Autors Heinrich Regel ausgewählt worden, das Stück werde den Titel „Die Prinzessin von Brabant" erhalten.

Damit wurde für den Kenner sogleich eine Erinnerung beschworen: an jene Ballett-Tradition aus den Jahrzehnten unmittelbar nach der Eröffnung des Opernhauses an der Wiener Ringstraße, die ihren Höhepunkt in der Tanzpantomime „Die Puppenfee" erreicht hatte. Mehr als zweihundertmal war dieses Lieblingswerk der Ballett-Enthusiasten, ja der gesamten Bevölkerung der Residenz, seit der Uraufführung am 4. Oktober 1888 über die Bretter gegangen und hatte bei jeweils ausverkauftem Haus das Publikum, Kinder und Erwachsene, begeistert. Die Musik des Hofopernkapellmeisters Josef Bayer war jedermann ebenso vertraut wie die Choreographie des Tanzmeisters Josef Haßreiter. Dann aber hatte Gustav Mahler dieses Wiener Fest, denn das war jede Aufführung der „Puppenfee", nicht mehr haben wollen, Ballettabende paßten nicht in sein Konzept, er hatte es auch abgelehnt, das vom Walzerkönig Johann Strauß unvollendet hinterlassene Ballett „Aschenbrödel" aufzuführen, obwohl er dazu eigentlich verpflichtet gewesen wäre. Josef Bayer hatte das Werk nach den vorgefundenen Skizzen in kürzester Zeit ergänzt und auf sehr geschickte Weise aufführungsreif gemacht. Doch ließ die Direktion Mahler wider Erwarten plötzlich verlauten, für eine derartige Produktion habe sie kein Geld übrig. Das Berliner Hof-Operntheater aber griff sofort zu, und so wurde das letzte Werk, an dem Johann Strauß bis unmittelbar vor seinem Tod am 3. Juni 1899 gearbeitet hatte, im Jahre 1901 in Berlin der Welt vorgestellt und mit begeistertem Beifall aufgenommen.

Die Wiener bekamen das Ballett „Aschenbrödel" erst zu sehen, als Felix Weingartner das Versäumnis Gustav Mahlers wettmachte und das Strauß-Bayer-Ballett am 4. Oktober 1908, also am Namenstag des greisen Kaisers Franz Joseph, selbst präsentierte und zwar in der Fassung Heinrich Regels und mit der Choreographie Josef Haßreiters. Direktor Gregor wünschte also an die in den Siebziger- und Achtzigerjahren des 19. Jahrhunderts begründete, von der Direktion Weingartner mit der Aufführung des Balletts „Aschenbrödel" wiederaufgenommene Tradition anzuschließen, als er Oscar Straus mit der Komposition eines Balletts beauftragte, dessen Sujet Herr Regel ausgewählt hatte und das natürlich in einer Choreographie Josef Haßreiters aufgeführt werden sollte. Straus hat das Projekt mit größter Freude akzeptiert.

Die Handlung reichte zwar nicht für den ganzen Abend, setzte aber die Linie „Puppenfee" – „Aschenbrödel" konsequent fort. Auch in diesem Tanzspiel, das – um nur ja nicht wieder irgendwo in der Welt Anstoß zu erregen – schließlich den Titel „Die Prinzessin von Tragant" erhielt, wurde die Sphäre von Marionetten und Märchengestalten beschworen:

Ein empfindsames Mädchen wächst unter Menschen auf, die durch den Zwang einer strengen, auch alle Gefühle reglementierenden Etikette zu Puppen geworden sind und sich selbst dann wie Automaten verhalten, wenn sie lieben, wenn sie zärtlich sein möchten. Auch die Prinzessin erstarrt allmählich inmitten dieser ‚Holz-Figuren'. Da stürmt ein Fremder mit dem typischen Märchennamen Kreisel in den Palast. Sein unaufhaltsamer, nicht zu bändigender Wirbel löst den Bann, reißt alle mit – der Zwang der Etikette wird zerbrochen, der Weg ist offen für Bewegung, Freiheit und Liebe! Weil es sich um ein Märchen handelt, muß sich Kreisel zuletzt als verzauberter Prinz zu erkennen geben, und das gute Ende stellt sich als ein jubelnder, jauchzender Walzer dar, dem niemand sich entziehen kann und will, und der ein neues Lebensgefühl ausdrückt: Liebe, Freiheit, Glück!

Für Oscar Straus war dieses Sujet eine faszinierende Herausforderung. Er spürte sofort, daß für die Schilderung der Etikette die strengen Formen der Barockmusik herangezogen werden mußten, daß es aber darauf ankam, auch die Anmut jener Epoche und den Zauber ihrer Galanterie zu bewahren; er wußte auch, daß ihm das gelingen werde, – und das „Ballett à la cour“, das Straus für diese Szenen schrieb, wurde wahrhaft ein Meisterstück. Auch für den parodistischen Marsch der paradierenden Soldaten fand Straus den rechten Ton und die von ihm erhofften musikalischen Pointen. Für den großen, befreienden, beglückenden Liebeswalzer hatte er so viele Skizzen im Vorrat seiner Melodien, daß es nur die beste Auswahl zu treffen galt! Sofort stellte der Komponist alle anderen Projekte zurück, das bereits angenommene Libretto von Brammer und Grünwald mit dem Titel „Dichterliebe“ überließ er Heinrich Reinhardt, schränkte auch die Reisen zu den Premieren und Festvorstellungen von „Walzertraum“ und „Chocolate Soldier“ ein und arbeitete in seiner Villa in Hietzing – von dieser Arbeit begeistert wie zu Zeiten des „Walzertraums“ – an der ehestmöglichen Fertigstellung der Partitur für das Ballett „Die Prinzessin von Tragant“. Seine Tochter Kitty war Zeugin dieser Tage und Wochen und hat die Erinnerung daran bis ins hohe Alter wie eine Kostbarkeit im Gedächtnis bewahrt:

„Ich hörte meinem Vater von meinem Zimmer aus, das sich wie sein Arbeitsraum im zweiten Stock der Villa befand, stundenlang zu, wenn er an seinem Klavier saß und in freier Phantasie seine Gedanken entwickelte, leise vor sich hinpfiff oder brummte, wenn er Melodien erprobte oder Szenen aufbaute und gliederte. Er wurde nicht müde, und ich schon gar nicht. Wenn mein Vater merkte, daß ich zuhörte, wurde er nicht etwa böse, sondern öffnete die Tür seines Zimmers ein wenig mehr. Es war ein stilles Einverständnis zwischen uns, von dem niemand wußte, das keiner störte. Eines Abends saß ich dann in der Hofoper, auf einem rückwärtigen Platz in irgendeiner Loge, und hörte diese Musik, von den Philharmonikern unvergleichlich schön gespielt. Es war die Musik für eine Prinzessin – und es war ein klein wenig auch meine Musik. Man kann das eigentlich nicht mit Worten beschreiben, aber: von solchen Stunden – lebt man.“

Schon zu Beginn der Saison 1912/1913 war die Partitur fertiggestellt und wurde prompt in der Direktion der Hofoper abgeliefert. Ebenso prompt war auch Direktor Gregor und ließ das Stück sofort luxuriös ausstatten und einstudieren. Als Ergänzung des Abends wählte er, und das bewies einmal öfter, wie gut er zu disponieren wußte, die Spieloper „Der Barbier von Bagdad“ von Peter Cornelius. Von der ‚klassischen‘ Musik des Romantikers Cornelius mußte sich die moderne Musik im alten Stil von Oscar Straus besonders klar abheben. Rasch und zügig wurde gearbeitet; schon am 13. November 1912 konnte „Die Prinzessin von Tragant“, auf das anmutigste verkörpert durch das zierliche Frl. von Strohlendorf, zum mitreißenden Walzerfinale geführt von ihrem ebenso eleganten wie kraftvollen Partner Herrn Raimund, auf der Bühne des prachtvollen Opernhauses an der Wiener Ringstraße erscheinen. Die Wiener Gesellschaft hatte sich – von den Repräsentanten einiger Adelsgeschlechter abgesehen – vollständig im Parkett und in den Logen versammelt, jener Glanz der Toiletten, jener Prunk kostbarsten Schmuckes war aufgeboten, der bald nur noch Erinnerung, Legende sein sollte.

Je weiter der Abend fortschritt, desto mehr Behagen kam auf. Die Freude über die Musik von Peter Cornelius wurde durch die vielleicht doch nicht so recht erwartete, aber mit jeder neuen Szene bestätigte Erkenntnis noch gesteigert, daß Oscar Straus auf seine Weise Gleichwertiges, ja das Publikum noch stärker Faszinierendes zu bieten hatte, daß der Wiener Komponist sich in der Hofoper nicht nur behaupten, sondern sogar auszeichnen konnte. Man wußte ja, daß alle seine Kollegen von der Operette bereits versucht hatten, auch mit Opernkompositionen anerkannt zu werden: Franz Lehár war mit seiner „Tatjana“ nur bis in die Volksoper gekommen, und selbst das nur für wenige Abende; die ernsten Kompositionen von Leo Fall und Emmerich Kálmán waren in Wien nicht einmal in Erwägung gezogen worden; nur Straus hatte das große Ziel aller dieser tüchtigen Musiker tatsächlich erreicht, seine Musik erklang im Haus am Ring, und zwar mit vollem Recht!

Der Erfolg des Tanzspiels „Die Prinzessin von Tragant“ war unbestritten und wurde in den folgenden Tagen durch die Presseberichte unisono, wenn auch in unterschiedlicher Nuancierung, bestätigt. Aber die Art und Weise, wie der Fall ‚Straus-Ballett in der Hofoper‘ in den Zeitungen abgehandelt wurde, war und ist doch recht bezeichnend, weniger für das

K. K. Hof-Operntheater

Mittwoch den 18. November 1912

Im Jahres-Abonnement 1. Viertel 160. Vorstellung im Saison-Abonnement

Der Barbier von Bagdad

Komische Oper in zwei Aufzügen von **Peter Cornelius**

Regie: Hr. v. Wymétal — Dirigent: Hr. Walter

Der Kalif . . . . Hr. Weidemann
Baba Mustapha, ein Kadi . . . Hr. Preuß
Margiana, dessen Tochter . . . . Fr. Kiurina
Bostana, eine Verwandte des Kadi Fr. Kittel
Nureddin . . . . Hr. Miller
Abul Hassan; Barbier . . . . . Hr. Mayr
Erster / Zweiter / Dritter } Muezzin . . . . . . Hr. Haydter / Hr. Thiemann / Hr. Leuer

Diener Nureddins, Freunde des Kadi, Gefolge des Kalifen, Klagefrauen, Volk von Bagdad
Ort der Handlung: Bagdad — Der erste Aufzug im Hause Nureddins, der zweite im Hause des Kadi
Das Textbuch ist an der Kasse für 50 Heller erhältlich

Zum erstenmale:

Die Prinzessin von Tragant

Tanzspiel in einem Akt von **H. Regel.** Choreographie und Inszenierung von **J. Haßreiter.** Musik von **Oskar Straus**

Regie: Hr. Haßreiter — Dirigent: Hr. Lehnert

Die Prinzessin . . . . Frl. v. Strohlendorf
Baronin Zimperlich, ihre Aja . . Frl. Krauß
Baron Zopf, Schloßwart . . . . Hr. Dubois
Der rosenrote Prinz } Brautwerber Hr. Rathner
Der himmelblaue Prinz } Brautwerber Hr. van Hamme
Der wiesengrüne Prinz } Brautwerber Hr. Czadill
Prinz Kreisel } Brautwerber Hr. Raimund
Krik-Krak, Kommandant der Schloßwache . . . . Hr. Godlewski
Ein Offizier . . . . Hr. Schreitter
Die Damen von Etikette . . . . Frl. Kohler / Frl. Windbeck / Frl. Jamrich
Die Fräulein von Zierlich . . . Frl. Wasserbauer / Frl. Spuller / Frl. Katlein / Frl. Pichler / Frl. Ledl / Frl. Horvath
Unbeweglich, Wachsoldat . . . . Hr. Nemeth
Erste Kammerzofe . . . . Frl Wopalenski
Zweite Kammerzofe . . . . . . Frl. Peterka
Erster Soldat . . . . Hr. Bauer
Zweiter Soldat . . . . Hr. Buttula
Tambour . . . . Hr. Scotti

Die Freifrauen von Knickebein. Die Herren von Bückedich. Pagen. Kammerzofen. Gärtnerinnen. Gärtner. Soldaten. Türhüter. Diener. Im Schloßgarten zu Tragant — Mitte des 18. Jahrhunderts

Tänze:

1. **Menuett à la cour:** Die Frl. Kohler, Windbeck, Jamrich, Spuller, Wasserbauer, Katlein, Pichler, Ledl, Horvath, die Herren Dubois, Fränzl F. und das Ballettkorps
2. **Valse lente:** Frl. Strohlendorf und Hr Dubois
3. **Der Handkuß** (Gavotte): Die Frl. v. Strohlendorf, Krauß, Kohler, Windbeck, Jamrich, Spuller, Wasserbauer, Katlein, Pichler, Ledl, Horvath, die Herren Godlewski, Dubois, Fränzl F. und das Ballettkorps
4. **Schloßparade** (Marche excentrique): Hr. Godlewski, Schreitter, Scotti, Bauer, Buttula und die Herren vom Ballett
5. **Brautwerbung:** Hr. Raimund
6. **Soldatenliebe** (Polka): Frl. Wopalenski, Peterka und die Herren Bauer und Buttula
7. **Liebeswalzer:** Frl. v. Strohlendorf und Hr. Raimund
8. **Jubelwalzer:** Frl. v. Strohlendorf, Krauß, Kohler, Windbeck, Jamrich, Wopalenski, Peterka, Fleischinger, Spuller, Wasserbauer, Katlein, Kaar, Pohl, Piringer, Pichler, Berger, Ledl, Horvath, Lustig, v. Strohlendorf H., Popper, Kaiser, Jusl, die Herren Raimund, Godlewski, van Hamme, Rathner, Dubois, Czadill, Bauer, Buttula, Fränzl F., Schreitter und das Ballettkorps

Das Textbuch ist an der Kasse für 70 Heller erhältlich

Nach der Oper eine größere Pause

Der Beginn der Vorstellung sowie jedes Aktes wird durch ein Glockenzeichen bekanntgegeben

Abendkassen-Eröffnung vor ½7 Uhr — Anfang 7 Uhr — Ende 10 Uhr

Der Kartenverkauf findet heute statt für obige Vorstellung und für:

Donnerstag den 14. Der Evangelimann — Am Wörthersee (Anfang 7 Uhr)
Freitag den 15. Nachmittags 2 Uhr: Wiener Walzer — Die Puppenfee — Sonne und Erde. Bei aufgehobenem Jahres- und Saison-Abonnement und zu ermäßigten Preisen
Abends halb 8 Uhr: Der Barbier von Bagdad — Die Prinzessin von Tragant

Weiterer Spielplan:

Samstag den 16. Rienzi (Anfang 7 Uhr)
Sonntag den 17. Die Bohème. Bei aufgehobenem Saison-Abonnement (Anfang halb 8 Uhr)

k. k. Hoftheater-Druckerei „Elbemühl", Wien IX.

Der Theaterzettel des k. k. Hof-Operntheaters von der Erstaufführung des Tanzspiels „Die Prinzessin von Tragant“

Werk als für die Aufsplitterung in Gesinnungsgemeinschaften im Wiener Leben jener Zeit. Ausgerechnet die amtliche „Wiener Zeitung“ machte Front gegen das Sujet:

„Längst gewohnt, an ein Ballettbuch die allergeringsten Anforderungen zu stellen, war man doch bestürzt, daß erwachsenen Menschen, die sich um die Kunst versammeln, ein so einfältiges Spiel geboten werden durfte. Was faselten nicht alles die Dichter und die bildenden Künstler unserer Tage von der Hebung und der Neugestaltung des Balletts und des ästhetischen Tanzes? Die Kunst sah ein schönes Reich für freie Entfaltung offen. Die Reform der Bühne verhieß neue Ideen, neue Formen, neue Bildungen der in rhythmische Bewegung gebrachten Menschlichkeit. Die Pantomime ringt nach neuen Gedanken, nach neuen Möglichkeiten des mimischen Ausdrucks und der Szene. Das russische Ballett tanzte Beispiele durch Europa. In der Hofoper aber wird mit großem Aufwand an Licht und Farbe wieder die Rückkehr zur verbrauchten sinnlosen Ballettweise des Herrn Regel bewerkstelligt. Nicht einmal Kinder, die noch hinter aller Vernunft leben, könnten an dem jüngsten Tanzspiel der Hofoper Gefallen finden."

Ganz anders urteilte – ebenfalls zur größten Überraschung der Zeitgenossen – die liberale „Volkszeitung"; in ihrem Feuilleton über die Ballettpremiere hieß es u. a.:

„. . . für die Idee, für das Genre mag eine Lanze eingelegt sein. Man merke nur auf und findet am Ende, daß ein Sinn in diesem kindlichen Tanzspiel liegt. In dem jugendlichen Prinzeßchen lebt ein Freiheitsdrang, ihre zarten Beinchen machen Revolution, indem sie in lustigem Walzerwirbel sich gegen den starren Zwang der steifleinenen Etikette auflehnen. Der ungebunden hastige Jubelwalzer, der in den Liebeswalzer übergeht, wirft die Pappfigurentänze ‚Menuett à la cour' und ‚Gavotte' über den Haufen. Prinzeß will tanzen, feurig, schieberisch, nicht als ob sie Fischbeine ihres Korsetts geschluckt hätte. Und das tut sie, und der ganze gespreizte Hof muß schließlich mittun, wie von einem unwiderstehlichen Zauber hingerissen. Das ist die große Umwälzung, eine Haupt- und Staatsaktion im Lande Tragant, an der wir alle beteiligt sind . . ."

Die erzkonservative „Reichspost" entschied sich für ein Sowohl-als-auch und forderte:

„Was wir wollen, ist die schrankenlose und zeitgerechte Berücksichtigung all jenes Guten, was Vergangenheit und Gegenwart zu bieten im Stande sind. Da kommen aber solche nichtssagende Dingerchen wie die ‚Prinzessin von Tragant' erst in allerletzter Linie in Betracht. Ja – wenn es die Operndirektion anders machte, wenn sie das in die Vorderreihe der Premieren rückte, was dorthin gehört, dann möchten wir ja dieser Prinzessin gegenüber gern einen anderen Standpunkt einnehmen. – Das Ganze ist immerhin eine Sache, die das Geschmacksniveau älterer Ballette um ein Wesentliches übersteigt ..."

Fast einhelliges Lob gab es für die Musik. Die Rezensenten hatten eben nicht nur das ‚Russische Ballett' vor Augen, das auf seiner Reise durch die Zentren Europas Tanzvisionen vorgeführt hatte, wie sie im 19. Jahrhundert unvorstellbar gewesen wären, sondern auch jene Musik im Ohr, mit der etwa soeben Igor Strawinski („Sacré du Printemps") das Publikum schockierte. Nun – die Experimente mit verschiedenen Formen der Pantomime, ja selbst des Melodrams hatte Oscar Straus längst hinter sich. Jetzt lenkte er über zu jener ‚modernen Vergangenheit', die sich damals in voller Übereinstimmung mit der Malerei und der Bildenden Kunst befand. So hieß es denn etwa in der „Wiener Zeitung":

„Die Musik von Oscar Straus ist so witzig, wie seine leichtflüssige Technik es nur erwarten ließ. Oscar Straus hat die beste Art, mit Instrumenten und kleinen Formen zu spielen und zu scherzen, die Art eines gewandten, spaßfertigen Musikers."

In der „Volkszeitung" konnte Oscar Straus nach einigem Für und Wider lesen:

„... angenehm, manchmal sogar liebenswürdig-charakteristisch sind die Tanzrhythmen, denen auch die von gutem Klangsinn aufgespürte Orchestration nicht fehlt. Ins Trivial-Lückenbüßerische gerät diese Musik nirgends, sie wird nicht handwerksmäßige Betätigung, sie behält beste Marke, und das ist heutzutage schon eines besonderen Vermerks wert. Menuett, Valse lente und Gavotte sind förmlich mit rhythmischen Schönheitspflästerchen bepickt – der parodistische Sechsachteltakt des Marsches der Schloßwache mit der komisch aufgedonnerten Instrumentation, der immer wilder und üppiger wirbelnde Tanz Kreisels, das sentimentale Notturno und das aus dem langsamen Tempo zu einem äußerst wienerischen Walzer gesteigerte Finale – alles mit Geschicklichkeit, nicht ohne Grazie gemachte Ballettmusik."

Eine besonders amüsante Pointe setzte der Rezensent des ebenfalls konservativen „Fremdenblattes" an den Schluß seines Premierenberichts. Nachdem er dem Komponisten be-

Oscar Straus
als „Prinzessin von Tragant".
Karikatur eines unbekannten
Zeichners im „Figaro"

scheinigt hatte: „. . . am gelungensten muß man wieder Oscar Straus' Erfindung für das Karikaturistische und mehr oder weniger beißend Ironische bezeichnen . . ." erinnerte er an ein Referat, das Richard Wagner unter der Chiffre P. C. (= Peter Cornelius) über eine Ballettnovität der Wiener Hofoper im Jahre 1863 geschrieben hatte. Damit war eine geistreiche Verbindung zum „Barbier von Bagdad" hergestellt und doch auch Zeitlos-Aktuelles über die Ballett-Tradition in Wien gesagt:

„. . . Bestätigen wir nur noch, daß bis ins kleinste Detail der verschiedenen Divertissements sich eine vortrefflich gelaunte, von zierlichstem Geschmacke geleitete Erfindung kundgab, sowie nach jeder Seite hin ein verständnisvoller Eifer das Auge phantasiereich zu unterhalten und gerade selbst das Bizarre des Sujets und der Kostüme in ein behaglich ironisches Licht zu setzen verstand, wozu namentlich auch die Ausführung des gut inspirierten Dekorationsmalers in ganz überraschender Weise beigetragen. – Der große Meister hätte dasselbe über die gestrige Novität schreiben können, welche einen großen, ehrlichen Erfolg erzielte. Die Autoren wurden zum Schlusse mehrmals vor den Vorhang gerufen."

Eine artige Pointe lieferte auch der Verlag, in dem die Komposition erschien: Er annoncierte „Tragant-Walzer", „Menuet à la cour", „Valse lente", „Schloßparade" und eine Polka „Soldatenliebe" als Tanzmusik. Das traf gewiß nicht zu, aber Unterhaltungsmusik im besten Sinne, recht am Platze in jedem Konzert und bei jeder Serenade, sind diese Stücke stets gewesen und sind es bis auf den heutigen Tag geblieben.

Nach diesem ‚wunderschönen Abend' im Hof-Operntheater konnte Oscar Straus auch im Hof-Burgtheater gleichsam seine Visitkarte abgeben: Anläßlich der Erstaufführung des „Märchens vom bösen Wolf" von Franz Molnár am 23. Dezember 1913 stellte Straus, der mit dem rasch populär gewordenen Ungarn befreundet war, ein musikalisches Intermezzo zur Verfügung, es wurde als „Traummusik" vom Theaterorchester vorgetragen.

Nun kehrte Straus zufrieden ins Reich der heiteren Muse zurück. Er hatte bewiesen, daß sein Talent weit über die Grenzen dieses Genres hinausreichte, und konnte sich gerade deshalb wieder den vielfältigen und einträglichen Möglichkeiten zuwenden, die Singspiel und Operette ihm boten.

Natürlich vermochte Wien gerade in den ersten dreizehn Jahren des neuen Saeculums auf allen Ebenen des Musiklebens mit einer später nie wieder erreichten Vielfalt aufzuwarten:

– die Novitäten der Komponisten Gustav Mahler, Arnold Schönberg, Franz Schreker, Alexander Zemlinsky und Alban Berg wurden zwar von einem Teil des Publikums abgelehnt, ja sogar wütend bekämpft, waren aber trotzdem in hervorragenden Aufführungen zu hören,*

* Bei einem dieser Konzerte (am 31. März 1913 im Musikverein) saß Oscar Straus im Publikum. Als es wegen des an diesem Abend von „Reaktionären" entfachten Skandals zu einem Prozeß kam, sagte Straus als Zeuge aus, auch er habe an diesem Abend – nicht gerauft – aber gelacht; die Ansichtskartentexte von Peter Altenberg habe er eben lustig gefunden. Warum ihm diese Aussage später vorgehalten wurde, ist unverständlich.

- im Spielplan der Hofoper reichte die Kette der Erstaufführungen von Richard Strauss und Hans Pfitzner bis zu Julius Bittner und Franz Schmidt. Das Institut hatte auch nach dem Abgang Gustav Mahlers seinen künstlerischen Rang behauptet und lockte nun erst recht alle bedeutenden Opernkomponisten mit unwiderstehlicher Magie an: Giacomo Puccini und Pfitzner zu Gastspielen, Richard Strauss aber für einen wichtigen Abschnitt seines Lebens und Schaffens,
- in den Konzertsälen dirigierten neben und nach Gustav Mahler und Felix Weingartner als Gäste Arthur Nikisch, Felix Mottl, Bruno Walter und als Jüngster Wilhelm Furtwängler,
- in den Cabarets brillierten die berühmten Diseusen Marya Delvard, Mela Mars und neben Sary Fedak bereits Josma Selim,
- und immer noch spielte der alte Carl Michael Ziehrer, seit 1907 Träger des stolzen Ehrentitels Hofball-Musikdirektor, seine schmissigen Walzer, trat die letzte Generation der Volkssänger in den Etablissements auf und klang die Volksmusik aus ‚uralten Zeiten' in den Buschenschenken, beim ‚Heurigen' weiter,

aber vor allem war Wien seit Beginn des neuen Jahrhunderts zu einer Stadt der Operette geworden. Nirgends auf der Welt – nicht mehr in Paris und noch nicht in Berlin – gab es so viele Bühnen, die sich dieser amüsanten Form des Unterhaltungstheaters verschrieben hatten. Zu den traditionellen Heimstätten der Operette, dem Theater an der Wien und dem Carltheater, waren das Raimundtheater in Gumpendorf – das zwar zur Pflege des Volksstücks gegründet, aber längst der heiteren Muse zur Verfügung gestellt worden war – und das neue Johann-Strauß-Theater auf der unteren Wieden gekommen. Auch das Bürgertheater am Rande des Bezirks Landstraße hatte sich völlig dem wienerischen Singspiel und der musikalischen Burleske zugewandt, die Varietés Apollo und Ronacher mischten nun bereits regelmäßig Operetten-Einakter in ihr eigentlich den Artisten und Tierdresseuren, Tänzerinnen und Komikern vorbehaltenes Programm, und selbst die Volksoper am Währinger-Gürtel und das Theater in der Josefstadt verleugneten mitunter die selbstgesteckten Ziele der Opernpflege bzw. des anspruchsvollen literarischen Theaters und gönnten ihren Kassieren die reichen Einnahmen aus den Operettenerfolgen. Aber die Operetten füllten nicht nur die Zuschauerräume der Theater, sie bewirkten auch das Aufblühen der heimischen Musikverlage und sorgten für einen überaus ergiebigen Zustrom von Tantiemen aus der ganzen Welt. So groß war die Anziehungskraft der Operetten, daß sich auch Giacomo Puccini bei Wiener Librettisten Textbücher bestellte, aus denen er eine Art Operette herzustellen gedachte.

Es war also gut zu verstehen, daß Oscar Straus nach seinem Erfolg in der Hofoper und im Burgtheater rasch wieder ins Reich der heiteren Muse zurückkehrte. Mit leichter Hand schrieb er künftig eine Operettenpartitur nach der anderen nieder. Ob ein Stück erfolgreich war oder nicht, interessierte ihn nur am Premierenabend, schon am nächsten Tag begann er ein neues. Als Straus viel später einmal mit Franz Lehár zusammensaß und plauderte, meinte Lehár bekümmert: „Wir haben eigentlich viel zu viele Stücke geschrieben – ich, Sie, lieber Straus, und wohl auch Leo Fall. Giacomo Puccini hat viel weniger komponiert, aber so gut wie alle seine Arbeiten waren Meisterwerke. Vielleicht hätten auch wir uns einige Beschränkung auferlegen sollen?!“ Aber Oscar Straus entgegnete gelassen: „Lieber Freund! Wir haben uns niemals dazu bekannt, nur Meisterwerke zu schreiben. Aber wir haben immerhin mit dem Talent, das Gott uns verliehen hat, eine lange Zeit hindurch vielen Menschen Freude bereitet. Und das ist doch wohl auch keine schlechte Leistung!“ – Das war also das Programm, dem der Operettenkomponist Straus fortan folgte.

Die Rückkehr ins Reich der heiteren Muse wurde ihm allerdings nicht leicht gemacht. Um die Jahreswende 1912/1913 standen gleich zwei Operetten vom Emmerich Kálmán auf dem Spielplan: „Der Zigeunerprimas“ im Johann-Strauß-Theater und „Der kleine König“ im Theater an der Wien. Franz Lehár hatte sich ins Souterrain dieses Hauses zurückgezogen und erreichte in der ‚Hölle‘ mit dem Stück „Rosenstock und Edelweiß“, einer aktualisierten Ausgabe des Altwiener Volkssängerscherzes über die Begegnung eines jüdischen Tandlers und einer Sennerin auf einer Alm durch den Journalisten Julius Bauer, weit mehr als hundert Aufführungen. Im Oktober kehrte Lehár dann mit der Neufassung seiner Operette „Der Göttergatte“ auf die Bühne des Theaters an der Wien zurück;

das Stück hieß jetzt „Die ideale Gattin“, und obwohl der Wiener Witz sogleich spottete, aus einer idealen Gattin könne nun einmal keine lustige Witwe werden, brachte es die ehrenwerte Dame doch auf ebenfalls mehr als hundert Vorstellungen. Dann spielte Franz Lehár sofort seinen nächsten Trumpf aus: Die Operette „Endlich allein“ (mit ihrem Schlagerlied „Schön ist die Welt“) beherrschte die Bühne des Theaters an der Wien bis in den Sommer hinein.

Oscar Straus konnte also behutsam zu Werke gehen. Er begann das Jahr 1913 mit einer Widmung für die Journalisten- und Schriftstellervereinigung „Concordia“. Fünfzig Jahre war es nun schon her, seit Johann Strauß, der Walzerkönig, am 19. Jänner 1863 den ersten Concordia-Ball eröffnet und als Huldigung seinen Walzer „Leitartikel“ aufgespielt hatte. Für den Jubiläumsball, der für den 27. Jänner 1913 in den Sofiensälen vorbereitet wurde, hatten so gut wie alle arrivierten Komponisten Wiens – vom Ballettdirigenten der Hofoper Josef Bayer bis zum Kapellmeister im Hausregiment Hoch- und Deutschmeister, Wilhelm Wacek – neue Tanzweisen zur Verfügung gestellt. Oscar Straus hatte den Walzer „Tanzende Wienerinnen“ komponiert. Ob dieser Walzer freilich jemals von den Wienerinnen getanzt worden ist, läßt sich nicht sagen: Der Ball wurde nämlich wegen eines Todesfalls im Kaiserhaus zunächst verschoben und schließlich abgesagt.

Im Februar 1913 dirigierte Oscar Straus in London, anschließend verhandelte er in Paris. Erst im Juni ließ die Direktion des Carltheaters bekanntgeben, sie habe eine Operette von Leopold Jacobson und Leo Walter Stein, Musik von Oscar Straus, zur Aufführung angenommen. Das Stück werde den Titel „Die schöne Unbekannte“ erhalten und im Eigenverlag des Theaters vertrieben werden. Im November wurde zwar die Fertigstellung der Operette gemeldet, aber sie sollte noch lange Zeit unbekannt bleiben. Das Carltheater beschäftigte Oscar Straus lediglich als Dirigenten der 600. Aufführung des „Walzertraums“ am 24. Mai 1913, und nun hatte das Theater endlich einen idealen Darsteller für den Leutnant Niki aufzubieten: Hubert Marischka. Straus hatte den Künstler empfohlen und damit nicht nur der Direktion, sondern auch sich selbst einen Dienst erwiesen. Das sollte sich bald herausstellen.

Während Oscar Straus auf das Erscheinen der „Schönen

Unbekannten" wartete, nützte man im Carltheater den Umstand aus, daß sich das ungarische Lustpiel „Susi" mit der unbedeutenden Musik von A. Rény als Kassenstück erwiesen hatte und bis weit in den Herbst 1913 das Publikum vortrefflich unterhielt. Dann zelebrierte die Direktion umständlich ein „Ziehrer-Jubiläum" und schließlich debutierte Oscar Nedbal in Wien als Operettenkomponist mit „Polenblut". Auch dieses Stück erreichte eine lange Reihe ausverkaufter Vorstellungen. Da hatte Oscar Straus längst die Geduld verloren und gleich zwei neue Arbeiten in Angriff genommen. Gemeinsam mit dem Schriftsteller Paul Wertheimer und dem Kritiker Richard Batka löste er die stimmungsvolle Novelle Wertheimers mit dem Titel „Die himmelblaue Zeit" in die Szenen eines Alt-Wiener Singspiels auf. Der Dichter hatte in seinem schmalen Bändchen recht eindrucksvoll die Zeit des Wiener Kongresses und den Beginn der Ära Biedermeier geschildert; die Tänzerin Fanny Elßler spielte in der Novelle ebenso eine Rolle wie der Staatsmann Friedrich von Gentz, dessen letzte Liebe das blutjunge Mädchen gewesen war, und in die Geschichte waren auch der Maler Moritz von Schwind, der Dichter Eduard von Bauernfeld und der Humorist Moritz Gottlob Saphir verwickelt worden. Es war Wertheimer dabei allerdings nicht so sehr auf eine spannende Handlung angekommen, als auf die behutsame Schilderung jener einzigartigen Stimmung, die zwischen dem ‚tanzenden Kongreß' 1814/1815 und der ‚Raimundzeit', also den Dreißigerjahren, in der Kaiserstadt an der Donau die Menschen bewegt hatte. Es war ja die Zeit der ersten Walzer von Wilde und Pamer, von Lanner und dem alten Strauß, aber auch der ersten Fabriken, der Dampfmaschinen und der Eisenbahnen gewesen. Es war schwer, diese Stimmung auf die Bühne zu bringen und dem Publikum zugleich eine interessante Handlung zu bieten.

Umso wirksamer schien das Sujet der anderen Operette zu sein. Eine längst vertraute Geschichte wurde von zwei neuen Autoren, Robert Bodanzky und Friedrich Thelen, auf lustige Art und Weise abgewickelt, Dialog und Szenenführung verrieten Witz und dramaturgisches Geschick. Einfach wie die Handlung war auch der Titel: „Rund um die Liebe". Bei diesem Werk ging Oscar Straus in bester Laune an die Arbeit. Das Premierentheater stand bereits zu Beginn des Jahres 1914 fest, das Johann-Strauß-Theater wollte es als erste Uraufführung der Herbstsaison dem Publikum präsentieren.

Das Schicksal wollte es aber, daß als erste der drei Straus-Novitäten das Singspiel „Die himmelblaue Zeit" am 21. Februar 1914 auf der Bühne der Volksoper erschien. Die Premiere verlief durchaus animiert, aber die Kritik hatte an der Art und Weise, wie eine stimmungsreiche Novelle in ein Mosaik von Episoden aufgelöst worden war, die sich dann nicht mehr zu einer auch nur einigermaßen sinnvollen Handlung hatten zusammenfügen lassen, allerlei auszusetzen. Insgesamt ergab sich für den Leser der gesammelten Berichte ein Mosaik verschiedenster Meinungen und Urteile. Hatte der Rezensent des „Fremdenblattes" begeistert geschrieben:

„Oscar Straus hat das famose Buch, in welchem vortreffliche Witze des Dialogs die stets heiteren Situationen wertvoll ergänzen, mit Weisen vertont, die zu den besten Einfällen zählen müssen, die seine Notenfeder jemals geschrieben hat", so stand in der Zeitschrift „Die Waage" zu lesen:

„Man merkt, daß der feine Lyriker und anmutige Novellist Wertheimer der Sehnsucht nach einem populären Erfolg sein Bestes zum Opfer gebracht hat. Wo er selber nicht die Kraft hatte, bloß derb und geschmacklos zu sein, da ließ er den Routinier Batka seines Amtes walten und der unselige Bearbeiter hat es glücklich zustande gebracht, daß aus dem berühmten Staats- und Lebemann Gentz ein lächerlicher Hanswurst, aus seiner Geliebten Fanny Elßler, dem anmutigen Idol einer Epoche, das nichtigste Vorstadtmädel, aus dem argen Spötter Saphir eine belanglose Charge ohne Witz und Bosheit, aus Schwind und Bauernfeld Statisten, mit einem Wort: aus einer schönen Novelle ein miserables Theaterstück wurde."

Das Publikum tat, was es in derlei Fällen meistens tut: Es hatte keine Lust, in dem Streit Partei zu ergreifen, wer denn nun recht habe, und blieb einfach den Vorstellungen fern. Dem Ensemble der Volksoper gelang es trotzdem, das Singspiel – bei wechselndem Repertoire allerdings – längere Zeit hindurch auf dem Spielplan zu erhalten. So ergab sich schließlich die Pointe, daß noch zu Beginn des tragischen Sommers, in dem das ‚Große Jahrhundert Österreichs' zu Ende ging, die Erinnerung an den Anfang der glanzvollen Epoche auf der Bühne der Volksoper beschworen wurde. Dieses Jahrhundert war niemals eine „himmelblaue Zeit“ gewesen, es hatte viel Elend und Not gegeben, auch Seuchen und Kriege, aber gerade Wien hatte in diesem Jahrhundert das Interesse von Millionen Menschen auf seine grandiosen Leistungen auf den Gebieten der Baukunst und der Malerei, vor allem aber im Reich der Musik gezogen: Wien war Weltstadt geworden und hatte sich in dieser Rolle glänzend bewährt. Noch einmal konnte man so ungefähr miterleben, wie es seinerzeit begonnen hatte, ehe am 28. Juni 1914 in Sarajevo die Schüsse auf den Thronfolger Erzherzog Franz Ferdinand und seine Frau abgefeuert wurden und den Weltkrieg auslösten, in dem diese Welt unterging.

Den Sommer 1914 verbrachte die Familie Straus in Bad Ischl. Das war Mode geworden, als in den Neunzigerjahren dort Johannes Brahms und Johann Strauß, der Klavierfabrikant Ludwig Bösendorfer und der Schauspieler Alexander Girardi ihre sehr arbeitsintensiven Ferien an der Seite des Kaisers und der Hofgesellschaft zubrachten. Oscar Straus genoß diesmal die betriebsame Stille des Kurorts ganz besonders. Nur seine Gattin Clara und ihre beiden Buben waren mit; Kitty – pardon: nun mußte man ja schon Fräulein Katharina Straus sagen – war ebenso wie ihre Brüder aus der Ehe mit Nelly Irmen einem Internat zur Ausbildung und Erziehung anvertraut worden und sollte anschließend, eben weil sie nun eine junge Dame geworden war, zu ihrer Mutter nach Berlin übersiedeln, die dort ihre Virtuosenlaufbahn fortgesetzt hatte. Materielle Sorgen hatte die Familie Straus nicht. Allein in den Vereinigten Staaten waren mehrere Theatertruppen mit dem „Chocolate Soldier“ unterwegs, der „Walzertraum“ stand auch weiterhin auf dem Spielplan zahlreicher Theater in der ganzen Welt, und so gab es reiche Einkünfte, auch wenn die Tantiemen aus der Hofoper spärlich waren und das eine oder andere neue Stück gar nichts einbrachte. Im Schreibpult hatte Straus zwei fertige Operetten und verhandelte gerade wegen einiger Projekte in Berlin und Paris. Es konnte nur vorwärts, weiter aufwärts gehen.

Da fielen die Schüsse in Sarajevo. Straus konnte beobachten, wie hektisch in der Kaiservilla von Anfang an die Reaktionen waren. Schon am 30. Juli reiste der greise Monarch in seinem Hofzug aus Ischl, das er nie wieder sehen sollte, nach Wien ab. Straus begriff eigentlich die allgemeine Erregung ganz und

Das Haus in Bad Ischl, Gartenseite

gar nicht. Er hatte sich nie um Politik gekümmert, wollte absolut nicht wissen, warum die Staatsmänner und die Regenten glaubten, gegeneinander agieren statt miteinander auskommen zu müssen. Und als es dann hieß: „Der Krieg ist unvermeidlich geworden“, als sich die hochgerüsteten Armeen in Bewegung setzten, da begriff er das Geschehen noch weniger. Während sich so gut wie alle österreichischen Literaten und Dichter – mit den einzigen Ausnahmen Karl Kraus und Arthur Schnitzler – von der fatalen Kriegsbegeisterung der Massen mitreißen ließen, während Franz Lehár wieder Märsche und patriotische Lieder komponierte und sich Emmerich Kálmán dazu verleiten ließ, die Musik zu dem kläglichen Stück mit dem Titel „Gold gab ich für Eisen“ zu schreiben, blieb Oscar Straus gelassen, ja unbeteiligt. Was er von Krieg und Heldentum dachte, war seinen Stücken: „Die lustigen Nibelungen“ und „Der tapfere Soldat“ zu entnehmen. Er hatte dem nichts hinzuzufügen.

Er wartete ab, ob sich die Lage wieder normalisierte. Und als dies nicht eintraf, beschloß er, den Krieg zu ignorieren. Wie das gehen mochte, wußte er im Moment nicht. Aber er wollte es versuchen.

Es gibt Dinge, die muß man vergessen

Im Spätsommer 1914 beherrschte einzig das Thema „Krieg!“ die Gedanken von Millionen Europäern. Der Freund und Nachbar von gestern wurde nur noch als Feind von heute und morgen gesehen, als Unmensch, als Bestie. Fassungslos liest man die Parolen, die damals sowohl in Wien und in Berlin, als auch in Belgrad und Moskau, in London und Paris ausgegeben und bedenkenlos aufgegriffen wurden. Es fanden sich auch Stimmen, die dazu aufriefen, die Musen sollten schweigen, solange die Waffen redeten, und daher die Schließung aller Theater und Kabaretts, aber auch der Konzertsäle verlangten.

Im Herbst setzte sich allmählich doch die Erkenntnis durch, daß man das kulturelle Leben nicht lahmlegen könne und natürlich auch dem Unterhaltungsbedürfnis breiter Bevölkerungsschichten Rechnung tragen müsse: Die Theater öffneten – zumeist mit ‚patriotischen Stücken‘ – nacheinander wieder ihre Pforten.

Die erste Auswirkung des Krieges auf sein Schaffen hatte Oscar Straus nicht aus einer Stadt der Donaumonarchie hinzunehmen. Bereits Mitte September erhielt er Nachricht aus London, daß englische Nationalisten gegen die weiteren Aufführungen der Operette „The chocolate soldier“ zuerst protestiert, dann aber das Lyric-Theatre kurzerhand gestürmt und dadurch die sofortige Absetzung des Werkes erzwungen hätten. Ein Stück, das den Krieg ganz und gar nicht glorifizierte, wurde nicht länger geduldet, es hatte ja auch ein ‚Feind‘ dazu die Musik gemacht!

In Wien mußte Oscar Straus seine Stunde abwarten. Er wußte, daß sie kommen würde, wenn die erste Kriegsbegeisterung vorüber sei, dann würde er seine Trümpfe ausspielen: die beiden Operetten aus der Vorkriegszeit, die nichts anderes wollten, als das Publikum auf möglichst amüsante Weise zu unterhalten. Im November war es dann so weit. Das Johann-

Strauß-Theater hatte an seinem Premierenplan trotz verschiedener Einwände und nach Überwindung etlicher Schwierigkeiten unbeirrbar festgehalten und präsentierte am 9. November 1914 die Operette „Rund um die Liebe". Der Komponist, der die Uraufführung dirigierte, spürte vom ersten Takt an, daß er diesmal genau die Melodien zu bieten hatte, die man jetzt von ihm erwartet hatte: einschmeichelnde Walzer, lustige Polkaklänge, witzige Ensemblenummern und flotte, parodistische Märsche. Schon im ersten Akt mußten einige Stücke wiederholt werden, die zweite Pause wurde durchapplaudiert und zuletzt gab es Jubel, Trubel und Begeisterung wie nach der indessen legendären „Walzertraum"-Premiere im Jahre 1907. Wieder liefen die Melodien sofort weiter: zu den Zivilkapellen in den großen Etablissements, zu den Salonkapellen in den Abendrestaurants und Nachtlokalen, zu den Stehgeigern in den Caféhäusern. Schon nach wenigen Tagen waren überall in Wien zu hören: die Lieder „Ich weiß schon, was ich möcht" und „Ein Schwipserl möcht' ich haben", vor allem aber das leise Chanson „Es gibt Dinge, die muß man vergessen".

Von den Kritikern wurde dem Komponisten ohne jede Einschränkung zugestanden, daß der Triumph vor allem seiner Musik zu danken sei:

„Der Vorwurf ist sehr einfach. Ein junger Mann will noch vor der Verlobung die Liebe so richtig kennenlernen und trifft bei der geplanten Entdeckungsreise gleich auf die ihm zugedachte Braut – das kennen wir schon von der ‚commedia dell'arte' her . . .

Gesiegt hat Straus' individueller Stil, die spielerische Laune, die sentimentale Ironie, die geplante Lyrik dieser in bunten Farben schillernden Musik. In der neuen Operette konzentriert Straus alle seine Vorzüge. Man hat seine Freude an der Noblesse in der Behandlung des Orchesters. Die feine Kleinarbeit der Motive fesselt immer wieder. Da gibt es elegante Übergänge und raffinierte Steigerungen. Besonders vermerkt muß werden: die Konzessionen an das Genre bleiben immer geschmackvoll. Die Musik von Straus wird bald sehr populär werden. Es ist Offenbach'sches Blut in diesem Komponisten, der das Parodistische beherrscht wie keiner seiner Rivalen."

Welche Zeitung Oscar Straus auch aufschlug, immer fand er darin ein Lob für seine Musik. Er merkte es aber auch an der

Der große Erfolg zu Beginn des Ersten Weltkriegs: „Rund um die Liebe" mit Mizzi Günther und Josef König im Johann-Strauß-Theater

Freundlichkeit, mit der man ihn – Wien bleibt Wien! – überall grüßte und ihm zulächelte. Das Johann-Strauß-Theater sagte sofort alle weiteren Premieren ab, „Rund um die Liebe" wurde en suite bis in den Spätherbst 1915 hinein gespielt. Die Operette fand auch noch nach der dreihundertsten Aufführung ein dankbares Publikum.

Inzwischen war sie auch in Berlin auf der Bühne erschienen, und an der Spree stellte sich der gleiche Erfolg ein. Budapest folgte im September 1915. Abermals konnte Straus in den Rezensionen lesen, daß der Erfolg ihm zu danken sei:

„Das ist wieder einmal eine Operette, bei der die Musik die Hauptsache ist. Es ist die Musik eines sehr reichen Mannes, eines, der es nicht nötig hat, seine Motive zu keltern und zu pressen: Oscar Straus hat eine Fülle von Walzern, Liedern und Couplets und Tänzen geschrieben, die voll von süßrauschender Erfindung, feiner und leichter Kunst sind."

Der Weg hinaus in die Welt war dieser Operette freilich versperrt, aber ihre Melodien überwanden die Fronten, sie waren auch in Paris, London und selbstverständlich auch in den Vereinigten Staaten zu hören.

Auch die zweite Vorkriegsoperette von Oscar Straus, die längst mit dem Titel „Die schöne Unbekannte" angekündigt worden war, wurde dank der vielen Tanzweisen und Lieder der fast allzu reichen Partitur einem großen Publikumskreis wohlvertraut, obwohl – und das war zuletzt doch ihr entscheidender Nachteil – ihre Handlung bereits überholt war. Gewiß, man konnte, wie etwa der Referent der bürgerlichen „Volks-Zeitung", versuchen, aus diesem Fehler einen Vorzug zu machen:

„Man ist mitten drinn in einem Märchen. In einem Offizierscasino flirten, spielen und trinken die jungen Herren, machen Schulden und quittieren den Dienst, wenn es zu arg wird; die Offiziere besuchen Redouten, der Rittmeister studiert einen feschen Chorgesang ein, der jüngste Fähnrich ist verliebt, der Oberleutnant ist verliebt, der Oberst ist verliebt – all das war einmal und wird vielleicht wieder einmal so sein. Jetzt aber klingt's wie Zauberei. Aber das ist zuletzt der größte Reiz der Operette, daß sie so gar nicht Anspruch macht auf Aktualität, auf Erlebnis und Zeitbild. Man wird abgelenkt, man vergißt für volle drei Stunden, daß es solche Kasernen, solche Offiziere, solche Abenteuer nicht mehr gibt."

Schließlich zeigte sich aber doch, daß nur noch ein Teil des Publikums in Wien bereit war, das Gewesene als Wirklichkeit oder auch nur als Möglichkeit anzuerkennen. Wenn schon Märchen, empfanden die Leute, dann muß es völlig außerhalb der Wirklichkeit spielen, wie zum Beispiel die Geschichte jener Zirkusprinzessin, die Emmerich Kálmán damals mit dem

Schmelz seiner Walzer ausstattete. Trotzdem brachte es auch die Operette „Die schöne Unbekannte“ nach der Uraufführung am 15. Jänner 1915 im Carltheater auf eine lange Reihe von Vorstellungen und konnte etliche Jahre später auch in den Vereinigten Staaten in einer Neufassung unter dem Titel „Her Lady's Glove“ ihren Weg über die Bühnen fortsetzen. Es zeigte sich ganz klar, daß es die Musik von Oscar Straus gewesen war, die auch schon in Wien den Erfolg entschieden hatte.

Zum ersten Mal hatte der Komponist in diesem Werk die Wiener Tradition verlassen und neben Walzer, Polka und Marsch auch einen amerikanischen Tanz, den Ragtime, in seiner Partitur verwendet, obwohl er es noch im Jahre 1913 verschmäht hatte, auf der ‚Tangowelle', die damals Wien erreichte, mitzuschwimmen. Carl Michael Ziehrer hatte die Wiener beschworen, dem Walzer treu zu bleiben; Franz Lehár hingegen beeilte sich, sofort etwas ‚Südamerikanisches' – das allerdings eher ungarisch klang! – in seine Operetten aufzunehmen. Es war vielleicht gewagt, wenn Oscar Straus gerade jetzt einen ‚Negertanz' singen ließ, aber Straus kümmerte sich auch weiterhin nicht darum, was man nach offizieller Ansicht aus Rücksicht auf Krieg und Patriotismus zu tun oder zu lassen habe; er wünschte der ‚Welt von gestern', wie das Libretto sie darstellte, die ‚Musik der Zukunft' gegenüber zu stellen. Es werde sich, so begründete Straus später seine Haltung, umso eher eine Harmonie zwischen der wienerischen Musik und den Rhythmen aus der Neuen Welt ergeben, je besser es gelinge, beide Stilrichtungen sinnvoll sowohl auf der Bühne als auch im Konzertsaal aufeinander abzustimmen. Das sei sein Ziel gewesen und dabei werde er bleiben!

Das war gewiß richtig gedacht und klug ausgeführt. Aber gerade im Falle der Operette „Die schöne Unbekannte“ ergab sich eine frappierende Pointe. Als sie unter dem Titel „Her Lady's Glove“ in den Vereinigten Staaten gespielt wurde, mußte Straus immer wieder den Vorwurf hören, er habe den großen Walzer aus diesem Werk wohl „in Erinnerung an den Schlager ‚Ramona' komponiert“. Straus weigerte sich zuerst, zu dieser Bemerkung überhaupt Stellung zu beziehen. Er war zeitlebens der Ansicht, es könne so leicht zur gleichzeitigen, voneinander unabhängigen Erfindung einer bestimmten Melodie an mehreren Orten kommen, daß man derlei nicht wichtig nehmen sollte. „Jeder solche Vorwurf“, sagte Straus, „gleicht einem Steinwurf aus einem Glashaus, und obendrein kann sich ein solches Wurfgeschoß sehr leicht in einen Bumerang verwandeln, der exakt denjenigen trifft, der ihn geschleudert hatte.“

Obwohl Straus natürlich ganz leicht nachweisen konnte, die Originalfassung von „Her Lady's Glove“, die Wiener Operette „Die schöne Unbekannte“, enthalte bereits jene Melodie, die auch im Schlager ‚Ramona‘ erklingt, die Melodie sei also weit älter, wurde ihm nahegelegt, seine Musik zu ändern, weil das Gros des Publikums auf jeden Fall ihn als Plagiator ansehen werde. Doch Straus meinte nur: „Also das geht zu weit.“ Schließlich löste sich das Problem von selbst, als in den Vereinigten Staaten „Her Lady's Glove“ von den Bühnen verschwand und in Europa „Die schöne Unbekannte“ ohnedies nur an einigen wenigen Theatern nachgespielt wurde.

Dem Carltheater freilich hatte das allzufrühe Ende der erhofften Aufführungsserie einige Sorgen bereitet. Was sollte man knapp vor Saisonschluß im Mai noch spielen? Da bot Viktor Léon der Direktion als Lückenbüßer eine Posse an mit dem Titel „Man steigt nach“, die er zusammen mit Heinz Reichert in aller Eile fertiggestellt hatte und zu der nun Oscar Straus ebenso rasch etliche Märsche, Polkatänze und Walzer beisteuerte. Neu an dem Stück war eigentlich nur eine in die Handlung geschickt eingefügte Kino-Parodie. Der Stummfilm hatte trotz aller seiner technischen Mängel immer deutlicher die Gunst der breiten Publikumsschichten gefunden, war also auf dem besten Wege, den etablierten Theatern ernsthaft Konkurrenz zu machen. Der Direktor des Theaters an der Wien, Wilhelm Karczag, hatte sogar schon ein Gesuch an die Statthalterei gerichtet und um die Erlaubnis angesucht, sein traditionsreiches Haus in ein Großkino verwandeln zu dürfen, war aber sofort und mit kaum verklausulierter Empörung abgewiesen worden! Es war also geradezu ein Gebot der Stunde, daß man den Film im Theater auf möglichst drastische Weise lächerlich machte.

Die Kritiken, die nach der Uraufführung der Posse „Man steigt nach“ – sie fand am 2. Mai 1915 im Carltheater statt – erschienen, stellten in seltener Übereinstimmung fest:

„. . . der Stoff ist alt und bereits wiederholt auf die Bühne gebracht worden (die Braut eines Privatdetektivs verführt einige ältere und wohlhabene Herren, ihr nachzusteigen, und macht jeden derart eifersüchtig, daß er sie überwachen läßt. Und wer steigt ihr jetzt, um hohe Honorare der geprellten Herren, nach? Erraten!) . . . die Musik von Oscar Straus ist lustig, witzig, fesch . . . der Clou des Abends mit das Kinodrama unter dem Titel „Die zweifache verführte Unschuld."

Das Carltheater war also trefflich versorgt und konnte die Posse bis in den Herbst hinein spielen.

Im Sommer 1915 machte Oscar Straus recht sorgenvoll Bilanz. Es gab immer weniger Bühnen, auf denen Operetten zu plazieren waren. Gewiß, in Wien fand sich vorerst auch weiterhin ein dankbares Publikum für gutes Unterhaltungstheater. Aber die sehr zahlreichen ‚Provinzbühnen' – so konnte man damals selbst die Theater in Linz, Klagenfurt, Teplitz, ja sogar Brünn und Reichenberg noch nennen, ohne die Direktoren zu beleidigen – mußten ihren Betrieb bereits drastisch einschränken. Große Operetten mit zahlreichen Akteuren, Chor und Ballett konnten nicht mehr finanziert und somit auch nicht mehr aufgeführt werden. Das gerade für Oscar Straus so ergiebige Auslandsgeschäft beschränkte sich auf Deutschland, und im Reiche des Kaisers mit dem aufgezwirbelten Schnurrbart forderten die Behörden, wünschte aber auch das Gros des Publikums ‚patriotische' Stücke. Damit konnte und wollte Straus nicht dienen.

Er hatte für die kommende Saison noch ein Stück in Reserve. Es handelte sich um ein fröhliches Singspiel aus dem fast unerschöpflichen Vorrat von Viktor Léon, das unter dem gewiß nicht originellen Titel „Liebeszauber" gespielt werden sollte. Eigentlich hatten die Autoren an die Volksoper gedacht, aber nun zeigte es sich, daß nur eine Bühne für das dahintändelnde Werk in Frage kam: das Bürgertheater im Bezirk Landstraße. Die Direktion griff bereitwillig zu, und so fand die Oscar-Straus-Premiere der Saison eben am 28. Februar 1916 in diesem Hause statt, das ja – wie das Theater an der Wien – gleichfalls am Ufer der Wien lag, aber etwa einen Kilometer flußabwärts vor der Einmündung in den Donaukanal. So glücklich war die Direktion darüber, nach vielen Stücken von Edmund Eysler und Charles Weinberger einmal ein Werk mit der Musik von Oscar Straus bieten zu können, daß sie eine luxuriöse Ausstattung spendierte. Das freilich führte dazu, daß nach der Premiere weit mehr über die Damenmoden (auf der Bühne und im Publikum) referiert wurde als über die Aufführung, und das triumphierende Motto dieser Berichte lautete: „Wir brauchen keine französischen Schneiderinnen, keine Modelle aus Paris: In Wien kann man derlei genau so gut . . .“

Im Frühling 1916 wurde Oscar Straus zu einem Abenteuer verleitet, das eigentlich von vornherein zu keinem guten Ende führen konnte. ‚Gute Freunde‘ machten ihm den Vorschlag, das Varieté „Ronacher“ als Direktor zu übernehmen und als Operettenbühne zu führen. Oscar Straus nahm also die Gedanken wieder auf, die ihn bereits im Sommer 1915 beschäftigt hatten. Es gab immer weniger Bühnen in der Monarchie, auf der Operetten unterzubringen waren. Die üblich gewordene, fast mit den Methoden industrieller Fertigung betriebene Operettenproduktion mußte scheitern, und zwar umso früher, je länger der Krieg andauerte und sich die Lebensbedingungen vor allem in den Städten verschlechterten. Da konnte es zweckmäßig sein, selbst ein Theater zu führen, von dessen Bühne aus man seine künftigen Arbeiten dem Publikum vorführen und den noch vorhandenen Nachspieltheatern zuleiten konnte. Daß er von der Theaterleitung nichts verstand, störte Straus wenig, der Fachmann Miksa Preger sollte sich um Organisation und Finanzierung kümmern. Die Haftung allerdings lag – und das hat Straus wohl übersehen – bei ihm selbst.

Der Plan, im Ronachergebäude an der Seilerstätte Operetten zu spielen, war gewiß kühn, konnte aber unter bestimmten Voraussetzungen gelingen. Das Varieté war ja an der Stelle errichtet worden, an der das alte „Stadttheater“ gestanden war. Erst als dieses durchaus erfolgreiche Theater im Mai 1884 abgebrannt war, konnte der unternehmungslustige Gastwirt Anton Ronacher nach langwierigen Verhandlungen die Ruine durch ein luxuriöses Etablissement ersetzen, dessen Hauptattraktion ein kostbar ausgestatteter Saal mit Tischen im Parkett und in den Logen sowie mit Sperrsitzen auf der Galerie mit etwa 1.500 bis 2.000 Plätzen war. In diesem ‚Rauchtheater‘, wie man damals sagte, ließ Ronacher zunächst nur Artisten auftreten, dann ergänzte er das Programm mit Produktionen von Volkssängern und Humoristen, schließlich wurden auch Singspiele und Operetteneinakter aufgeführt. Aber da war Anton Ronacher längst nicht mehr Direktor: Er hatte sein Etablissement mit so viel Fremdkapital erbauen lassen, daß er es schon nach kurzer Zeit verkaufen mußte, und zwar an ein Unternehmen mit Sitz in London. Da es mit Kriegsbeginn als ‚feindliches Eigentum' beschlagnahmt worden war, konnte man das Etablissement Ronacher als herrenlos betrachten. So ergab sich die Gelegenheit, in dem immer noch luxuriösen Haus eine Direktion Oscar Straus zu installieren. Die Verträge wurden im Sommer 1916 unterschrieben, die Eröffnung des „Operettentheaters Ronacher" legte Oscar Straus für den 15. September fest. Als erstes Stück sollte die Parodie „Die lustigen Nibelungen" auf der Bühne erscheinen. Diese Wiederaufnahme bedeutete selbstverständlich ein Programm, ja eine Demonstration: Bei Straus sollte Heldentum nicht ernst genommen werden!

Es gab zwar vom ersten Tage der Planung an gegen dieses Projekt Bedenken – sogar der Textdichter Dr. Fritz Oliven hielt seine Parodie für ‚nicht zeitgemäß' und legte Wert auf die Feststellung, die Aufführung im Ronacher erfolge gegen seinen Willen –, aber Oscar Straus hielt an den „Lustigen Nibelungen" fest. Die liberale Presse unterstützte ihn, und selbst die Behörden, die ja sonst mit unerbittlicher Zensur und mit rigorosen Verboten täglich die Theaterkanzleien wie die Zeitungsredaktionen auf dem ihnen genehmen Kurs hielten, gaben ihre Zustimmung.

Trotzdem scheiterte Oscar Straus schon am Eröffnungsabend. Während der Proben hatte er das Stück mehrfach gekürzt, um das Programm doch wieder durch die Aufführung von kabarettistischen Szenen ‚aufzulockern' und dem traditionellen Varietébetrieb anzunähern, hatte aber die richtige Mischung von Operette und Kabarett nicht gefunden. Und die „Lustigen Nibelungen" wurden diesmal vom Publikum eindeutig abgelehnt. Es half wenig, daß die Tageszeitungen Oscar Straus und sein Werk unterstützten und dem Unternehmen, das zuletzt „Ronachers Künstlertheater" genannt worden war, eine günstige Zukunft vorhersagten. Das Haus blieb leer und Straus mußte eilig für Ersatz sorgen.

Er fand ihn bei seinem Freund und künftigen Konkurrenten Ralph Benatzky. Der aus Böhmen gebürtige Doktor der

Das Etablissement Ronacher. Während des Ersten Weltkriegs endete das Abenteuer als Direktor des „Operettentheaters Ronacher" mit einem Fiasko.

Rechte und Komponist hatte sich bisher als Partner fescher Sängerinnen auf verschiedenen Kleinkunstbühnen ausgezeichnet. Soeben war sein Wienerlied „Ich muß wieder einmal in Grinzing sein" von Josma Selim zuerst in Berlin, dann auch in Wien zum ‚Schlager' gemacht worden, er hatte aber auch Bühnenwerke komponiert. Doch niemand wollte die Operetten eines ‚Kleinkünstlers' aufführen. Oscar Straus griff mit Begeisterung zu und studierte das amüsante Stück „Liebe im Schnee" mit der schmissigen, volkstümlichen Musik des Kollegen Benatzky selbst ein.

Während der Studien- und Probenzeit brauchte Oscar Straus einmal seine ganze Kraft, um sich von der blutigen Wirklichkeit in die Sphäre des amüsanten Spiels in eine Scheinwelt zu versetzen. Als er am 21. Oktober 1916 im Hotel „Meissl und Schaden“ am Neuen Markt sein Mittagessen einnahm, wurde von Viktor Adler das Attentat auf den Ministerpräsidenten Stürgkh verübt. Für Peter Altenberg wurde dieser politische Mord bloß der Anlaß für einen makabren Scherz; Oscar Straus konnte die Erinnerung an diese Stunde lange nicht aus seinem Gedächtnis verbannen.

Am 21. November 1916 starb Kaiser Franz Joseph. Die Theater sperrten zu, nicht nur wegen der Staatstrauer: Es gab nun niemanden mehr in Wien, der sich von der ‚Endzeit-Stimmung‘, die sich nach dem Begräbnis des alten Kaisers uneindämmbar ausbreitete, hätte ablenken lassen wollen.

Schwer lastete die Agonie über der Kaiserstadt an der Donau. Die düsteren Bilder des Leichenzuges, dessen Zeremoniell noch einmal die in Jahrhunderten angereicherte Vielfalt pompöser Details zur Schau stellte, drückten zusätzlich auf die Stimmung. Aber dann gab die jugendliche Erscheinung des neuen Monarchen Anlaß zur Hoffnung, nun werde sich die Erstarrung, die von Franz Joseph ausgegangen war, endlich lösen. Allerdings glaubte so gut wie niemand daran, Kaiser Karl werde die Probleme der Vielvölkermonarchie in zwölfter Stunde meistern können. Ein böses Wort, das sogleich die Runde machte, verglich diesen schmächtigen Karl mit seinem mächtigen Ahnherrn Karl V., der von sich sagen konnte: „In meinem Reiche geht die Sonne nicht unter“, und legte ihm den Satz in den Mund: „In meinem Reich geht die Sonne nicht auf.“ Aber man erwartete vom neuen, jungen Kaiser, daß er trachten werde, so rasch wie möglich Frieden zu schließen. Allein schon die freilich noch unbestimmte Aussicht, nach dem Mord an dem Ministerpräsidenten und dem Tod Franz Josephs könnte ein Weg zu dem allgemein ersehnten Frieden gefunden werden, beschwingte die Phantasie der Menschen und hob – trotz wachsender wirtschaftlicher Not – zumindest vorübergehend die Stimmung in Wien.

Am 2. Dezember 1916 konnte im Ronacher die Operette „Liebe im Schnee“, Text und Musik von Ralph Benatzky, zum ersten Male gespielt werden. Oscar Straus ließ es sich nicht nehmen, als Dirigent der Aufführung die Karriere seines Freundes Benatzky als Operettenkomponist zu starten. Wieder einmal ging es um Standesunterschiede, um die man sich frei-

lich nicht einmal mehr in Adelskreisen kümmerte, vor allem aber um das stille Glück irgendwo in einem fernen Winkel. Eine lustige, schmissige Musik erklang dazu. „Liebe im Schnee“ wurde – wie auch die am selben Abend im Theater an der Wien zum ersten Mal aufgeführte Leo-Fall-Operette „Die Rose von Stambul“ – zu einem Serienerfolg. Im Ronacher verlor Straus trotzdem rasch die Freude an seinem Dirigentenamt; es war eben doch nicht nach seinem Geschmack, wenn den ganzen Abend über serviert und eifrig nachgeschenkt wurde. Straus hat das später sarkastisch mit den Worten ausgedrückt: „Man kommt leicht aus dem Takt, wenn einem beim Dirigieren die Frackschöße ins Gulasch hängen.“ Aufgeben konnte Straus freilich nicht, wenn der sich abzeichnende finanzielle Verlust nicht allzu groß werden sollte. Immerhin konnte er als Direktor des Künstlertheaters Ronacher im März 1917 noch eine eigene Novität spielen, die Operette „Nachtfalter“. Sie erreichte freilich wenig Resonanz beim Wiener Publikum.
Die Gelegenheit, sich vom Ronacher zu lösen, ergab sich im Frühjahr 1917. Kaiser Karl hatte den sehr vernünftigen Plan gefaßt, Österreich sollte sich vor einem internationalen Forum als kulturelle Macht präsentieren: Die Philharmoniker und das Ensemble des Theaters an der Wien sollten eine Gastspielreise in die Schweiz unternehmen. Das Projekt ließ sich nach einiger Mühe im Juni 1917 durchführen und brachte auch den gewünschten Erfolg. Die Schweizer applaudierten sowohl den Philharmonikern unter ihrem Dirigenten Felix Weingartner als auch den Künstlern des Theaters an der Wien, die bei diesem Gastspiel Operetten von Lehár, Fall und Oscar Straus jeweils unter der Leitung des Komponisten sowie die Johann-Strauß-Operette „Wiener Blut“ spielten. Straus dirigierte mehrere Vorstellungen der Operette „Nachtfalter“, die eigens dafür ins Repertoire des Theaters aufgenommen worden war. Ende Juli kehrte er nach Wien zurück, liquidierte eiligst den Vertrag mit den Eigentümern des Ronacher und reiste zur Erholung nach Ischl. Dort erreichte ihn die Nachricht, auf der Totenliste des 16. August 1917 stehe auch der Name: Louis Straus. Doch der Vater durfte nicht trauern. Kaiser Karl wünschte Hof zu halten, es hatte Festvorstellungen im Theater zu geben und Konzerte. Auch Straus hatte den Taktstock zu schwingen.

Jedes Ende ist auch ein Anfang

Im Sommer 1917, inmitten aller Sorgen und der wachsenden Not, fand sich die adrette Stadt Ischl im Salzkammergut mit unauffälliger Ambition in eine neue Rolle: Sie wurde zur zeitweiligen Hauptstadt im Reich der europäischen Operette. Gewiß, Salzburg konnte damals den kühnsten Schritt in die Zukunft unternehmen, als man in der altehrwürdigen Residenz der Fürsterzbischöfe die Gründung einer Festspielgemeinde beschloß. Aber Ischl war zufrieden, die drei Männer in seinen Mauern zu wissen, die von den Journalisten als „Könige der Operette" bezeichnet wurden: Franz Lehár, Leo Fall und Oscar Straus. Ältere Bürger der Stadt erinnerten sich noch an die Jahre, in denen Johannes Brahms, Johann Strauß, Alexander Girardi und der Klavierfabrikant Ludwig Bösendorfer den Sommer über in Ischl gearbeitet, oder doch wenigstens Tarock gespielt hatten. Den jüngeren Leuten in Ischl genügte es vollauf, daß jetzt, mitten im Krieg, etwas von dem Glanz, den das Genre der Operetten immer noch umgab, auf ihre Stadt fiel.

Nun waren aber gerade die ‚Könige der Operette' durchaus nicht davon überzeugt, daß ihre Regentschaft den politischen Zerfall der Donaumonarchie überdauern werde. Seit auch Amerika in den Krieg eingetreten war und Franzosen und Engländer unerbittlich die Aufteilung Österreich-Ungarns unter seine Völker forderten, glaubte eigentlich niemand mehr an den Fortbestand des Großreiches zwischen dem Bodensee und den Karpaten, zwischen Südpolen und Südtirol. Franz Lehár war pessimistisch: Als die drei Komponisten beisammensaßen und über die Zukunft sprachen, meinte er lakonisch, mit dem Untergang der Donaumonarchie werde auch die Welt der Operette untergehen. Leo Fall widersprach temperamentvoll: „Jedes Ende ist auch ein Anfang!" Das Unterhaltungstheater werde auch weiterhin für das Publikum unentbehrlich sein; es würden vielleicht andere Themen behandelt werden müssen,

Franz Lehár, Oscar Straus und Leo Fall (v. l. n. r.)

vielleicht sei auch eine andere Musik gefragt, aber diese Umstellungen werde man gewiß meistern. Und Leo Fall riet dazu, sich vor allem an der Entwicklung in Berlin zu orientieren, die er besonders gut kannte. Er hatte ja seine größten Erfolge an der Spree erlebt. Oscar Straus gab Leo Fall recht, meinte aber, die guten alten Operetten würden auch in Zeiten des gesellschaftlichen Umbruchs den Leuten gefallen, und die neuen Werke, die dann erwünscht sein würden, die werde man halt so schreiben, daß sie in die veränderte Welt paßten. Wie das gehen werde, wisse er nicht; eines jedoch wisse er ganz genau: daß es gehen müsse! Im übrigen, meinte Straus abschließend, sei eine solche Debatte im Augenblick noch gar nicht aktuell. Je größer die Not sein werde, desto stärker werde der Wunsch der Menschen sein, den Alltag zu vergessen und bei der ,Traumfabrik Operette' Zuflucht zu suchen. Straus sollte recht behalten.

Der Hinweis Leo Falls auf die Operettentheater Berlins war vor allem für Franz Lehár interessant. Der Sohn eines k. und k. Militärkapellmeisters hatte zwar alle seine Operetten auch in der deutschen Hauptstadt dirigiert, aber noch keines seiner Werke in einem Berliner Theater uraufführen lassen. Oscar Straus hatte nach dem Mißerfolg seiner „Indischen Witwe“, der Ablehnung der „Lustigen Nibelungen“ und dem geringen Widerhall, den seine komische Oper „Das Tal der Liebe“ an der Spree gefunden hatte, keine allzugroße Ambition erkennen lassen, sich eine starke Position in Berlin zu schaffen; Paris und London waren ihm bis zum Sommer 1914 wichtiger gewesen. Aber nun hatte sich im Spätherbst 1916 die Direktion des Lessingtheaters mit dem Vorschlag an ihn gewandt, er solle doch für ein Werk, an dem der bekannte Schriftsteller und langjährige Leiter des Lessingtheaters, Oscar Blumenthal, trotz seiner schweren Erkrankung arbeite, so rasch wie möglich die Musik schreiben.

Oscar Straus sagte – ohne besondere Begeisterung für das Projekt – nach einigem Zögern zu. Das Stück erwies sich als Umarbeitung einer Posse, die Blumenthal zwanzig Jahre früher aus dem „Niobe“-Stoff zurechtgeschneidert hatte. Die Pointe dieser Neufassung hatte darin bestanden, daß die Thebanerin, die als Statue ins Haus eines Kunstsammlers gekommen und dort (siehe: „Die schöne Galathée“!) zum Leben erweckt worden war, in den modernen Alltag Chicagos hinein geriet und nun bestrebt war, mit den Begriffen aus dem klassischen Griechenland in der modernen Welt zurechtzukommen. Das war – gegen Ende des 19. Jahrhunderts – recht amüsant gewesen, aber eben nur in der Form einer rasch ablaufenden, vom Wortwitz lebenden Posse. Für eine Operette taugte dieses Sujet nicht. Doch weil Oscar Blumenthal knapp nach der Fertigstellung seines Librettos gestorben war, glaubten seine Nachfolger, „Niobe“ ihm zu Ehren im Lessingtheater unter allen Umständen aufführen zu müssen. Sie schoben allerdings die Premiere bis Saisonschluß hinaus. So kam es, daß Oscar Straus am 1. Juni 1917 in Berlin die Uraufführung der dreiaktigen Operette „Niobe“ dirigierte.

Da im Lessingtheater kein Orchesterpersonal vorhanden

war, hatte man eigens für das Stück das bekannte „Blüthner-Orchester“ engagiert. Auch die Besetzung – u. a. spielte Trude Hesterberg – war sorgfältig und durchaus prominent zusammengestellt. Die Aufführung fand die Zustimmung der Rezensenten, Straus wurde bescheinigt, eine gekonnte, witzige Musik geschrieben zu haben, aber eigentlich konnte sich niemand der Erkenntnis entziehen, daß bei diesem Schwank die Musik überflüssig sei, ja sogar störe. Die Niobe-Statue, die in klassischer Nacktheit vor dem Lessing-Theater das Publikum anlocken sollte, wanderte bald ins Magazin des Hauses, und die Partitur ins Archiv, wo sie noch heute ruht.

Es ist verständlich, daß Oscar Straus nach dieser Erfahrung mit dem Rat Leo Falls, bei neuen Arbeiten die Berliner Bühnen im Auge zu behalten, nicht allzu viel anfangen konnte. Vorerst setzte er, ebenso wie Franz Lehár, auf die Theater in Wien und war überdies davon überzeugt, daß ihm die Bühnen in Prag und Budapest, aber auch in Reichenberg und Preßburg – wie immer die Welt nach Kriegschluß politisch gestaltet sein werde – weiterhin offenstehen würden. Seine Devise lautete: die ‚Operette der Träume‘, jetzt erst recht! Es wurde allerdings immer schwieriger, diese Devise zu verwirklichen. Wo sollte, wo konnte man im Herbst und Winter 1917 noch Stoffe für prachtvolle Kostüme und prunkvolle Dekorationen, wo Holz für die Bühnenaufbauten hernehmen? Die nächste Operette, an der Straus, gehemmt durch tausend Schwierigkeiten des Alltags, langsamer als gewohnt arbeitete, sollte den Titel „Die Ballnacht“ erhalten.

Fürsten, Grafen, Barone und Komtessen stellen das Personal des Stückes, und in ihrer Mitte erscheint ein Mädchen aus einem Modewarengeschäft, das im zweiten Akt die herrliche, grandiose, überwältigende Ballnacht seines jungen Lebens – als Komtesse, versteht sich! – durchtanzen darf. Alle Herren neigen sich vor der Kleinen, auch die Damen bewundern ihre natürliche Anmut und Schönheit, es ist für sie eine Nacht im Paradies, in dem sich alle Wünsche erfüllen.

Ein solches Spiel verlangte aber jene Pracht der Ausstattung, jenen Luxus, den es in der durch die nun schon jahrelangen Kriegslasten ausgezehrten Stadt mit ihren von Not und Hunger gezeichneten Bewohnern einfach nicht mehr gab und der doch herbeigezaubert werden mußte, wenn man eine Operette der Träume bieten wollte. Obwohl die Librettisten Leopold Jacobson und Robert Bodanzky diesem Stück eine Fülle geistreicher und lustiger Details in die Handlung eingewoben hatten, konnten diesmal weder Text noch Musik allein den Erfolg erzwingen: der Glanz der Ballnacht mußte die Zuschauer überwältigen, mußte sie die Armseligkeit ihres Alltags vergessen lassen.

Am Premierenabend, dem 11. Oktober 1918, stimmte im Johann-Strauß-Theater einfach alles. Ein grandioses Ensemble steigerte sich in einem Taumel der Lebensfreude, ja des Übermutes im kostbaren Rahmen einer verschwenderisch reichen Ausstattung. Oscar Straus dirigierte ein großes Orchester von Musikern, die ihren Hunger vergaßen, und ließ sie Walzerweisen, Polkatänze und Coupletmusik aufspielen wie in der goldenen, goldenen Zeit, die es schon längst nicht mehr gab, nicht einmal mehr in der Erinnerung. Als die Besucher das Theater verlassen hatten, mußte ihnen die Rückkehr in den Alltag schwerer denn je gefallen sein. Sie konnten den Zeitungsberichten entnehmen, daß nun auch Kaiser Karl jede Hoffnung aufgegeben hatte, die Monarchie ungeteilt erhalten zu können. Am 16. Oktober erließ er das verzweifelte Manifest „An meine Völker“, das keines dieser Völker mehr interessierte. Am 6. November bot die letzte kaiserliche Regierung des Ministerpräsidenten Lammasch ihren Rücktritt an, am 10. November verkündete die „Arbeiterzeitung“ mit großen Lettern: „Deutschösterreich ist eine Republik“, und am 11. November unterzeichnete Kaiser Karl das Dekret seiner Abdankung. Von den Fenstern des soeben eröffneten „Café Herrenhof“ konnten die Stammgäste jene Vorgänge bequem mitansehen, die dazu führten, daß die jahrhundertelange Herrschaft des Hauses Habsburg bzw. Habsburg-Lothringen zu Ende war.

Im Straußtheater auf der Wieden aber spielte man jeden Abend bei ausverkauftem Haus „Eine Ballnacht“, und die 50. Vorstellung am 12. Dezember, die abermals Oscar Straus dirigierte, wurde ebenso bejubelt wie die Premiere. Das Irreale – hier war es Ereignis!

Nehmen wir gleich vorweg, daß sich der Triumph dieser Operette am 29. August 1919 im Berliner Wallnertheater, also dem einstigen Lessing-Theater, das Direktor Heinz Saltenburg übernommen und umgetauft hatte, unter exakt denselben Um-

Die junge Käthe Dorsch in der Operette „Eine Ballnacht", Berlin 1919

ständen wiederholte. Wieder siegte die prachtvolle, mit, bedenkt man die Zeitumstände, fast verbrecherischem Luxus angereicherte Ausstattung so mühelos, daß die Musik von Oscar Straus kaum und die vortreffliche Darstellung des Ladenmädchens durch die junge Käthe Dorsch (die Rolle übernahm später Rosa Felsegg) gar nicht beachtet wurden. Nach der 150. Vorstellung, die abermals Oscar Straus dirigierte, schrieb ein Journalist: „Die entzückendste Operette, welche im letzten Jahrzehnt den Berlinern die Köpfe verdreht hat, ist die ‚Ballnacht'. Der Rausch der Verschwendung verzaubert Hunderttausende." Nur eine Annonce, die das Theater selbst damals veröffentlichte, verriet die Bedingungen, unter denen sich dieser Triumph ereignete: „Sobald wieder politische Ruhe eingetreten ist, empfiehlt es sich, Logen und Sperrsitze vormerken zu lassen."

Zurück nach Wien! – In der Hauptstadt des neuen Kleinstaates, der sich beharrlich „Deutschösterreich" nannte, bis die Sieger es ihm verboten, ermutigte der Erfolg der Operette „Die Ballnacht" die Direktion der schwer um ihre Existenz ringenden Volksoper, die Kulissen des Singspiels „Das Tal der Liebe" aus dem Depot zu holen und das indessen von Felix Dörmann bearbeitete Werk noch einmal auf die Bühne zu bringen. Es hieß jetzt „Die galante Markgräfin" und seine Handlung war auf die offenkundig stets als wirksam angesehene Grundsituation vereinfacht: junge Frau (hier also: Markgräfin) wünscht sich neben dem müden Gatten einen feurigen Liebhaber. In diesem Fall hat ein ‚Jugendgespiele', den sie kurzerhand in eine Gardeuniform stecken ließ, vor ihrem Zimmer Wache zu stehen. Zuletzt freilich wird dem Gespielen die Sache zu dumm: Tränen, Entsagung, Ende. Nun, das wurde auch dem Publikum sehr rasch zu dumm. Und damit war auch die Markgräfin endgültig im Tal der Liebe begraben. Daß die Grundsituation nebst etlichen Details schon drei Jahre später wieder auf die Bühne gebracht wurde („Madame Pompadour" mit Musik von Leo Fall), zeigte den Ausverkauf an Stoffen, der fortan die Endphase der Operettengeschichte begleiten sollte.

Auch die Handlung der nächsten Oscar-Straus-Operette „Die Dorfmusikanten" war ganz und gar nicht neu. Die Librettisten Bodanzky und Jacobson hatten wieder im inländlichen Milieu einen alten, aber dankbaren Stoff gefunden. Einem der Journalisten, die auf Wunsch der Direktion des Theaters an der Wien, in dem die Operette uraufgeführt werden sollte, eine Vorankündigung veröffentlichten, kam die Handlung derart überholt vor, daß er sie verulkte:

„In den ‚Dorfmusikanten' ist Friedl der Drehpunkt der Operettenkomplikationen. Friedl ist Geigenmacher und hat sich in frühester Jugend in ein Mädchen aus der Nachbarschaft verliebt. Während er es zu einem Meister seines kunstreichen Handwerks bringt, ist die Kleine in der Residenz zu einer feinen

Dame geworden. An dem Tage, da er für seine Geige einen ersten Preis erhält, sieht er seine Jugendliebe wieder, die aber jetzt für Grafen mehr übrig hat als für den einen Geigenmacher und -spieler. Friedl behauptet, daß in der Geige seine Seele sei und beweist es durch eine zärtliche Melodie, die er dem Publikum eigenhändig vorspielt. Jeder weiß jetzt: Der Geigenmacher liebt die nobel gewordene Dame, während ein liebes Dorfmädel ihn liebt. Am Ende des zweiten Aktes liebt er die noble Dame noch immer, diese aber besteht auf ihrer Hochzeit mit einem Grafen. Im dritten Akt ist Friedl der berühmteste Geiger der Epoche, so berühmt, daß er sich aussuchen kann, wer ihn gerne haben kann und wer nicht."

Aber derlei Späße konnten den Erfolg des Stückes, das am 29. November 1919 im Theater an der Wien zum ersten Mal aufgeführt wurde, nicht beeinträchtigen. Der Premiere, die der eben aus Berlin zurückgekehrte Oscar Straus mit gewohntem Eifer dirigierte, und die ihm sowie dem Hauptdarsteller Hubert Marischka einen unbestrittenen Erfolg brachte, folgten inmitten einer turbulenten Zeit der Kohlennot, der Stromsperren und Hungerkrawalle immerhin mehr als 160 Aufführungen! Eine Serie von Auslandserfolgen schloß sich an; die Welt stand ja Straus wieder offen. Er konnte, nein, er mußte nach Italien reisen, in die Schweiz und auch wieder nach Paris!

Schon lag auch eine Einladung aus Amerika vor: In New York war die Operette „Rund um die Liebe" zur Aufführung erworben worden. Allerdings konnte sich Straus nicht recht vorstellen, wie er aus dem zerrissenen, krisengeschüttelten Europa über den ‚großen Teich' kommen könne. Seine letzte Reise von Berlin nach Wien hatte drei Tage gedauert, die Fahrt nach Paris fünf. Natürlich wäre Straus unter diesen Umständen am liebsten in Wien geblieben. Aber das ging wohl nicht. Die einstige Metropole eines großen und stolzen Reiches war die bettelarme Hauptstadt eines kleinen Landes geworden, dessen Politiker so wenig an die Zukunft dieses Österreichs glaubten, daß sie den sofortigen Anschluß an Deutschland wünschten. Doch das verboten ihm die Siegermächte erst recht.

Da erinnerte sich Oscar Straus an den Rat, den ihm Leo Fall im Sommer 1917 gegeben hatte: Er mußte nach Berlin übersiedeln und dort versuchen, den Weg in die Zukunft zu finden. Er war jetzt als Repräsentant der Wiener Operette weltweit anerkannt, vielleicht könnte er auch in Berlin als ‚Hüter der österreichischen Musiktradition', vielleicht sogar als ‚Apostel der Wiener Musik' anerkannt werden. Wenn das gelang, dann konnte er auch unter den schweren Bedingungen der Nachkriegszeit auf zweifache Weise wirken: einmal als wendiger, einfallsreicher Komponist, der allen Forderungen der neuen Ära geschickt zu entsprechen vermochte, und überdies auch als Vertreter der klassischen wienerischen Musik. Zum ersten Male erschien das Motto „Von Johann Strauß zu Oscar Straus" auf einem Konzertprogramm.

O la la!

Der Berliner Triumph seiner Wiener Operette „Die Ballnacht“ bewies, daß Straus seiner selbstgestellten Aufgabe, Apostel der wienerischen Musik außerhalb der engen Grenzen seines klein gewordenen Heimatlandes zu sein, mit Bravour gerecht zu werden vermochte. Er hatte sich entschlossen, seine nächsten Stücke zuerst in der Spree-Metropole auf die Bühne zu bringen. Leo Fall hatte den richtigen Rat gegeben: Wer in Berlin Fuß fassen wollte, mußte sich sowohl der dortigen Kritik als auch der gewiß gegenüber der Vorkriegszeit stark veränderten, aber nach wie vor einflußreichen Gesellschaft stellen, mußte sich ihren Vorlieben anpassen.

Die Librettistenfirma Brammer & Grünwald, die gerade für mehrere Komponisten tätig war, hatte Oscar Straus ein Libretto angeboten, von dem sich alle Beteiligten einen nachhaltigen Erfolg bei einem breiten Publikum versprachen. Und gerade weil man in diesem Fall so sicher war, eine lange Serie von Vorstellungen erreichen zu können, wollte man mit diesem Stück in Berlin starten. Schauplatz der Operette war das indessen versunkene Zarenreich. Die Handlung spielte in einer Ära des despotischsten Absolutismus, und das mußte in Berlin besonderes Interesse erregen: die Vorgänge in Rußland seit der Revolution des Jahres 1917 waren ja in Deutschland immer wieder Tagesgespräch; dafür sorgten schon die Kämpfe zwischen der ‚roten‘ und der ‚weißen‘ Armee, die damals noch andauerten. Eine ‚russische‘ Operette gehörte daher in diesem Augenblick der Weltgeschichte zuerst auf eine deutsche Bühne!

Als Oscar Straus zur Einstudierung seiner „Ballnacht“ nach Berlin gefahren war, hatte er Brammer und Grünwald als Reisegefährten gehabt. Ihr Libretto, das den Titel „Der letzte Walzer“ erhalten hatte, war fertig. Eine ebenso sentimentale wie spannende Geschichte sollte gezeigt werden:

Graf Dimitri Sarrasow soll erschossen werden, weil er eine Dame vor der Zudringlichkeit eines Großfürsten beschützt hat. Ebendiese Dame – es handelt sich um die Sängerin Vera Lisaweta – erscheint auf einem Ball, den auch Graf Dimitri besuchen darf, weil man ihm vor seiner Hinrichtung noch einen Abschied vom Leben, einen „letzten Walzer", zugestanden hat. Die beiden schwören einander ewige Liebe – und so steht die Dame vor der verzweifelten Aufgabe, die Hinrichtung des Geliebten abzuwenden. Sie betört den Großfürsten mit einem Walzerlied und erwirkt, daß er ihr für kurze Zeit die Befehlsgewalt im Schloß, in dem die Handlung spielt, abtritt. Natürlich befiehlt sie – ihre sofortige Vermählung mit Graf Dimitri! Der Großfürst verzichtet und läßt die beiden ins Ausland abreisen.

Bald stellte sich heraus, daß nur dann mit einem Erfolg zu rechnen war, wenn die Sängerin Fritzi Massary für das Stück gewonnen werden könnte. Die ‚Massary-Operette' war in Berlin etwa dasselbe, was 20 Jahre früher die ‚Girardi-Operette' in Wien gewesen war: ein Stück, das völlig auf die Eigenart des Stars zugeschnitten werden mußte, dann aber einen Serienerfolg versprach. Nun kannte natürlich das Wiener Trio Straus-Brammer-Grünwald das Fräulein Massarik aus der Maria-Theresien-Straße in Wien noch von ihren Anfängen in der Heimatstadt her. Das couragierte Mädel war sowohl durch sein Talent als auch durch seine lockeren Sitten aufgefallen. Jetzt erinnerte man sich aber nur noch an die ersten Lieder der Soubrette Fritzi Massary, mit denen sie beim „Unterbrettl" im Wiener Prater Oscar Straus Konkurrenz gemacht hatte. Seitdem war viel geschehen, und das kleine Fräulein aus Wien war zum großen Star der Berliner Unterhaltungstheater geworden. Das einst so freizügig betriebene Spiel mit der Liebe hatte die indessen mit dem Schauspieler Max Pallenberg in glücklicher Ehe lebende Künstlerin verfeinert und zum Kunstmittel stilisiert: Niemand verstand es besser als sie, einen ‚gewagten', ja einen frivolen Text mit damenhafter Nonchalance vorzutragen und dadurch das Publikum zu amüsieren und zu begeistern.

Der Zufall wollte es – so hat es wenigstens Alfred Grünwald später erzählt –, daß die beiden Librettisten, während Straus im Wallnertheater „Die Ballnacht" probte, in einem Caféhaus mit Fritzi Massary zusammentrafen. Die Rede kam natürlich auf das neue Stück und die Massary wollte es sofort kennenlernen.

Die Librettisten zögerten, denn die Vera Lisaweta war eigentlich keine Massary-Rolle. Aber Grünwald erkannte sofort, was man ändern mußte, um das Interesse der Diva zu erregen: Man mußte aus dem Walzer, mit dem die Sängerin den Großfürsten betört, ein Chanson machen. Die beiden Librettisten erklärten also Fritzi Massary, sie wollten das Stück nicht ohne den Komponisten vortragen, aber sie würden am nächsten Tag, wenn Straus probenfrei sei, in ihrer Villa erscheinen und sie mit dem Stück und ihrer Rolle bekanntmachen. Frau Massary willigte ein.

Sofort machten sich die Librettisten an die Arbeit und entwarfen vor allem das Chanson für die Massary. Sie verschafften sich die Texte aller Massary-Erfolge der letzten Jahre, die in Berlin ebenso zu kaufen waren wie einst in Wien die ‚Lieder, die Girardi singt'. Dann schrieben sie das Chanson:

O-la-la, o-la-la
das kann sehr viel sein;
O-la-la, o-la-la,
das kann ein Spiel sein.
Man sagt's mokant, so ganz als Phrase:
O-la-la!
Man sagt's pikant, so durch die Nase:
O-la-la!
O-la-la, o-la-la,
kann ein Gefühl sein;
O-la-la, o-la-la
das kann sehr schwül sein.
Man sagt es obenhin,
oft auch mit leisem Nebensinn,
so ganz charmant, sehr tolerant, so:
O-la-la!
Dann reserviert und sehr chockiert, so:
O-la-la!

Es war ein idealer Text für eine Künstlerin wie Fritzi Massary. Man konnte es getrost ihr überlassen, wie sie die vielen „O-la-la" gestalten und dem Publikum servieren wolle: Sie konnte mit Tonfall, Blicken und Gesten einen Kosmos der Gefühle in die leicht hingeträllerten Silben legen! Als Oscar Straus müde von der Probe zu seinen Freunden ins Hotel zurückkehrte, fand er den Text auf seinem Tisch, bestand zuerst einmal auf einem ordentlichen Abendessen und machte sich dann sofort an die Arbeit. Bald fand er die richtigen Nuancen für die Serie der „O-la-la" in den kurzen Strophen. Am nächsten Tag war die Massary hingerissen von diesem Chanson und nahm darüber die ganze Rolle der Vera Lisaweta in Kauf (die natürlich dann erst für sie umgeschrieben werden mußte). Die Massary fand auch ein Theater für ‚ihre' Rolle, und so konnte am 20. Februar 1920 im „Berliner Theater" die Operette „Der letzte Walzer" zum ersten Mal über die Bühne gehen. Die Aufführung wurde zu dem Erfolg, den die Autoren sich von ihrem Debut in Berlin erhofft hatten, und zugleich zu einem Triumph für die Massary.

So sehr die schwungvolle Melodie zu dem Text:
„Das ist der letzte Walzer,
der lockend Dir erklingt,
der letzte süße Walzer,
den Dir das Leben singt"
dem Publikum auch ins Ohr ging, trällerte dennoch schon am nächsten Tag ganz Berlin „O-la-la". Die schönste Kritik über diesen Abend schrieb übrigens Alfred Polgar; er fand den Satz: „Die Noten sind von Oscar Straus, die Musik von Fritzi Massary." „O-la-la" sollte nicht das einzige Chanson der beiden Künstler bleiben. Im Augenblick freilich war die Zeit dafür noch nicht gekommen. Die Massary wünschte, daß ihre nächsten Rollen von vornherein nach jenem Maße geschneidert würden, das sie angab, während Straus darauf achten mußte, seine eigene Linie zu verfolgen. Daß sich die beiden schließlich einigen würden, war zu erwarten, die Antwort auf die Frage, wann das sein werde, mußte allerdings offenbleiben. Zunächst ging jeder der beiden Künstler den eigenen Weg.

Mit dem grandiosen Triumph der Operette „Der letzte Walzer" war endgültig die Übersiedlung der Familie Straus von Wien nach Berlin verbunden. Die Villa in der Auhofstraße in Hietzing wurde verkauft, dafür erwarben Clara und Oscar Straus ein Haus im Künstlerviertel an der Spree, am Kaiserdamm. Und in Berlin schaffte es Oscar Straus, was ihm in Wien eigentlich doch nicht so recht gelungen war: Er wurde zu einer stadtbekannten Persönlichkeit, und in seinem Salon fand sich ein wichtiger Teil der Berliner Gesellschaft ein.

„O-la-la"! Fritzi Massary als Vera Lisaweta in der Operette „Der letzte Walzer", Berlin 1920

Er war jetzt etwa 50 Jahre alt. Seine hochaufragende Gestalt war hager geblieben, wie in seiner Jugend. Sein markantes Gesicht, das ihm im Berlin der Jahrhundertwende den Spitznamen ‚der Nasen-Straus' eingetragen hatte, war noch schärfer geworden. Er hatte sich angewöhnt, stets eine Zigarre zwischen den Lippen oder in der Hand zu halten, sie wurde zu seinem Markenzeichen. Wenn Straus in seiner stets tadellosen, sorgfältig gewählten Kleidung durch die Straßen stapfte, wirkte er mürrisch, ja unfreundlich. Aber dieser Eindruck wandelte sich sogleich im persönlichen Gespräch, wenn Straus den Charme seiner geistreichen Konversation entfaltete, und gerade die Berliner waren sehr empfänglich für seinen Sarkasmus, für seinen scharfen, jedoch niemals verletzenden Witz. Zahlreiche Straus-Anekdoten machten die Runde in den Salons und wurden in den Zeitungen abgedruckt. Zu den Gästen im Hause Straus gehörten Politiker wie Gustav Streseman, Schauspieler wie Max Pallenberg, Musiker wie der Sänger Fjodor Schaljapin, der Geiger Yehudi Menuhin, der Schriftsteller Franz Molnár und der Dirigent Arthur Nikisch, der von Straus bevorzugte Begleiter bei den Besuchen in den Spielcasinos, der einzigen, allerdings nach wie vor kostspieligen Leidenschaft, die Straus sich gönnte. Auch der Physiker Albert Einstein war manchmal unter den Gästen zu finden und versuchte dann stets, sich als Geigenvirtuose zu produzieren. In der Berliner Presse war daraufhin zu lesen, Straus habe Einstein empfohlen, ein Konzert in der Philharmonie zu veranstalten. Allerdings sollte Einstein, so riet Straus, dem Publikum freien Eintritt gewähren, dafür aber von jedem, der den Saal vorzeitig verlasse, hundert Mark kassieren lassen. „So, lieber Einstein", meinte Straus lächelnd, „werden Sie ein reicher Mann!" Eine Probe gestattete Straus allerdings in seinem Hause: Er begleitete Einstein beim Vortrag einer Violinsonate von Mozart. Einstein hat sich später, als beide in den Vereinigten Staaten lebten, an dieses gemeinsame Musizieren erinnert und Straus getreulich geholfen, sich in New York zu behaupten. Eines freilich hat Oscar Straus stets bedauert, daß nämlich Richard Strauss ausgerechnet nach Wien übersiedelte, als er selbst in Berlin seßhaft wurde. Oscar Straus schätzte ja nicht nur Johann Strauß, sondern auch Richard Strauss und war sicher, mit dem Strauss aus München, der jetzt Operndirektor in Wien geworden war, in der einen oder anderen Weise zusammenarbeiten zu können. Von Berlin aus ließ sich das freilich nicht arrangieren – so kam es nur zu einiger Korrespondenz.

Es konnte nicht ausbleiben, daß Oscar Straus bei Interviews – die er freilich noch selten und zögernd gab – nach dem Unterschied zwischen den Operettenmetropolen Wien und Berlin gefragt wurde. Straus sagte damals:

„Wien hat die angeborene Musikalität, Berlin arbeitet. Wien im Bewußtsein seines Besitzes ist jedenfalls schwerer als Berlin für den Versuch, für das Experiment, für das Ungewohnte und Neue zu gewinnen. Der Berliner wird sich nicht scheuen, einmal furchtbar daneben zu hauen, aber neben Irrtümern und Entgleisungen ergeben sich hier immer auch Ausblicke, zumindest Anregungen. Man sucht nach neuen Wegen, und so wird man begreifen, daß der schaffende Künstler von Berlin, wo er eine Fülle von Möglichkeiten winken sieht, sehr stark gefesselt wird. Dazu kommt, daß das Berliner Theaterpublikum viel besser ist, als der Ruf, den man ihm bereitet hat. Es ist genau so begeisterungsfähig wie irgend eines in der Welt und es hat dazu noch den Vorzug, ins Theater nicht mit bestimmten, festumrissenen Erwartungen zu kommen. Der Berliner bringt Empfänglichkeit auch dort auf, wo man ihn überrascht, befremdet und – was ja nicht selten geschieht – mit neuen dichterischen, szenischen oder musikalischen Formulierungen vor den Kopf stößt. Er wurzelt eben nicht in fertigen Formeln, die man Tradition nennt, und so ist er der letzte, der Widerstände bereiten würde, wenn irgendein Künstler, des Hergebrachten, des Klischees müde, auf die sichere Wirkung verzichtet und mal was anderes will. Wien hat die neue Operette geschaffen und damit eine Art von Tradition begründet, der eine eminente Geschmackssicherheit zugrunde liegt, die aber andererseits dem Neuen und Unerprobten gewisse Widerstände bereitet. Man gibt die süße Erfolgssicherheit nicht gern auf, die festgeprägte Marke läßt man sich durch allzu weitgehende oder gar kühne Variierungen nicht gefährden. So hat Wien heute sein erprobtes, von der Gunst des Publikums getragenes Operettengenre, das – mit Berliner Augen gesehen – nur vielleicht zu sehr vor jedem neuen Luftzug behütet wird.

Ungefähr so habe ich das empfunden, als ich den Entschluß zur Übersiedlung nach Berlin faßte. Zu Hause, in Wien, war mir vielleicht der Erfolg sicher, vorausgesetzt, daß ich die gewissen Bindungen an die Tradition respektierte. In Berlin, wo schärfere Lüfte wehen, und der erste Erfolg keineswegs eine Garantie für den nächsten ist, schien mir die Gefahr, dem Klischee zu verfallen, geringer zu sein. Man wird hier nicht verhätschelt, man hat immer wieder Mühe, sich durchzusetzen, niemand hat in Berlin ein Privilegium auf Erfolge und vor allem, die Gefahr, sich selbst zu wiederholen, in der Gottähnlichkeit und Sterilität des ‚Lieblings' zu verfallen, besteht in Berlin für keinen schaffenden oder darstellenden Künstler."

Nun – Oscar Straus sollte sehr rasch erfahren, wie gefährlich die Experimentierfreude der Berliner Theaterdirektoren und überhaupt die hektische Betriebsamkeit in der deutschen Metropole gerade für sein Schaffen werden konnte. Als das Wallner-Theater im Herbst 1921 seine Operette „Nixchen" als Sensationspremiere herausbrachte, nützte auch die großzügige Reklame des Direktors Heinrich Saltenburg nicht viel. Gewiß – die Kritik anerkannte die „vortreffliche Musik des Herrn Straus", bestätigte ihr sogar ein „Flair der Walzerträumerei", aber das Publikum ließ Stück und Aufführung schon nach einigen Wochen im Stich, die erhoffte lange Serie ausverkaufter Vorstellungen kam nicht zustande. Die Wiener lernten aus „Nixchen" überhaupt nur einen Walzer kennen, er wurde als Widmung beim Concordia-Ball 1922 gespielt.

Auch das nächste Experiment, das Heinrich Saltenburg mit Straus unternahm, fand weder den Beifall der Zuschauer noch den des Komponisten. Im Berlin der Nachkriegszeit kam ein Karussell der Theaterbesitzer und Direktoren in Gang, das für jeden Chronisten jener ruhelosen Zeit sehr verwirrend ist, da jeder Berichterstatter nur jenen Teilbereich heraushebt, der für sein Thema interessant ist. Max Reinhardt wechselte damals seine Bühnen ebenso oft wie seine Konkurrenten ihre Häuser, und da noch dazu viele dieser mehr oder weniger standfesten Theaterleiter ihren Unternehmungen neue Namen gaben oder gar alteingeführte Theaternamen auf andere Gebäude übertrugen, wird die Situation aus der Rückschau recht unübersichtlich, ja undurchschaubar.

Im Jahre 1922 jedenfalls wurde das ehemalige Reinhardt-Haus am Schiffbauerdamm („Großes Schauspielhaus") von der kurzlebigen Direktion Maximilian Sladek unter dem Namen „Deutsches Künstlertheater" übernommen und der Operette gewidmet. Als erste Premiere präsentierte man eine Novität von Oscar Straus: „Die törichte Jungfrau". Es war ein skurriles Stück, das Heinrich Saltenburg sich hatte einfallen lassen und nun auf der Bühne eines – wohl bereits damals von ihm beherrschten – Konkurrenzunternehmens herausbrachte. Die Handlung spielte in der Renaissancezeit und die „Jungfrau“ hatte sich dem Publikum ausgerechnet in einem Freudenhaus in Gaeta zu präsentieren. (Man versteht, warum sich der Textautor Saltenburg auf dem Theaterzettel mit dem Pseudonym „Florido“ tarnte!) Natürlich war ursprünglich die Massary als Diva in Aussicht genommen worden, aber die Künstlerin zog es vor, nicht als Jungfrau, sondern – in einer Operette mit der Musik von Leo Fall – als Pompadour auf einer anderen Bühne zu erscheinen. Der Erfolg gab ihr recht: Die Pompadour wurde eine ihrer Glanzrollen, die „Törichte Jungfrau“, die Herbst 1922 die erste Spielzeit im Deutschen Künstlertheater eröffnete, brachte es lediglich zu einem Achtungserfolg. Als die Operette ein Jahr später im Wiener Apollo-Theater nachgespielt wurde, sagte Straus in einem Interview:

„Hier in Wien ist die eigentliche Uraufführung meines Werkes. In Berlin ist die Operette im Großen Schauspielhaus gespielt worden, so daß viele glaubten, die wäre für diesen Zirkus geschrieben. Man hat dort viel Klamauk getrieben, eine ganze Reihe von Auftritten erfolgte aus dem Publikum, es wurde auf Bühnenstegen gesungen und die Hauptdarstellerin kam sogar von der Kuppel des Hauses herunter. Jetzt wollen wir einmal das Stück normal aufführen, als Theateroperette, so wie es geschrieben und gemeint war.“

Straus war also von der Experimentierlust in Berlin – die übrigens zum ersten Male erprobt hatte, was später zur Selbstverständlichkeit wurde, die Abkehr von der Guckkasten-Bühne! – nicht mehr so begeistert wie vor seiner Übersiedlung an die Spree. Aber die „Törichte Jungfrau“ erreichte auch im Wiener Apollo-Theater trotz der konventionellen Inszenierung – als Komiker brillierte dabei übrigens Hermann Thimig – nicht mehr als die an dieser Varieté-Bühne übliche Serie.

Trotzdem kehrte Oscar Straus nicht sofort wieder nach Berlin zurück. Es stand indessen fest, daß Fritzi Massary nun doch die Hauptrolle in seiner nächsten Operette spielen werde. Die Librettisten hatten diesmal exakt nach den Wünschen der Diva gearbeitet und ihr nach der Pompadour eine andere historische Persönlichkeit nach ihrem höchst persönlichen Geschmack aufbereitet: die Ägypterin Cleopatra. Und selbstverständlich mußte auch eine Rolle für den Gatten der Massary, den berühmt-berüchtigten Improvisator Max Pallenberg geschrieben werden, damit dieser auftreten und – aufsagen konnte, was ihm gerade einfiel. Die Frage war nur: Sollte dieses Stück, das schließlich den Titel „Die Perlen der Cleopatra“ erhalten hatte, in Wien oder doch lieber in Berlin uraufgeführt werden? Den Ausschlag gab schließlich die Überlegung, daß die katastrophale Inflation, die in Deutschland unüberbietbare Rekorde erreicht hatte, in Österreich früher überwunden werden konnte als im Nachbarland. So kam es nach einigen Querelen, welche Wiener Bühne nun die Ehre einer Massary-Premiere erhalten sollte, zur Uraufführung der Operette „Die Perlen der Cleopatra“, Text von Brammer und Grünwald, am 17. November 1923 im Theater an der Wien. Was die Anhänger und die Propagandisten der Diva herbeigesehnt, die Operettenfreunde jedoch befürchtet hatten, traf pünktlich ein: Der Premierenabend wurde (bzw. entartete) zum Massary-Rummel. Noch vor den Kritikern erhielten die Gesellschafts-Reporter in den Ausgaben der Morgenzeitungen das Wort. Das las sich so:

„Die Bevölkerung drängt sich vor dem Tor des Theaters an der Wien, um die Leute zu sehen, die aus den Autos aussteigen. Wer will behaupten, daß sich die Wiener Menschheit seit den Zeiten der seligen Praterfahrten geändert hat? Es wird immer Leute geben, die Theater spielen, die sich zeigen wollen, und andere, die sich drängen und vom Wachmann anschreien lassen, weil es ihnen ein Genuß ist, jenen anderen die Folie der Zuschauerschaft abzugeben. So rollt Auto um Auto heran und es entsteigen den Wagen prachtvoll bepelzte Damen und Herren in Frackmänteln, alle mit mehr oder weniger Erfolg bemüht, darzustellen, sie wären immer wundervoll angezogen vor einer staunenden Menge aus Autos gestiegen.

In den Parterrelogen sitzen nur Generaldirektoren; die Gattinnen tragen Chinchilla- und Breitschwanzmäntel. In den Balkonlogen haben Direktoren Platz genommen; ihre Gattinnen tragen Hermelinmäntel. Im Parterre sind ausschließlich Operettenkomponisten untergebracht: Sie füllen den Raum vollkommen aus. Die Galerie ist umgestaltet; dort befindet sich eine dunkle, homogene Masse – es handelt sich aber nicht um ‚Publikum‘, sondern diese Masse repräsentiert die neueste Erfindung auf dem Gebiet der Applaudiertechnik, eine Präzisionsmaschine, die tadellos funktioniert.“

Die Kritiker begannen ihre – schon nicht mehr so ausführlichen – Berichte selbstverständlich mit Lobliedern auf die Massary:

„Die Massary ist eine Künstlerin, die nicht erlaubt, daß man einen Moment den Blick von ihr wende. Sie hat immer wieder einen Ton, eine Bewegung, eine Körperbiegung, einen Blick, ein Etwas, das gefangen nimmt. Jedesmal, wenn sie aus den Kulissen herauskommt, ist es überdies ein Toilettenfest . . ." – „Die Massary ist da! Was den Librettisten diesmal fehlt: Geist, Grazie, Anmut – alles ist in der unvergleichlichen Frau. Das Interesse haftet zuerst am Physischen: dem mittelgroßen Figürchen, dem eigenwilligen Gesicht, in dem die dunklen Augen wie Flammen brennen, an der wunderbaren schmalen und schlanken Hand, die mit den langen Fingern kostbare Arabesken in die Luft malt, an der Anmut und Sicherheit der energisch zusammengefaßten Bewegung. Sie ist eine femme-chat und hat deren Geschmeidigkeit, deren herrische Anmut, den verhüllten Blick, der plötzlich sich groß und lachend öffnet, den bald spöttischen, bald kühlen, bald begehrlichen Klang einer dunklen Stimme, die Sinnlichkeit der Bewegung, Geist, Nerven, losgehende Energie. Sie ist eben ein Frauenelement . . ."

Einige Sätze in den Kritiken fielen auch für den Tenor Richard Tauber und die übrigen Mitwirkenden ab, und schließlich gab es ein verlegenes Lob für Max Pallenberg, der aus dem siegreichen Marc Anton des letzten Bildes einen skurrilen ‚Dritte-Akt-Komiker' machte und dessen beste Pointe ein – „Ägyptisches Fiakerlied" war. Von der Musik war in den meisten Rezensionen nur so zwischendurch die Rede. Immerhin wurde Oscar Straus bescheinigt, er habe zu dem Text: „Ja, so ein Frauenherz ist eine gold'ne Laute" eine hübsche zärtliche Melodie erfunden und sich bei dem Schlager „Anton, steck' den Degen ein" als witziger Musiker immer noch so glänzend bewährt, wie einst als Komponist beim „Überbrettl". Die Handlung wurde in allen Zeitungen nur mit hämischem Spott bedacht: Im ersten Akt muß der Römer Victorian eine in Wein aufgelöste Perle trinken, ehe der Vorhang die Ereignisse der Nacht verhüllt, im zweiten ein Prinz Beladonis, im dritten Akt aber – von Marc Anton bezwungen – Cleopatra selber. „Und da fällt dann der Vorhang besonders nachdrücklich und – viel zu spät", schloß ein Premierenbericht lakonisch.

Das zwiespältige Echo, das diese Operette bei Publikum und Presse fand, wurde natürlich in Berlin mit besonderer Aufmerksamkeit registriert. Das „Abendblatt“ ließ sich berichten:

„Infolge der traurigen Verhältnisse in Deutschland ist Berlin die Uraufführung der neuen Operette ‚Die Perlen der Cleopatra‘ von Oscar Straus mit Fritzi Massary und Max Pallenberg entgangen. Es war Glück im Unglück, denn die ‚Cleopatra‘ ist keine ‚Pompadour‘, und so war nach der seit Wochen durch großartige Reklame vorbereiteten Spannung die Premiere eine Enttäuschung. Hinreißend im Spiel war nur die Massary, die überdies durch fabelhafte Kostüme Sensation erregte.“

Die Aufführung gewann entschieden an Geschlossenheit und Wirkung, als Max Pallenberg aus dem Ensemble ausschied und Otto Treßler, der Bonvivant des Burgtheaters, als Gast die Rolle des Marc Anton spielte. Nun wurde wenigstens das Happy-End einigermaßen glaubhaft.

Trotz des halben Mißerfolgs begannen noch im Spätherbst 1923 die Verhandlungen, „Die Perlen der Cleopatra“ auch in Berlin auf die Bühne zu bringen: Das Theatervölkchen an der Spree wollte seine Massary wieder haben. Selbstverständlich verlangte die Diva Änderungen am Textbuch, und das wurde ihr auch ebenso selbstverständlich zugesagt. Oscar Straus freilich sah keine Ursache, seine Partitur zu ändern. Überdies hatte er das Unglück, sich im Jänner 1924 vor der Front des Heinrichshofes am Ring (gegenüber der Wiener Staatsoper) den Fuß zu brechen; er war wochenlang ans Bett gefesselt und konnte in die Verhandlungen nicht eingreifen.

Im März 1924 war es dann so weit. Da Deutschland wieder eine stabile Währung hatte, kehrte die Massary nach Berlin zurück, und zwar als Cleopatra. Doch nach ihrem Auftreten im Theater am Nollendorfplatz interessierte sich kaum jemand für das Stück. Das allgemeine Interesse galt einzig der Diva:

Perle Massary

Die Perlen der Cleopatra
sind endlich in Berlin auch da!
Und sollte jemand abergläubisch wähnen,
Perlen bedeuteten: Tränen –

er mag, nach einem Blick auf die Theaterkassen,
sich auf sein eigenes Urteil verlassen
und sich ein Bildchen davon machen
wie die Theaterdirektoren – lachen!!

In diesem Jubel für die Diva klang kaum eine Stimme der Anerkennung für den Komponisten der Operette mit. Übergangen wurde aber auch der Darsteller des Marc Anton – ein gewisser Hans Albers, der damals als Partner der Massary debütierte.

Natürlich arbeitete Oscar Straus auch weiterhin mit Fritzi Massary zusammen, aber der Komponist hatte sich der Diva doch nicht mehr so strikt unterzuordnen wie bei den „Perlen der Cleopatra". Zunächst übernahmen die beiden, als die Aufführungsserie in Berlin zu Ende war, mit diesem Werk ein gemeinsames Gastspiel in Deutschland und planten auch einen Abstecher in die Schweiz. Dann trennten sich abermals die Wege – und das hat gewiß beiden nicht geschadet.

Bei seinen Fahrten von Berlin nach Wien beziehungsweise zu den Gastspielen in Deutschland konnte Oscar Straus auch Familiäres mit einbeziehen. Sein Sohn Leo hatte im Wiener Theaterleben Fuß gefaßt. Komponieren freilich wollte und konnte er nicht, er hatte die Neigung seines Großvaters für das Kommerzielle mit auf den Lebensweg bekommen und bewährte sich als kaufmännischer Leiter und Direktor verschiedener Bühnen trotz der schwierigen wirtschaftlichen Probleme der Zwanzigerjahre, mit denen ja gerade die Theater überall in Europa zu kämpfen hatten. Sohn Erwin, den eine heimtückische Krankheit in Lebensgefahr gebracht hatte, war dank der sorgfältigen Pflege in einem Schweizer Sanatorium auf dem Wege der Genesung. Obwohl er seine volle Gesundheit zuletzt doch nicht wieder erlangen konnte, erfreute er seinen Vater damit, daß er sein Operettentextbuch, das man ihm ins Sanatorium zum Mitlesen geschickt hatte, kurzerhand vertonte. „Er hat schon Talent, der Junge", sagte Vater Straus stolz in einem Interview. Seine Tochter Kitty hatte indessen nach Dresden geheiratet und zeigte ihm während eines Gastspiels in der sächsischen Metropole stolz ihr Töchterchen. Die Kleine lachte ihn an: „O – o – o." Und der nun zum Großvater gewordene ergänzte ebenfalls lächelnd: „Nicht Opa, Inge: O s c a r . . ."

Neue Welten

Mit der Überwindung der Inflation sowohl in der Republik Österreich als auch in der Weimarer Republik schienen die letzten Folgen des Krieges ausgestanden zu sein. Weite Kreise der Bevölkerung waren zwar verarmt, aber zumindest die Jugend hätte auf festem Fundament für jenen Wohlstand in Frieden arbeiten können, von dem die Politiker in ihren Sonntagsreden so gern und volltönend sprachen. Um die Mitte der Zwanzigerjahre ging es auch tatsächlich aufwärts. Die Produktion der von der Last der Reparationen befreiten Industriebetriebe lief wieder auf hohen Touren, der weltweite Handel erfuhr die so lange entbehrte Belebung, es kam wieder Geld unter die Leute.

Aber die Friedensverträge waren immer noch und stets aufs neue Angriffsziele vor allem der Repräsentanten der radikalen Parteien in Deutschland, und die sozialen Spannungen im längst noch nicht konsolidierten Gefüge der Völker konnten durch den bescheidenen Wohlstand keineswegs abgebaut, geschweige denn beseitigt werden. Sowohl in der Weimarer Republik als auch in Österreich sammelten sich um die Parteien, die das vielfach gegliederte Lager der politischen Gruppen an seinen Rändern begrenzten, kampfbereite Verbände. Gewiß – diese Truppen hielten sich eine zeitlang gegenseitig in Schach. Aber von einem ‚inneren Frieden' konnten damals nicht einmal die Optimisten in Berlin, München oder Wien reden.

In dieser Lage hatten in den Metropolen an der Spree wie an der Donau die Unterhaltungstheater Hochkonjunktur. Wer es sich leisten konnte, wünschte sich so gut wie möglich zu unterhalten. Gefragt war sogar die Flucht in den ‚Nonsens', gar nicht selten wurden Lieder und Couplets zu Schlagern, deren Texte albern, ja provokant sinnlos waren: „Wer hat den Käse zum Bahnhof gerollt?", „Was macht der Mayer am Himalaya" oder „Das schöne Fräul'n Helen soll nicht mehr baden" begannen Texte, die noch als ‚gemäßigt' gelten konnten. Vor allem die zahlreichen Revuen, mit denen die Bühnen in Berlin, zeitweilig auch in Wien überschwemmt wurden, galten als sichere Trümpfe des Unterhaltungstheaters. Aber auch Operetten waren weiterhin gefragt, ja als sich die Mode der Revuen entwertete, weil jeweils die neueste ihre Vorgängerin mit noch gewagteren und kostspieligeren Attraktionen zu überbieten suchte, behielten die „amüsanten Kinder der leichten Muse", wie Oscar Straus seine damals geschaffenen Stücke später nannte, ihren Publikumswert.

Oscar Straus beharrte in dieser wirren Zeit unbeirrbar auf seinem Kurs. Er hielt sich vom bloßen Nonsens ebenso fern wie von der allzu betonten Sentimentalität mancher Sensationserfolge, wie sie etwa Franz Lehár mit seinen Werken „Der Zarewitsch" oder gar mit der Goethe-Operette „Friederike" damals beisteuerte. „Nichts gegen Lehár's Musik", sagte Straus im Freundeskreis, „aber im Operettentheater sollen die Leute nicht weinen." Und er suchte nach Stücken, mit denen man die Zuschauer und Zuhörer auf immer andere Weise und mit immer neuen Melodien auf kultivierte Art und Weise unterhalten konnte. Man konnte das Milieu wechseln, in dem sich die Bühnenfiguren bewegten, und man konnte Tanzrhythmen in die Partitur einbeziehen, wie sie damals aus Amerika auf den alten Kontinent herüberkamen. Grundsätzlich, meinte Straus, sei die Ära der Operette längst noch nicht zu Ende. Und er bewies diese Ansicht durch den Erfolg seiner Novitäten.

Rhythmen aus der neuen Welt paßten ausgezeichnet zur Handlung der Operette „Der Tanz um die Liebe", die mit der Musik von Oscar Straus die Saison 1924/1925 des Deutschen Künstlertheaters in Berlin eröffnete. Direktor Heinz Saltenburg – er war zusammen mit Leopold Jacobson auch als Librettist mit dem Werk verbunden – ließ eine sowohl amüsante als auch spannende Handlung vor der Kulisse New Yorks spielen: Eine türkische Tänzerin – voll emanzipiert, versteht sich! – wurde zugleich in eine Liebesgeschichte und eine Spionageaffäre verstrickt.

„Unter diesem Einfluß", stellte die ‚Berliner Zeitung' in ihrem Premierenbericht fest, „hat Oscar Straus seine Art verändert: aus dem Ton der Wiener Operette ist er hinübergestiegen zu der Nuance des berlinerisch-amerikanischen Vaudevilles. Die Arbeit in der Partitur ist wieder sehr fein. Schlager-Nummern im Neu-Berliner Geschmack liegen seiner Natur nicht – aber da ist ein Marsch im zweiten Akt und ein echt Straus'sches Duett: ‚Walzer, mein Walzer!'. Ich liebe an Straus seine Art zu tändeln und die Melodie laufen zu lassen, daß die Ironie im Leibe lacht."

Nach fünfzig ausverkauften Vorstellungen – ihre Stars waren die bildschöne Tänzerin Marta Serak, die spätere Filmschauspielerin Erika von Thellmann und der Berliner Groteskkomiker Paul Graetz – übersiedelte die Aufführung ins Neue Operettenhaus, das in dieser Saison zum Saltenburg-Konzern gehörte, und konnte sich dort eine weitere Serie lang behaupten.

Im Künstlertheater folgte Oscar Straus auf Oscar Straus. Diesmal spielte die Handlung des Werkes in Paris. Die in Berlin längst akkreditierten und viel beschäftigten Librettisten Rudolf Schanzer und Ernst Welisch holten für die Operette mit dem Titel „Riquette" ein amüsantes Personal auf die Bühne. Da gibt es einen Kavalier aus bestem Haus, der es auf die Tugend der Gattin eines Postministers abgesehen hat und ein Mädchen aus dem nächstbesten Postamt (damals gab es ja noch die Telephonfräuleins, die in einem Frondienst alle Gespräche der Teilnehmer zu vermitteln hatten!) dazu überredet, ihn auf der Reise in einen Badeort zu begleiten. Er will als Mann mit ‚gebundenen Händen' dort erscheinen, um dadurch erst recht freie Hand bei seinem erhofften amourösen Abenteuer mit der Frau Minister zu haben. Natürlich gibt es auch den ebenso albernen wie mißtrauischen Minister selbst und einen Bürodiener, den der Minister als albanischen Fürsten verkleidet, damit dieser seine Frau ‚unauffällig' überwachen kann. Eine Revuetänzerin tritt auf, die auf den ‚Albaner' und seinen sagenhaften Reichtum hineinfällt, und ein Preisboxer, dem dies gar nicht recht ist. Kurzum – für Kurzweil war gesorgt, und da die Titelpartie, das Postfräulein Riquette, von Käthe Dorsch gespielt wurde, stellte sich bei der Aufführung auch ein Facettenreichtum der Gefühle ein, daß dem Publikum gar nichts anderes übrig blieb, als begeistert zu sein. Die Dorsch erlebte das Schicksal der ‚Kleinen' aus dem Postamt und gestaltete es zugleich mit ihrer souveränen Kunst: sie war rührend, aufbegehrend gegenüber dem Minister, scheu und zärtlich bei ihrem Werben um die Liebe ihres Kavaliers, ausgelassen lustig in den parodistischen Tanzszenen und ergreifend schlicht beim Happy-End. Die Operette erzielte vom Premierenabend an, dem 17. Jänner 1925, einen Zuschauerrekord nach dem anderen. Auch als Käthe Dorsch von Rita Georg abgelöst werden mußte, hielt der Zustrom zu den Saltenburg-Bühnen an. „Riquette" konnte sehr rasch in zahlreichen Theatern Deutschlands – in einer englischen Version auch in London – gezeigt werden und wurde später in den Vereinigten Staaten nachgespielt. Ein Agent der „Shubert-Theatrical-Company" namens Arthur Hirsch nahm Straus unter Vertrag und stellte dem Komponisten in Aussicht, er werde in New York weitere Textbücher zur Vertonung vorgelegt erhalten.

Direktor Saltenburg ließ aber zunächst Oscar Straus nicht in die Vereinigten Staaten reisen. Er bereitete eine weitere ‚Massary-Operette' vor. Die Textdichter Rudolph Schanzer und Ernst Welisch hatten für die Künstlerin die Rolle einer Sängerin bei einer Schmierenbühne erfunden, die bei einem Gastspiel in Fréjus von einem aus der Emigration von Amerika nach Frankreich zurückkehrenden Grafen – er war vor den Schergen der Revolution des Jahres 1789 aus Paris geflüchtet – vom Fleck weg geheiratet wird. Doch nicht die Liebe bestimmt den Grafen Lavalette zu diesem Schritt, sondern die Angst: Noch galt ein Gesetz, daß jeder nach Frankreich, ins nachrevolutionäre Frankreich, zurückkehrende Aristokrat sofort hinzurichten sei, falls er sich nicht mit einem ‚Mädchen aus dem Volk' vermählt. Und die Sängerin Terese stammt sogar aus dem ‚fahrenden Volk'. Aber diese Überlegung ist unmittelbar nach der eiligen Eheschließung auch schon unwichtig geworden, denn eben kehrt Napoleon Bonaparte aus Ägypten auf das Festland zurück und jagt nach Paris, um dort die Macht an sich zu reißen. Graf Lavalette vergißt seine Frau und schließt sich dem Korsen an. Terese bleibt enttäuscht, aber nicht entmutigt zurück. Auch sie wird in Paris erscheinen, und zwar als umworbener Star. Im zweiten Akt ist es soweit. Als „Teresina" erobert die ‚Bürgerin Lavalette' die Metropole an der Seine, natürlich auch Napoleon und – seinen Adjutanten Lavalette! Es kommt, wie es kommen muß im Reich der Operette: Napoleon siegt einmal nicht, ja er verliert sogar den Grafen Lavalette, der übrigens erst zuletzt erfährt, daß er den Kaiser seiner eigenen Frau zuliebe verläßt.

Was für eine Rolle für eine Persönlichkeit wie die Massary! Die Autoren hatten zunächst daran gedacht, Leo Fall könnte bei diesem Stück seinen Erfolg mit der Operette „Die Pompadour“ wiederholen, auch die Künstlerin war für diesen Plan schon gewonnen, da lehnten Fall einerseits und Saltenburg andererseits ab. Der Komponist wollte erst einige andere Arbeiten abschließen und der Herr Direktor hatte insgeheim erfahren, daß Leo Fall möglicherweise nicht mehr in der Lage sein könnte, eine neue Operette zu vollenden. Der Arzt des Komponisten hatte Bedenken, die er freilich vor der Familie nicht preisgab. Er sollte recht behalten: Leo Fall starb am 16. September 1925. Die Frage, wer anstelle von Leo Fall das Libretto der geplanten Operette „Die Teresina“ vertonen sollte, war rasch entschieden: Es kam nur Oscar Straus in Frage.

Straus arbeitete prompt und mit allerbestem Gelingen. Im Sommer 1925 schrieb er in Ischl Seite um Seite der recht umfangreichen Partitur. Schwungvolle, exakt pointierte Chansons für die Massary – „Besuch mich mal in Korsika“ und „Teresina“ – wechselten mit sorgfältig ausgearbeiteten Ensembles. Mit sicherem Gespür für die Theatersphäre hatte er sich geweigert, die Rolle des Napoleon in die Partitur einzubeziehen, ein singender Feldherr und Kaiser wäre damals noch nicht vorstellbar gewesen. So wurde die Sprechrolle des Napoleon zu einem wirksamen Kontrast.

Den Hauptteil des Erfolges, den die Premiere am 11. September 1925 erzielte, konnte natürlich die Massary für sich in Anspruch nehmen, aber auch die Musik Oscar Straus’ wurde diesmal bereitwillig anerkannt. Das „Deutsche Künstlertheater“ hatte inmitten der schwierigen, turbulenten Berliner Situation für lange Zeit ausgesorgt. Fritzi Massary hätte jahrelang als Teresina auf Gastspielreise gehen können. Doch die Künstlerin hielt auffällig Maß, sie wollte mit ihren Kräften möglichst haushalten. Sogar ein Auftreten als Teresina in Wien lehnte sie ab. Schließlich hatte sie auch nichts dagegen, daß in Berlin Grete Freund ihre Rolle übernahm.

Straus reiste nach Wien, um „Teresina“ in seiner Heimatstadt günstig zu plazieren. Aber der gefinkelte Agent Miksa Preger hatte sich vorsorglich die Aufführungsrechte des Wer-

Das Pariser „Teresina“-Ensemble rund um Oscar Straus

kes gesichert, ehe das Stück noch fertiggestellt worden war. Das Theater an der Wien wäre bereit gewesen, „Teresina“ in seinem Produktionsplan einzuschieben, doch Preger stellte unerfüllbare Bedingungen. Er hoffte auf die Massary, auch noch zu einer Zeit, als in Berlin bereits Grete Freund spielte. Straus kehrte also an die Spree zurück, um dort die hundertste Vorstellung zu dirigieren, und fuhr dann nach Zürich, wo Direktor Herbert Trau am 26. Dezember im Casino-Theater das Werk mit der berühmten Wiener Diva Mizzi Günther auf die Bühne brachte. Straus dirigierte die Premiere und anschließend etwa zwanzig der insgesamt mehr als sechzig Vorstellungen. Damit wurde der Boden für Straus in einer Stadt bereitet, die in der Folge noch eine wichtige Rolle für den Komponisten spielen sollte. Während der Gespräche in Wien hatte Straus übrigens mit Direktor Hubert Marischka vereinbart, daß die beiden alten Freunde versuchen wollten, die nächste Massary-Operette gemeinsam zu verfassen, um nicht abermals einem allzu geschäftstüchtigen Agenten ausgeliefert zu sein.

Miksa Preger hatte mit seinem Beharren auf dem Aufführungsrecht für „Teresina" kein Glück. Da er sich mit dem Theater an der Wien nicht einigen wollte, mußte er das Werk zuletzt auf eigene Rechnung im Varieté Ronacher herausbringen und die gewiß tüchtige, aber für die Rolle der Teresina, die gleichsam eine ‚ganze Frau' erforderte, doch nicht ausreichende Soubrette Louise Kartousch als Star akzeptieren. Die Operette schien auch unter diesen recht ungünstigen Bedingungen erfolgreich anzulaufen, da erkrankte kurz nach der Premiere im März 1926 die Kartousch. Diesen Ausfall konnte die Direktion Preger nicht wettmachen und brach schließlich zusammen. Es war schon ein Kunststück, mit „Teresina" einen Konkurs zu produzieren, aber der allzu ehrgeizige Miksa schaffte es eben doch! Und es war noch nicht einmal sein letzter Streich. Er sicherte sich in Budapest die Rechte auf die Werke des noch nicht arrivierten Paul Abraham und wirkte noch eine Zeitlang als dessen Agent. Und zwar – wie zu berichten sein wird – auch zum Nachteil einer Operette von Oscar Straus. Erst zwei noch gerisseneren und skrupelloseren Theatermanagern, den in Berlin residierenden Brüdern Rotter, unterlag Preger schließlich. Aber da war bei breiten Schichten der Bevölkerung in den Zentren an Spree und Donau das Theatergeschäft bereits in Verruf gekommen.

Oscar Straus spürte als einer der ersten, daß nun auch der Bretterboden der Operettenbühnen gleichsam unter den Füßen aller Akteure, Schauspieler wie Librettisten, Direktoren wie Komponisten, schwankend wurde, und zwar vor allem in Berlin und in Wien. Die Schauspieler hatten sich längst dem neuen Medium zugewandt, das nach der allmählichen Überwindung zahlreicher Kinderkrankheiten nicht nur das Bedürfnis von Millionen Menschen nach Unterhaltung befriedigen konnte, sondern nun auch bereits für künstlerische Unternehmungen tauglich geworden war: dem Film. In den Kinos wurden nicht nur die primitiven Tragödien und Klamaukszenen mit ihrer Holzhammerkomik gezeigt, sondern auch anspruchsvolle Schicksalsdramen und kultivierte Lustspiele.

Oscar Straus erlebte die Freude, daß ein Berliner Produzent eine eigens für die Kinos ausgearbeitete Fassung seiner Operette „Der Walzertraum" herstellte. Noch hatten die Techniker das Problem nicht gelöst, mit dem Bild zugleich auch den Ton für die Aufführungen der Filme zur Verfügung zu stellen, und so mußten die Komponisten (z. B. auch Richard Strauss für seinen etwa gleichzeitigen „Rosenkavalier"-Film) eine eigene Partitur für die Kinoorchester schreiben oder schreiben lassen. Natürlich steuerte auch Oscar Straus eine praktikable Version seiner Walzertraum-Musik bei. In dieser Form erzielte der Film nach seiner Berliner Uraufführung im Dezember 1926, der Straus selbstverständlich beiwohnte, einen grandiosen Erfolg.

Und gerade dieser Erfolg der Filmversion des „Walzertraums" ermutigte Direktor Heinz Saltenburg, in seinem Berliner Künstlertheater die ursprüngliche Operette wieder auf die Bühne zu bringen. Mit besonderer Begeisterung ging Käthe Dorsch auf diesen Plan ein, war es doch die Rolle der Franzi in der Operette „Ein Walzertraum" gewesen, die dereinst die eifrige Handelsschülerin Käthe aus dem fränkischen Nürnberg dazu verleitet hatte, zum Theater zu gehen und dafür in Kauf zu nehmen, als Statistin anfangen und beim Chor mitsingen zu müssen. Nun erfüllte sich ihr Jugendtraum: Sie stand als wienerische Geigerin neben dem Sänger Hans Heinz Bollmann, den Komikern Hans Wassmann und Hans Albers (!) und der drastischen Soubrette Rosa Valetti auf der Bühne des Künstlertheaters und ‚räumte ab'. Am Premierenabend, dem 3. April 1926, jubelte das Publikum vor allem ihr zu, aber auch Straus, der seine Operette mit derselben Frische dirigierte wie dereinst die Uraufführung im Wiener Carltheater, wurde stürmisch gefeiert.

Nun hatte er endlich Zeit, der Einladung in die Vereinigten Staaten zu folgen. Mitte Mai fuhr er an Bord des Dampfers „Berlin" nach New York. „Ich kann Ihnen sehr wenig verraten, was ich hier tun werde", erklärte Straus nach seiner Ankunft einem Reporter der New Yorker „Staats-Zeitung": „Die Amerikareise ist für mich selbst eine Überraschung gewesen. Shuberts haben mich eingeladen – und hier bin ich. In meinem Vertrag steht, daß ich hier die Erstaufführungen meiner Operetten „Riquette" und „Teresina" dirigieren und zwei neue Bühnenwerke komponieren soll, und zwar nach Büchern amerikanischer Librettisten. Das ist aber auch schon alles, was ich weiß. Ich weiß noch nicht, wie lange ich hier bleiben werde, es mögen drei Wochen oder drei Monate sein . . ."

Nun, der erste Aufenthalt des Komponisten in der Neuen Welt verkürzte sich schließlich auf knapp 14 Tage. Von den angeblich spruchreifen Projekten amerikanischer Operetten mit europäischer Musik kam keines zustande. Um eine Erfahrung reicher kehrte Straus nach Europa zurück. Aber er wußte, so sagte der Komponist beim Abschied, er werde die Vereinigten Staaten nicht für alle Zukunft verlassen, sie seien schließlich das ‚Land der unbegrenzten Möglichkeiten' und er werde zur Stelle sein, wenn man ihm die richtigen Aufgaben zur rechten Zeit übertrage. Der sechsundfünfzigjährige Straus fühlte sich jung genug, um auf seine Chance in der Neuen Welt zu warten.

In Europa wurde seine Heimkehr schon mit Sehnsucht erwartet: Hubert Marischka, der Direktor des Theaters an der Wien, hatte zusammen mit dem als Komponist wie als Textdichter gleich begabten Bruno Granichstaedten das im Herbst 1925 mit Oscar Straus besprochene Textbuch für eine neue Massary-Operette fertiggestellt. Marischka hatte es nicht durchsetzen können, daß die Massary die Uraufführung des Werkes in seinem Theater akzeptierte, die Diva bestand darauf, daß das für sie geschriebene Stück in Berlin zum ersten Mal aufgeführt werden müsse. Und diesmal hatte auch ihr Mann, Max Pallenberg, darin eine Rolle erhalten! Nicht gerade mit Begeisterung, aber eben doch, akzeptierten die Autoren und der Komponist die Bedingungen, aber nur für Berlin! Marischka bereitete sofort eine eigenständige Produktion des Werkes in Wien vor, und zwar mit einer Besetzung, die jener in Berlin zumindest ebenbürtig war.

In der Saison 1927/1928 kam es dann zur Doppelpremiere der Marischka-Granichstaedten-Strausschen Operette, mit dem Titel „Die Königin". Das Stück berichtet vom Schicksal der Regentin eines Balkanstaates, die ihren Thron bereits an eine Gruppe von Rebellen verloren hat und nun in der Schweiz im Exil lebt. Ausgerechnet dorthin ziehen sich die Rebellen nach einer internationalen Konferenz zurück, um ihren Auftritt vor dem Forum der Welt, dem „Völkerbund“, zu feiern. Die Ex-Königin sorgt nun dafür, daß der Anführer ihrer Thronräuber in eine ‚verfängliche Situation‘ verwickelt wird. Schon ist ihr Held bereit zurückzutreten und ihr den Weg zur Wiederkehr auf den Thron zu ebnen, da erklärt sie sich als besiegt, – um als Frau des Präsidenten erst recht zu herrschen. Das wäre wohl eine Rolle für die Massary gewesen: die Frau, die dank ihrer Persönlichkeit und dank der Macht des ‚ewig Weiblichen‘ zuletzt doch triumphiert. Aber die Handlung war derart unglaubwürdig, daß auch eine Massary das Publikum nicht zu überzeugen vermochte. Und ihre Partner, selbst Pallenberg, ließen die Diva bei der Berliner Aufführung im Stich. Keiner der Schauspieler des Künstlertheaters konnte jene operettengerechte Balkansphäre glaubhaft machen, in der eine solche Handlung vielleicht doch vorstellbar geworden wäre. Solche Typen hatte Saltenburg nicht in seinem Ensemble. So verschwand „Die Königin“ bald wieder von seiner Bühne. Der Komponist aber nahm die Ouvertüre zu seiner für dieses Stück wohl zu anspruchsvollen Musik künftig in viele seiner Konzertprogramme auf, sie ist ‚bester Straus‘.

In voller Lebensgröße

In Wien lief alles viel besser. Am 4. Februar 1927 hatte „Die Königin“ im Theater an der Wien Premiere. Die Trägerin der Titelrolle, Betty Fischer, war keineswegs auf sich allein gestellt: Direktor Hubert Marischka war in der dankbaren Partie des Rebellen ein ausgezeichneter Partner, als Soubrette fegte die anmutige und zugleich temperamentvolle Lizzi Holzschuh über die Bretter, für die Komikerrolle stand Richard Waldemar zur Verfügung und für den kauzigen Hüttenwirt im dritten Akt konnte Hans Moser aufgeboten werden. Bei diesen Künstlern kam sowohl der Balkancharakter der Operette als auch der elegante Schliff der klugen Dialoge und Szenen ausgezeichnet zur Geltung. In Wien wurde also ein voller Erfolg, was in Berlin als ‚Durchfall mit Applaus‘ bezeichnet worden war. Der Komponist hat sich artig dafür bedankt, indem er seine Partitur Lilian Marischka, der Gattin des Direktors widmete.

Die Musik von Oscar Straus wurde in seiner Heimatstadt verständnisvoller bewertet. Der kluge Schriftsteller und Rezensent Ernst Decsey rühmte dem Komponisten nach, er „beherrsche die Heiterkeitsmusik souverän: gelenkig, leicht, witzig. Keine geblähte Polyphonie, keine Opernschmerzen. Das Orchester, nie dick, halt auf moderner Linie“. Und im „Neuen Wiener Journal“ konnte der Komponist lesen: „Hier hat man einmal Oscar Straus in voller Lebensgröße vor sich: den Mann, der sich vom Überbrettl über den Walzertraum zur dezenten Jazzmusik hinübergeschwungen hat. Ein Bänkellied, eine parodistische Volkshymne, ein wirklicher Wiener Walzer und über allem: Charleston und Blues geben hier ein Bild von der konsequenten Entwicklung eines reichen Musikerlebens.“

Oscar Straus konnte den Wiener Triumph diesmal nicht genießen, er mußte sich in einer Wiener Klinik einer schweren Operation unterziehen. Obwohl der Eingriff ohne Komplikation verlief, sah sich Straus außerstande, bei der Vorbereitung der Aufführung der „Riquette“, die erst jetzt auf der Bühne des Raimundtheaters erschien, mitzuwirken. Auch als das Johann-Strauß-Theater den Oscar-Straus-Rummel dazu benützte, eine Festvorstellung der Operette „Ein Walzertraum“ zu arrangieren – es war angeblich die eintausendste Aufführung des Werkes in Wien –, mußte Straus sich schonen: Er konnte sich zwar zusammen mit den Librettisten verneigen, nahm aber Blumen und Kränze ins Sanatorium mit.

Im Mai hatte Straus ebenfalls in Paris zu sein: Direktor Herbert Trau vom Cosmostheater Zürich gastierte mit einem Wiener Ensemble in der französischen Metropole und führte bei dieser Operettenstagione „Ein Walzertraum“ auf. Da durf-

1927 im Johann-Strauß-Theater: Feier der tausendsten Aufführung der Erfolgsoperette „Walzertraum“

te Straus natürlich nicht fehlen. Er trat am Pult des Theaters des Champs-Elysées für sein Werk selbst ein und wurde auch stürmisch gefeiert. Natürlich sah er sich, wenn er schon in Paris war, auch in anderen Theatern um. Dabei stieß er auf eine Produktion, für die Sascha Guitry als Autor und als Direktor verantwortlich war: ein Singspiel rund um Wolfgang Amadeus Mozart, in dem die Gattin Guitrys, Yvonne Printemps, als zwanzigjähriger Mozart auftrat und durch ihren persönlichen Charme und ihre aparte Darstellungsweise dem nicht eben mitreißenden Stück zu einem großen Erfolg verhalf. Man müßte, meinte Oscar nach der Aufführung, mit Guitry in Kontakt kommen, vor allem aber mit der rassigen Yvonne. Das freilich ging wieder nur über den alternden, aber immer noch vitalen Guitry.

Die Gelegenheit zu diesem Kontakt ergab sich bei einem Empfang in der österreichischen Botschaft, zu der das Ehepaar Guitry und das Ehepaar Straus eingeladen waren. Man kam zwanglos ins Gespräch, Oscar lobte das Mozart-Stück und natürlich die Mozart-Darstellerin, Guitry schwärmte vom „Walzertraum“ und vom „Tapferen Soldaten“. Als man sich in den Morgenstunden trennte, hatte Guitry dem Wiener Komponisten ein Libretto versprochen und zugleich die Zusicherung gegeben, es werde sich um ein Stück handeln, in dem sich sowohl für ihn als auch für seine Frau dankbare Aufgaben finden würden und das er selbstverständlich an seinem Theater mit allem erdenklichen Glanz herausbringen werde.

Bald darauf erhielt Straus das Textbuch mit dem Titel „Mariette ou comment en écrit l’histoire“. Es handelte sich um ein Lustspiel, das der Musik zwar nicht allzuviel Platz einräumte, aber doch den Charakter eines altfranzösischen Vaudevilles erhalten konnte. Erst viel später erfuhr Straus, daß Guitry ein Stück aus seinem Vorrat herausgesucht hatte, das er bereits viel früher für Sarah Bernard konzipiert und das er nun lediglich – allerdings geschickt – modernisiert hatte.

Wieder war Napoleon der Held des Spieles, diesmal allerdings Napoleon III. Dieser wird – noch als Prinz Louis – Zeuge der Aufführung eines Wandertheaters in Amiens und verliebt sich dabei in die Actrice Mlle. Mariette Fleury. Sofort nach der Vorstellung lädt er das Mädchen zu einem Souper ein, um ihr Herz zu erobern. Schon ist von der Hochzeit die Rede, da muß sich der stürmische Liebhaber als Staatsmann zu erkennen geben, den die Pflicht nach Paris ruft: die Anhänger des Hauses Bonaparte haben einen Staatsstreich angezettelt und den Prinzen Louis zunächst einmal zum Präsidenten der Republik ausgerufen. Schon will der Prinz entsagen, da ermutigt ihn Mariette Fleury selbst, ‚den Weg des Ruhmes' zu gehen. – Die Geschichte hat auch noch ein amüsantes Nachspiel: an ihrem 100. Geburtstag verlobt Mariette ihre Nichte mit einem Journalisten, der ihrem Prinzen aus dem Jahre 1851 täuschend ähnlich sieht. Und nun erzählt sie den beiden ihre Geschichte, nicht historisch getreu, sondern so, wie man sie eben im Zeitalter des Films und des Radios erleben wollte, sogar modernste Tanzeinlagen, Jahrgang 1929, finden darin Platz.

Oscar Straus akzeptierte lächelnd das Libretto: Er konnte sich, wenn er die Musik dazu schrieb, sogleich als stilsicherer Meister der kleinen Formen beweisen. Und später einmal, wenn nicht mehr der Schauspieler Guitry, der nie in seinem Leben gesungen hatte und es auch diesmal unter keinen Umständen auch nur versuchen wollte, den Napoleon III. verkörperte, konnte er die Partitur ja erweitern. Guitry selbst war davon überzeugt, daß Napoleon III. eine Gesangspartie werden müsse, um das Werk einheitlicher gestalten zu können. Für sich selbst aber bestand er darauf: „Ich muß meiner Mariette meine innige Liebe mit den Worten gestehen, wie meine Lippen sie aus den Impulsen meines Herzens formen." Und der Effekt gab Guitry schließlich recht.

So wichtig erschienen dem Autor das Stück und sein Auftreten darin, daß er im letzten Bild auch die Rolle des Journalisten verkörperte. Dadurch entstand natürlich eine besonders aparte Pointe, denn seine junge Frau mußte auf Greisin, er aber als Jüngling zurechtgemacht werden, keine leichten Aufgaben für Schminkmeister und Maskenbildner. Die boshaften Franzosen meinten dazu, ‚Väterchen Sascha' habe sich das angetan, um seine schöne Yvonne nicht allein zu lassen – beim Schlußbeifall, und überhaupt . . .

Oscar Straus nahm noch in Paris die Komposition der im Libretto verlangten Musik in Angriff. Zwar hatte er schon in Wien mit der Arbeit an zwei Operetten begonnen, von denen die eine für Berlin, die andere für eine Wiener Bühne bestimmt waren. Aber er stellte diese Projekte gern zurück, denn indessen (exakt: am 13. Mai 1927) hatte es an den deutschen Börsen erschreckende Kurseinbrüche bis zu 80 % gegeben; sie signalisierten, daß die Situation der Wirtschaft zumindest in der Weimarer Republik schwierig bis katastrophal geworden war. Die Krise der Weltwirtschaft warf ihre langen Schatten voraus. Da war es wohl ratsam, nicht mehr ausschließlich für die Theater im krisengeschüttelten Berlin und im chronisch finanzschwachen Wien zu arbeiten, sondern den Aktionsradius möglichst zu erweitern. In Zürich hatte Straus bereits Fuß gefaßt, jetzt mußte Paris als neue Basis dazugewonnen werden. Die Premiere der „Comédie musicale in 4 Acten“ von Sascha Guitry, Musik von Oscar Straus: „Mariette ou comment on écrit l'histoire“ am 1. Oktober 1928 im Theater Edouard VII. in Paris stellte alle Akteure zufrieden: Guitry triumphierte als Librettist und als Darsteller, Yvonne Printemps wurde mit Beifall überschüttet und stand während des Schlußapplauses in einem Blumengarten, Oscar Straus zwang sein zumeist mürrisch und verschlossen wirkendes Gesicht zu einem breiten Lächeln, als er sich zwischen Guitry und dessen Gattin verneigte, – und das Publikum war erst recht zufrieden, es hätte sich am liebsten zumindest den Schlußakt wiederholen lassen. Gewiß hatte Straus schon mit seinem „Walzertraum“ in Paris Aufsehen erregt, aber erst die Premiere eines französischen Stückes machte ihn auch in Paris und damit in Frankreich populär.

Natürlich wohnten auch die Direktoren der maßgebenden Berliner und Wiener Bühnen dieser Premiere bei. Hubert Marischka sicherte sich sofort alle Rechte für das Theater an der Wien, für Berlin aber machten diesmal die Brüder Rotter das Rennen. Es mochte Straus gefallen oder nicht, die beiden Theater-Industriellen, die einen Konzern unterschiedlicher Bühnen in verschiedenen Städten Deutschlands beherrschten, konnten alle Konkurrenten überbieten. Sie waren einfach die skrupellosesten in einer Schar mit manchmal aberwitzigen Spekulationen agierender Unternehmer. Auch ein Manager aus London war nach Paris gekommen, und er war dann der erste, der „Mariette“ in Originalgestalt mit Yvonne und Sascha Guitry in England zeigen konnte. Für Berlin und erst recht natürlich für Wien, wo sich Direktor Marischka schon auf die Darstellung Napoleons III. freute, mußte das Stück umgearbeitet, vor allem um etliche Gesangsnummern erweitert werden.

„Mariette ou comment on écrit l'histoire", Paris 1928. Sascha Guitry und Ivonne Printemps

Das brauchte Zeit, und so konnte das Johann-Strauß-Theater in Wien jene Operette herausbringen, die Oscar Straus schon vor „Mariette" begonnen, dann aber nur nebenbei fertiggestellt hatte. Das Stück hieß „Hochzeit in Hollywood" und ging am 21. Dezember 1928 zum ersten Male über die Bühne. Es war ein klug ausgedachtes Spiel, das sich die

Librettisten Leopold Jacobson und Bruno Hardt-Warden für Oscar Straus hatten einfallen lassen, seine Handlung verband exakt Vergangenheit und Zukunft und war sorgfältig auf die Eigenart des Komponisten abgestimmt:

Das erste Bild „Es war einmal“ spielt um 1910 in der Garderobe eines Hoftheaters, auf dessen Bühne soeben die Operette „Ein Walzertraum“ gezeigt wird. Die Sängerin hat eine Liaison mit dem Erbprinzen, aber die Familie erzwingt den Verzicht der Liebenden auf eine gemeinsame Zukunft. So hat die Künstlerin in der Garderobe genau dieselbe Abschiedsszene zu spielen, die sie nachher auf der Bühne darzustellen hat. – Im zweiten Bild ist aus der Sängerin des Hoftheaters ein Filmstar geworden. Sie sucht bei einem Impressario in New York einen Partner für eine Liebesszene, die sie allerdings nicht in einem Film, sondern in ihrem Privatleben zu spielen gedenkt. Ein Jugendfreund aus Europa soll an ihrer Seite erscheinen, um sie vor einem einflußreichen und mächtigen Mann abzuschirmen, dessen lästiges Werben, so denkt die Künstlerin, ein Ende finden muß, wenn der Jugendfreund – zum Schein – auf seine älteren Rechte pocht. Natürlich findet sie ihren Prinzen, dem sie entsagen mußte und der nun, verarmt, einen Job als Komparse sucht. – Im dritten Bild hat der ‚Komparse‘ seine Rolle als verliebter Jugendfreund zu spielen, um 500 Dollar pro Stunde. Mühsam bewahrt der Prinz Haltung. – Im vierten Bild, einer Szene in den Ateliers von Hollywood, rückt der abermals als Statist engagierte Prinz zum Partner der Sängerin auf. Gedreht wird eine Filmversion des „Walzertraums“ – aber diesmal gibt es im Leben ein Happy-End.

Oscar Straus nützte alle Chancen, die ihm dieses Libretto bot, mit souveränem Können und ungebrochener Vitalität zu einer ganzen Serie von Schlagern aus. Vor allem das Duett: „Wenn im Schönbrunnerpark die blonden Mäderln geh’n“ wurde zu einem der erfolgreichsten und meistgesungenen Wienerlieder der Zwanzigerjahre. Aber auch der Walzer „Märchen der Liebe“, der für die wienerische Sphäre zu sorgen hatte, wurde bejubelt, und zwar ebenso wie die ‚amerikanischen Nummern‘, wie etwa „Alle Ladies, alle Mädis“ und „Auf der Leinwand, nur in Hollywood“. Das Stück lief und lief vor jeweils ausverkauftem Haus, es trotzte der Krise im Wiener Leben und sorgte für eine ganze Reihe von Stimmen aus dem

Lager der Bundesregierung wie auch der Stadtverwaltung, die es bedauerten, daß Österreich, daß Wien Oscar Straus nicht in den Mauern seiner Heimatstadt hätten halten können. Noch dachte Straus nicht daran, wieder in Österreich seßhaft zu werden, er pendelte mit ungebrochenem Elan zwischen Wien, Berlin, Paris und Zürich hin und her und unternahm sogar, zum ersten Mal seit seinem Frondienst als Theaterkapellmeister, eine Tournee als Konzertdirigent, und zwar nach Spanien.

Vor allem aber stellte Oscar Straus nun die neue Fassung seiner „Marietta" fertig. In Berlin war der Opernsänger Michael Bohnen für die Rolle Napoleons III. ausersehen worden, ein überaus vitaler Künstler, dessen ‚erzhaltiger Baßbariton' in den Opernhäusern Begeisterungsstürme auslöste. Daß er eine ganze Reihe effektvoller Gesangsnummern erhalten mußte, verstand sich von selbst. Für die Titelrolle aber war Käthe Dorsch verpflichtet worden, und das bedeutete, daß auch der Part der Marietta umzuarbeiten war. Es stellte sich heraus, daß es am besten war, einen weiteren Librettisten zu engagieren und ihn zu ersuchen, die als notwendig erkannten Ergänzungen vorzunehmen, ja überhaupt aus dem Vaudeville eine Operette zu machen. Alfred Grünwald stellte sich für diese Aufgabe zur Verfügung und löste sie auch mit großem Geschick. Allerdings mußte er sehr rasch feststellen, daß es mit einer Berliner Version von „Marietta" nicht getan war, denn für Wien und Direktor Hubert Marischka, der stolz auf seine kraftvolle Tenorstimme und seinen Coupletvortrag war, mußten wieder andere Texte verfaßt werden. Grünwald löste auch diese Aufgabe, und Straus fügte sich schließlich darein, „Marietta" dreimal zu komponieren.

Die Berliner Erstaufführung im September 1929 hielt nicht ganz, was sich sowohl die Brüder Rotter als auch die Autoren versprochen hatten. Michael Bohnen erwies sich als Fehlbesetzung, Charme ließ sich nicht durch auftrumpfende Vitalität ersetzen. Und für die feinen, eleganten Strausmelodien war sein mächtiges Organ nicht schmiegsam genug, Pointen lassen sich nicht im Fortissimo präsentieren. Käthe Dorsch freilich meisterte auch diese Rolle, vor allem als Hundertjährige riß sie mit jugendlichem Feuer das Publikum zu Jubelstürmen hin. Den großen Erfolg, den die Brüder Rotter notwendig gebraucht hätten, um ihr längst nur noch durch gigantische Schwindelmanöver finanziertes Imperium zu sanieren, brachte „Marietta“ nicht.

Am 24. Oktober 1929 war es zu einer Panik an der New Yorker Aktienbörse gekommen. Damit war die seit langem drohende Weltwirtschaftskrise Realität geworden. Noch hoffte man in Deutschland, ihre Folgen würden von Europa ferngehalten werden können. Aber niemand wagte auch nur zu prophezeien, daß dies tatsächlich gelingen könne. Die Zahl der Menschen, die keine Arbeit hatten und auch keine finden konnten, wurde immer größer und nahm alsbald in beängstigendem Tempo zu. Die Theaterdirektoren in Deutschland mußten die Eintrittspreise senken. Sie taten dies, indem sie gewissen Bevölkerungsgruppen Karten zu ermäßigten Preisen anboten: „Alle Radiohörer zahlen heute die Hälfte“ hieß es zum Beispiel in Inseraten der Rotter-Bühnen. Radiohörer war freilich jeder, der Ruin der Unternehmungen war also programmiert.

Immerhin behauptete sich „Marietta“ in Berlin so lange auf dem Spielplan, daß die Operette – um Platz für die nächste Lehár-Premiere („Das Land des Lächelns“) zu schaffen – auch noch im ebenfalls zum Rotter-Konzern gehörenden „Theater des Westens“ eine Zeitlang gegeben werden konnte. Insgesamt freilich war es bei der Präsentation dieses Stückes ebenso zugegangen wie vordem bereits bei der „Königin“: In Wien gelang die Darstellung besser als in Berlin. Direktor Hubert Marischka sorgte für eine großzügige Ausstattung, engagierte die aparte und kluge Sängerin Rita Georg für die Titelrolle und das Burgtheatermitglied Otto Treßler als wichtigsten Partner; für die Einstudierung waren Max Schönherr und Anton Paulik aufgeboten. Beruhigt bereitete sich Straus auf die Reise nach Wien vor.

Auf dem Weg von der Spree an die Donau war noch ein kleiner, aber höchst nützlicher Umweg einzuplanen. Denn auch die zweite Operette, an der Straus zu arbeiten begonnen hatte, bevor er sich mit Sascha Guitry verbündete, war indessen so nebenbei fertig geworden. Sie war ursprünglich für Berlin bestimmt gewesen; aber auch den erfolgreichen Librettisten des Stückes, Rudolf Schanzer und Ernst Welisch, war es angesichts der wirren und turbulenten Vorgänge auf der Theaterszene in der unruhigen Metropole an der Spree nicht gelungen, die Operette bei einer der ständig wechselnden, kurzlebigen Direktionen unterzubringen. Da war die Leitung des Deutschen Theaters in Prag eingesprungen. Ihr war es eine Ehre, die Welt-Uraufführung einer Oscar-Straus-Operette herauszubringen. Glücklich über diese Entwicklung war aber auch der Komponist: Je mehr Bühnen in verschiedenen Städten und verschiedenen Ländern sich für seine Werke einsetzten, desto weniger war er von einer einzigen Metropole und der dort gerade herrschenden politischen und wirtschaftlichen Situationen abhängig. Und Prag war damals auch neben Paris und Zürich durchaus attraktiv. Die Operette, die am 19. Oktober 1929 im Neuen Deutschen Theater in Prag zum ersten Mal über die Bühne ging, spielte in England und bot unter dem Titel „Die erste Beste“ eine ebenso amüsante wie skurrile Handlung:

Lord Potter of O'Connor macht sich das Vergnügen, die Nachricht von seinem Hinscheiden verbreiten zu lassen, um die ‚lachenden Erben‘ bei ihrem allzu eilfertigen Streben, in den Besitz der Erbschaft zu kommen, beobachten zu können. Richtig geht es sehr hektisch zu im Hause des Totgeglaubten, und Lord Potter muß eiligst ‚auferstehen‘. Um seiner Verwandtschaft jede Hoffnung zu nehmen, eines Tages würde sie ja doch in den Besitz seiner Verlassenschaft kommen, beschließt er, die „Erste Beste“ zu heiraten. Ein Mädel aus der Nachbarschaft läuft ihm über den Weg; ‚ein Lord hält Wort‘, – und schon stehen die beiden vor dem Traualtar. Ein doppelter Lernprozeß füllt die nächsten Szenen aus: das Mädel vom Lande muß zur Lady erzogen und der Lord für die Liebe begeistert werden. Beides gelingt, und dem fröhlichen Leben in Zweisamkeit steht nichts mehr im Wege.

Die Rezensenten der Prager Zeitungen registrierten nach der Premiere, die Straus natürlich selbst dirigiert hatte, bereitwillig den Erfolg der Aufführung, konnten sich aber nicht versagen, auf den Umstand hinzuweisen, daß nicht alles neu war, was die Librettisten dem Publikum in diesem Stück vorführten. Diesen Eindruck dürfte auch der Komponist gehabt haben, denn er war in seiner Partitur besonders sparsam mit neuen Melodien. Doch war wie immer sehr geschickt aufbereitet und mit souveränem Können dargeboten, was ihm für diese Operette eingefallen war. Es reichte für eine gute Nachrede, aber ihren Weg zu anderen Theatern trat die „Erste Beste“ nur

Hubert Marischka als Napoleon III. in der Wiener Fassung von „Marietta“, Theater an der Wien 1929

zögernd an, erschien bloß auf einigen kleineren Bühnen und resignierte schließlich in den Archiven.

Umso größer aber war der Triumph der „Marietta“ im Theater an der Wien. Direktor Hubert Marischka hatte den Einfall gehabt, die Erstaufführung mit der Feier des fünfundzwanzigjährigen Künstlerjubiläums des Komponisten zu verbinden. (Er rechnete offenbar erst ab der Uraufführung der „Lustigen Nibelungen“, ließ also weder den Komponisten der frühen Opern und Konzertstücke noch den Meister des

Überbrettls gelten!) Die Berliner hatten zwar Marischkas Idee aufgegriffen und ihre „Marietta"-Premiere ebenfalls mit einem Künstlerjubiläum verbunden, aber die Sache hatte dort nicht recht gedeihen wollen. Nun zeigte Marischka, wie man nicht nur Operetten, sondern auch Feste zu arrangieren hatte: er bettete die Erstaufführung in eine Reihe von Straus-Aufführungen ein und sorgte dafür, daß sich der Rummel an vielen anderen Orten Wiens fortsetzte. Es gab Empfänge in den Nobelhotels, einen großen Ball und selbstverständlich auch ein Rendezvous draußen in der Vorstadt, beim ‚Heurigen'. Im Mittelpunkt stand der Festabend im Theater an der Wien, und der Erfolg der „Marietta"-Vorstellung am 25. Oktober 1929 stand hinter jenem der Pariser Premiere mit Sascha Guitry und Yvonne Printemps nicht zurück. Hubert Marischka erntete auch einen persönlichen Triumph als Napoleon, und das Lied, das Straus für ihn komponiert hatte, „Frauen, ihr macht uns das Leben schön", wurde zum Schlager der Saison. Marischka ließ auch eine ‚Adresse' ins Programmheft drucken:

„Mein lieber Oscar Straus!

Es drängt mich, Dir zu sagen, wie glücklich ich mich schätze, Dein Jubiläum in meinem Hause, in unserem lieben alten Theater an der Wien feierlich begehen zu können. Ich hoffe, daß es mir gelungen ist, alle meine Liebe und Verehrung für Dich und Dein geniales Schaffen in der Aufführung Deiner Jubiläumsoperette „Marietta" zum Ausdruck zu bringen."

Oscar Straus revanchierte sich, indem er die Partitur des Werkes, genauer gesagt: der ‚Wiener Fassung', wieder Marischkas Gattin Lilian, geborene Karczag, zueignete. Es war auch veranlaßt worden, daß Oscar Straus zu diesem Jubiläum für eine offizielle Ehrung durch sein Heimatland vorgeschlagen wurde. Und tatsächlich verlieh ihm das Staatsoberhaupt das goldene Ehrenzeichen der Republik Österreich. Die Auszeichnung sollte dem Komponisten anläßlich der 50. Aufführung von „Marietta" im Theater an der Wien überreicht werden. Aber an diesem Tage war Straus nicht mehr in Wien – eine Einladung aus Hollywood hatte ihn erreicht, und er hatte keinen Augenblick gezögert, ihr Folge zu leisten. Als Straus geehrt werden sollte, befand sich das Ehepaar bereits auf hoher See.

Für den Neunundfünfzigjährigen sollte eine neue Karriere beginnen – als Komponist für den Tonfilm. Schon im Jahre

1927 hatte man das Problem, gleichzeitig Bild und Ton zu reproduzieren, so weit gelöst, daß in dem Film „Jazz-Singer" der Music-Hall-Star Al Jonson seinen Song „Sunny boy" vortragen und die sentimentale Melodie zum ersten Weltschlager des neuen Mediums machen konnte. Aber gerade durch den Erfolg dieses Liedes wurde die Frage, welchen Platz die Musik in den Tonfilmen erhalten sollte, auf eine Weise beantwortet, die in die Irre führen mußte. Oscar Straus selbst hat das in einem Interview treffend beschrieben:

„Am meisten haben dem musikalischen Tonfilm die Songschreiber geschadet. Man glaubte, mit einigen zugkräftigen Schlagerliedern den Erfolg eines Tonfilms zu sichern. Diese Schlager wirkten aber in den Filmen als aufgeklebt und unorganisch, das Publikum bekam sie rasch satt und lehnte sie ab. Da beging man nun den zweiten Fehler. Man glaubte, die Musik sei es, die dem Tonfilm schade, und schaltete sie einfach aus. Aber auch diese Methode schlug fehl. Nun gilt es, die endgültige Lösung für das Problem Musik im Tonfilm zu finden."

Das also war Oscar Straus' Aufgabe in Hollywood. Nicht nur die Manager der großen Filmgesellschaften der USA trauten ihm, dem international anerkannten Fachmann, die Lösung zu, sondern auch seine Konkurrenten, die amerikanischen Komponisten. Sie schickten ihm eine Botschaft entgegen, in der sie ihn als Repräsentanten Europas und als besten Garanten für die künftige Zusammenarbeit zwischen der alten und der neuen Welt begrüßten. – In bester Laune und voller Erwartung kommender Dinge ging Oscar Straus am 14. Jänner 1930 in New York an Land.

Fehlstart und glückliche Landung

Selbstverständlich gab es in New York noch am ersten Abend ein Presse-Gespräch – die Abteilung „Propaganda und Öffentlichkeitsarbeit“ wußte, was sie dem Gast aus Europa schuldig war. Auf die Hauptfrage der Reporter: „Was werden Sie in Amerika machen, Mister Straus?“, wußte der Befragte freilich nur zu antworten:„Mr. Schlesinger in Europa hat mir einen Vertrag vorgelegt, demzufolge ich eine bestimmte Zeit für die Firma Warner Brothers in Hollywood tätig zu sein habe. Ich werde sehen, was zu tun ist.“ Die Reporter gaben sich damit zufrieden. Kaum einer in der Schar wußte auch nur so ungefähr, mit wem er es zu tun hatte. Das zeigten die Fragen: „Wann haben Sie den Walzer ‚An der schönen blauen Donau‘ komponiert – waren Sie damals verliebt?“ oder „Warum wird in Ihrer Oper ‚Der Rosenkavalier‘ eine silberne Blume überreicht und keine goldene?“ Noch trug es Oscar Straus mit Fassung, wieder einmal und diesmal beharrlich und penetrant mit dem Walzerkönig Johann Strauß und dem Opernkomponisten Richard Strauss verwechselt zu werden. Geduldig versuchte er, die Reporter zu informieren. Aber er gab es bald auf. Schließlich galt das Hauptinteresse der Journalisten dem Hündchen, das Clara Straus auf ihrem Schoß hielt, und auf keinem der Photos, die anderentags veröffentlicht wurden, durfte „Spitz“ fehlen.

Es traf sich gut, daß auf einer New Yorker Bühne wieder einmal „Chocolate Soldier“ gespielt wurde, da ließ sich eine Festvorstellung für den Komponisten arrangieren. Und dabei kam es zum wertvollsten Erlebnis der Reise: zur Begegnung zwischen Oscar Straus und George Gershwin. Der junge Amerikaner, längst weltberühmt durch seine Operetten, Revuen und mitreißenden Tanzweisen sowie durch die „Rhapsody in Blue“ und den „Amerikaner in Paris“, stellte sich dem Europäer als ‚Bewunderer und Schüler‘ vor, sagte aber gleich freimütig und lachend, daß es ihm trotz aller Bemühungen nicht gelungen sei, einen Walzer zu schreiben. Straus bekannte daraufhin ebenso aufrichtig, ihm gehe es mit der Jazzmusik nicht anders, gerade das aber sei ja das Richtige: Jeder Musiker solle seine eigene Persönlichkeit entfalten und seinen Teil zur ‚Weltmusik' beitragen. Vor allem die Arbeit für den Tonfilm, wie er sie nun vorhabe, werde es ermöglichen, Kompositionen zu schreiben, die in der ganzen Welt gehört und auch verstanden würden. Gershwin stimmte zu, und schon nach kurzer Zeit wurden der Europäer und der Amerikaner Freunde.

Straus dirigierte in New York noch ein Konzert für die Rundfunkgesellschaft NBC, auf dessen Programm Teile seiner alten und daher auch in Amerika berühmten Operetten wie „Walzertraum" und „Der tapfere Soldat" sowie Ausschnitte aus den neuen Arbeiten, wie „Die Königin" und „Hochzeit in Hollywood", standen, dann reiste er nach Hollywood weiter.

Dort wiederholten sich die Oscar Straus bereits bekannten Abläufe: Es gab einen großartigen Empfang, ein Treffen mit zahllosen Reportern und die genau gleichen Fragen nach „Walzertraum", „Donauwalzer" und „Rosenkavalier". Und am nächsten Tag neue Bilder mit „Spitz". Für den Abend war eine Party angesagt, zu der ‚ganz Hollywood' eingeladen war, zumindest alle Stars, die gerade in den Studios der verschiedenen Firmen beschäftigt waren, und natürlich alle aus Österreich oder Deutschland stammenden Künstler. Da saß der Wiener Komponist Erich Wolfgang Korngold neben der Amerikanerin Gloria Swanson, die Polin Pola Negri neben dem einstigen Episodendarsteller der Berliner Reinhardt-Bühnen Ernst Lubitsch, die Sängerin Jeanette Macdonald neben dem Komiker und Stummfilmstar Buster Keaton. Es wurde ein glanzvoller Abend. Jeanette Macdonald sang: „My Hero" aus „Chocolate Soldier", Lubitsch „Die Musik kommt", Straus begleitete und improvisierte am Flügel. Der Champagner floß in Strömen und Marlene Dietrich ließ sich dazu hinreißen, Straus und alle Freunde für einen der nächsten Abende in ihre Villa zu selbstgemachtem Gulasch einzuladen. Daß Straus in Reisekleidung gekommen war, während die übrigen Gäste in Galatoilette paradierten, störte keinen, die Koffer des Ehepaares waren eben noch nicht angekommen. Aber am darauffolgenden Tag machte ein Photo die Runde: Oscar Straus – der Mann mit dem schäbigsten Anzug von Hollywood.

New York 1930: Harry Warner, Oscar Straus, John Philip Sousa und George Gershwin (v. l. n. r.)

Als sich Oscar Straus in den Studios des Konzerns „Warner Brothers" einfand, war die Leitung des Unternehmens vollzählig zur Begrüßung zur Stelle. Die Brüder Warner versicherten, wie stolz sie darauf seien, daß er ihrer Einladung gefolgt sei, übergaben ihn der Obhut eines eigens für ihn engagierten Privatsekretärs und ließen ihm sein Büro zeigen. Es war mit erlesenem Luxus eingerichtet, mit den neuesten technischen Geräten der Radio-, Schallplatten- und Filmindustrie ausgerüstet und feenhaft beleuchtet. Ein weiterer Assistent und eine Sekretärin erwarteten, wie sie sagten, des ‚Maestros Befehle'. Als Straus alles gesehen hatte und die Studios wieder verließ, stellte sich ihm auch noch ein Privatchauffeur vor, der ihm für die Dauer seines Aufenthaltes in Hollywood zur Verfügung stand. Von allem war die Rede gewesen, nur nicht von der Arbeit, die Straus zu leisten hätte.

Und dabei blieb es. Straus erschien tagtäglich zur festgesetzten Zeit in seinem Büro, begrüßte seine Sekretärin und seinen Assistenten, las dann die Journale aus Amerika und aus den Zentren Europas, die man für ihn bereitgelegt hatte, und wartete, was denn nun geschehen werde. Es geschah nichts, gar nichts. Gelegentlich wurde aus dem Chefbüro des Konzerns angerufen, dann fragte eine höfliche Stimme, wie es dem Herrn Straus (nebst Frau und „Spitz") gehe und ob vielleicht Wünsche zu erfüllen wären. Von einer Arbeit war nicht die Rede, und die Vorstellungen, die Straus von der Gestaltung eines Musikfilms hatte, interessierten niemand. Offenbar wußte man selbst nicht, was man wollen sollte, – und tat daher gar nichts. Das war ebenso erstaunlich wie ärgerlich, denn indessen hatte man in Berlin die erste Tonfilmoperette fertiggestellt, sie hatte den Titel „Zwei Herzen im Dreivierteltakt", und die Musik stammte von Robert Stolz.

Dieser erste Versuch war gleich so gut gelungen, daß der Film beispielgebend für die ganze Gattung und damit auch für Hollywood vorbildlich wurde. Indessen saß Oscar Straus untätig und mit zunehmender Verdrossenheit in seinem luxuriösen Büro, das er immer mehr als ein Gefängnis betrachtete, in dem ihn sein Vertrag festhielt. Irgendwann war die Rede von einem Film „The Danube Love", und Straus schrieb sofort einige Stücke, die man eventuell darin verwenden könnte. Und irgendwann kam dieser Film auch in die Kinos der Vereinigten Staaten, aber da hieß er „Adam und Eva", und die Musik spielte darin keine Rolle.

Oscar Straus verhandelte, zunächst insgeheim, dann ganz offen mit den anderen Filmkonzernen Hollywoods. Es half ihm, daß ihn der Leiter der vielbeachteten und stets ausverkauften Konzerte im Konzertarreal „Hollywood Pool", Alfred Hertz, einlud, in einer seiner Veranstaltungen einige Werke zu dirigieren. Oscar Straus wählte Musik aus „Walzertraum",

In Hollywood vorerst ohne konkrete Aufträge, aber fleißig beim Komponieren

„Chocolate Soldier" und „Die Königin" sowie als Abschluß den Walzer „An der schönen blauen Donau" von Johann Strauß. Das Auftreten des Wieners, das erste dieser Art in Hollywood, wurde zu einem sensationellen Erfolg. Straus wurde – wie im Jahre 1872 Johann Strauß in Boston – umjubelt, mußte Wiederholungen und Zugaben dirigieren. Wirkungsvoller hätte er sich nicht in Erinnerung rufen können.

Tatsächlich kam ein Vertrag zwischen der Firma „Metro Goldwyn Mayer" und Oscar Straus zustande. Die Firma plante einen Film mit der Sängerin Grace Moore, die sich in der Rolle und mit dem Repertoire der Schwedin Jenny Lind, einer der ersten internationalen Stars der Opernbühne, die sowohl in der alten wie in der neuen Welt populär gewesen war, zu produzieren wünschte. Grace Moore sang in diesem Film Arien aus Bellinis Oper „Norma“ in italienischer Sprache, Donizettis „Regimentstochter“ auf französisch, das Volkslied „Letzte Rose“, das Flotow in seiner Oper „Martha“ verwendet hatte, in der englischen Originalfassung und zuletzt ein „amerikanisches Lied“ mit dem Text „I Hear Your Voice“, – und dieses Lied hatte Oscar Straus zu komponieren. Er schrieb es in wenigen Stunden und hatte seinen ersten Filmschlager komponiert, der freilich nur in Amerika zu hören war.

Diesmal wollte Oscar Straus selbst für neue Aufgaben sorgen. Er schlug daher der Direktion der Filmgesellschaft „Metro Goldwyn Mayer“ die Verwendung der in Amerika kaum bekannt gewordenen Novelle „Spiel im Morgengrauen“ von Arthur Schnitzler vor. Das Projekt wurde akzeptiert. Rasch wurde ein Skript mit dem Titel „Daybreak“ hergestellt, auch ein Star wurde in der Person von Ramon Novarro gefunden, aber als Straus seine Musik, eine Walzerszene, ablieferte, wurde ihm erklärt, man habe sich entschlossen, bei diesem Film auf die Musik überhaupt zu verzichten; seine Komposition werde aber – gesungen von dem grandiosen Sänger Lawrence Tibbett – in dem Film „The Southerner“ zu hören sein. Straus hat nie geleugnet, daß er von dieser Eigenmächtigkeit der Firma wenig begeistert war.

In dieser Situation erreichte den Komponisten ein Telegramm aus Wien: Direktor Marischka hatte das Textbuch zu einer Operette mit dem Titel „Der Bauerngeneral“ erworben, deren Hauptrolle er unbedingt spielen wollte. Nun hatte sich zwar Emmerich Kálmán den Autoren Gustav Beer und Julius Brammer gegenüber bereit erklärt, das Libretto zu vertonen, aber als sie nach einiger Zeit nachfragten, wie weit er denn mit der Komposition sei, gab es nicht einmal noch Skizzen. Marischka wünschte die Uraufführung am 1. März 1931 im Theater an der Wien. Bis dahin konnte – und wollte! – Kálmán nicht fertig sein. Daraufhin hatte Marischka nach Hollywood telegraphiert und Straus anschließend gleich das Libretto geschickt. Schon um den Praktiken der amerikanischen Manager zu entkommen, hatte Straus ohne nähere Prüfung des Textes den Vorschlag Marischkas sofort akzeptiert und auch gleich mit der Arbeit begonnen.

Rendezvous in New York: der Tenor Giovanni Martinelli, Giulio Gatti-Casazza, der Direktor der Metropolitan-Oper, Maria Jeritza, Professor Albert Einstein und Oscar Straus

Indessen war aber auch Ernst Lubitsch auf die Situation Straus' in Hollywood aufmerksam geworden. Er sah seine Chance: Da der französische Sänger und Schauspieler Maurice Chevalier den ersten „Musikfilm" in den Vereinigten Staaten – auch Europa lernte das Werk unter dem Namen „Liebesparade" kennen – zum Erfolg geführt hatte, schlug er eine Filmfassung der Operette „Der Walzertraum" mit Maurice Chevalier als Prinzgemahl vor. Oscar Straus befand sich bereits auf der Rückreise in New York, als er von diesem Projekt, das die Firma „Paramount" realisieren wollte, durch Lubitsch selbst erfuhr. Er stimmte selbstverständlich begeistert zu, unterschrieb einen für ihn sehr günstigen Vertrag und begann sofort mit der Umarbeitung und Ergänzung der Partitur. Der Titel, den die Firma vorschlug, „The Smiling Lieutenant" gefiel ihm zwar weniger, aber wenn Chevalier lächelte, dann konnte nichts schiefgehen. Millionen Frauen auf der Welt würden allein schon um dieses Lächelns willen in die Kinos kommen.

Während in Wien Direktor Marischka immer ungeduldiger auf die Heimkehr ‚seines' Komponisten wartete, saß Oscar Straus in New York und schrieb mit unbeirrbarer Gelassenheit sowohl eine Riesenpartitur für die Operette „Der Bauerngeneral" als auch die Filmmusik für „The Smiling Lieutenant". Ungeduldig aber wartete Straus auf das Eintreffen von Maurice Chevalier: Der Komponist hätte sich gern mit dem Chansonnier unterhalten, um die für Chevalier bestimmten Lieder exakt nach dessen Eigenart schreiben zu können, wie er es bei Fritzi Massary gehalten hatte. Aber Straus kam schließlich auch ohne diesen Kontakt zurecht und traf genau den richtigen Tonfall. Als der Tag gekommen war, an dem das Ehepaar Straus an Bord des Dampfers „Bremen" unbedingt nach Europa zurückreisen mußte, war die Musik für den Film „The Smiling Lieutenant" fertiggestellt. Ernst Lubitsch konnte mit den Dreharbeiten beginnen. Für die weiblichen Hauptrollen hatte er Claudette Colbert und Mariam Hopkins engagiert, für eine eventuelle deutsche Fassung war Walter Slezak in Aussicht genommen. An einem Erfolg war nicht zu zweifeln.

An Bord der „Bremen" nahm Oscar Straus das Libretto der Operette „Der Bauerngeneral" noch einmal zur Hand, um an seiner Musik weiter zu feilen. Und nun erkannte er sofort, was ihm in Hollywood entgangen war, weil er es wahrscheinlich nicht hatte bemerken wollen: Dieses Stück konnte kein Erfolg werden. Emmerich Kálmán hatte sehr wohl gewußt, warum er daran keine Note verschwendete! Nun mußte Straus eben sehen, wie er – weil er ja seinen Freund Marischka nicht im Stich lassen wollte – das Beste aus der Sache machen konnte. Aber auch dazu kam Straus nicht, denn auf der „Bremen" fuhr auch der berühmte Dirigent Arturo Toscanini nach Europa. Nach einer Begegnung im Speisesaal zogen sich die beiden in Toscaninis Kabine zurück; sie plauderten den ganzen Nachmittag, setzten ihr Gespräch am nächsten Morgen fort, trafen sich abermals am Nachmittag, und so ging es fort bis zur Landung in Europa. Toscanini wußte jetzt alles über Berlin und Paris, über

Johann Strauß und den Wiener Walzer, Straus war über Giacomo Puccini und Claude Debussy, die Scala in Mailand und die Metropolitan Opera New York bestens informiert. Auf den „Bauerngeneral" hatte er vergessen.

Hubert Marischka war es nicht verborgen geblieben, daß Oscar Straus inzwischen die Schwächen des Textbuches für die von ihm favorisierte Operette entdeckt hatte und am liebsten die Arbeit im letzten Moment zurückgelegt hätte. Er inszenierte also – gleichsam als Vorspiel – einen Galaempfang in der Bahnhofshalle, als das Ehepaar Straus in Wien eintraf. Das gesamte Ensemble des Theaters an der Wien, Chor, Orchester, Ballett und Techniker eingeschlossen, waren angetreten, die Reporter und Photographen der österreichischen Zeitungen waren ebenfalls vollständig zur Stelle. Das Orchester intonierte einen Begrüßungsmarsch, Marischka hielt eine Ansprache, Blumen wurden überreicht, Sekt floß in Strömen. Den Journalisten erzählte Marischka, wie Straus und er in unzähligen Telephonaten zwischen Hollywood bzw. New York und Wien alle Einzelheiten der bevorstehenden Premiere festgelegt hatten und mit welcher Begeisterung nun die letzten Details ausgearbeitet würden. Prompt erschienen am nächsten Tag ausführliche Berichte über Straus' Heimkehr und die neue Sensationsoperette des Theaters an der Wien. Die Fragen nach seinen Erfolgen in Amerika hatte Straus allerdings mit dem Hinweis auf seine Ermüdung nach der langen Reise abgewehrt; darüber werde er in einer eigenen Pressekonferenz reden. Natürlich entdeckten auch in Wien die Reporter das Hündchen an der Leine der Gattin Clara und texteten: „Oscar Straus, der Amerika-Heimkehrer, hat einen Chow-Chow mitgebracht." Lakonisch meinte Straus: „Wozu bin ich heimgekehrt, das hätte ich auch in Amerika haben können."

Aber bei der Pressekonferenz, die einige Tage später in einem Wiener Hotel stattfand, hörten die Reporter – im Gegensatz zu Amerika – bei seinen sehr sorgfältigen Berichten über die Lage der Filmindustrie in Hollywood im allgemeinen, die Chancen des Musikfilms und seine eigenen Arbeiten im besonderen aufmerksam zu. Straus hob zuerst seine Begegnung mit George Gershwin hervor:

„Ich war Gast in seinem Hause. Bis halb zwei Uhr morgens tauschten wir am Klavier Melodien aus und plauderten unentwegt über Musik. Gershwins Musik ist natürlich nicht die meine, aber wir verstanden uns ausgezeichnet und ich glaube, darin liegt ein Symbol und eine Voraussage für die Zukunft. Die typische Musik der alten und der neuen Welt wird eines Tages beweisen, daß sie viel gemeinsam hat. Die gegenseitige Beeinflussung hat bereits begonnen. Ich sehe eine ungeahnte Zukunft für diese Art von Musik in einem Augenblick, da die Synchronisation von Bild und Ton auf der Lichtspielbühne klaglos bewältigt ist. Dann öffnen sich für die Musik die Tore eines Reiches, das die ganze Welt umfaßt. Von den palastartigen Kinotheatern in New York, London und Paris bis zu den kleinsten Kinos in Asien, Mexiko und an der Goldküste von Afrika wird diese neue packende Kunstform zu sehen und zu hören sein. Die Tatsache wird von größter Bedeutung für die Menschheit sein. Musik spricht international an, sie bedient sich einer Sprache, die keiner Übersetzung bedarf, und was sie vermittelt, ist Schönheit, ist Harmonie, die von jedem Menschenherzen aufgenommen wird."

Vielleicht hat mancher Reporter diese optimistischen Sätze, die Oscar Straus an die Spitze seines Amerikaberichtes stellte, mit einiger Skepsis aufgenommen, denn die täglichen Meldungen über die sich rasch ausbreitende Weltwirtschaftskrise ließen wenig Raum für derlei Visionen. Die Ansichten des Komponisten, der indessen in aller Stille seinen 60. Geburtstag gefeiert hatte, wurden dennoch getreulich in den Zeitungen wiedergegeben. Auch das Projekt, in der „Metropolitan Opera" in New York die Operette „Der letzte Walzer" mit Maria Jeritza in der Massary-Rolle zu spielen, wurde vermerkt und für Anekdoten aus Hollywood fand sich ebenfalls ein Plätzchen.

Eine dieser Geschichten berichtete von dem vielbeschäftigten Filmkomiker der Stummfilmzeit, Buster Keaton. Er hatte nun viel Zeit, und so betätigte er sich als Erfinder. Er arbeitete an der Konstruktion einer Alarmanlage zur Sicherung parkender Autos. Wenn jemand den Wagen zu stehlen versuchte, sollte eine Alarmsirene ertönen. Nun – dieses Problem ist später gelöst worden, aber nicht von Buster Keaton. So viel dieser auch probierte, es klappte nicht, die Sirene ertönte stets im falschen Augenblick. Keaton experimentierte unermüdlich. Oscar Straus, eine Zeitlang sein Nachbar, konnte daher selbstverständlich nicht arbeiten. Höflich ging er zu dem berühmten Komiker und fragte bescheiden: „Stört es Sie, mein Bester, wenn ich während Ihrer Experimente Klavier spiele?“ „Aber nein, Mister Straus“, sagte Keaton todernst, „selbstverständlich nicht.“ Und tutete weiter.

Während Straus lächelnd von diesem und noch einigen weiteren Vorfällen in Hollywood berichtete, hatte er seinen Ärger über seine Erlebnisse in der amerikanischen Filmmetropole längst überwunden. Doch bald gab es auch in Wien Probleme. Diesmal war es ein Stück mit der Musik von Paul Abraham, „Viktoria und ihr Husar“, das die Bühne des Theaters an der Wien blockierte und die Uraufführung der Operette „Der Bauerngeneral“ zu verzögern drohte. Die Abendeinnahmen waren im Februar und Anfang März noch so hoch, daß Direktor Marischka die Aufführungsserie nicht unterbrechen durfte, ohne gegen seinen Vertrag mit dem Verleger Paul Marton und dem Agenten Miksa Preger zu verstoßen. Erst Ende März konnte die Straus-Novität auf den Spielplan gesetzt werden. Und da konnte der Komponist gerade noch am 27. März 1931 die Premiere dirigieren, denn er hatte bereits die Koffer gepackt und fuhr am nächsten Morgen eiligst nach Bremen. Von dort schickte er ein Telegramm, in dem er allen Mitwirkenden für ihre hervorragenden Leistungen und Direktor Marischka überdies noch für die splendide Ausstattung dankte: „Die Wiener Operette wird weiterhin führend bleiben“, hieß es abschließend, „solange es ein Theater an der Wien und einen Marischka gibt.“

Aber auch Hubert Marischka und sein prächtiges Ensemble, dem Betty Fischer, Rita Georg, Fritz Imhoff und der flotte Tänzer Fritz Steiner angehörten, konnte gegen das wirre Textbuch nichts ausrichten: Die Operette „Der Bauerngeneral“ brachte es im Theater an der Wien nur auf etwa fünfzig Vorstellungen. Die geplanten Aufführungen in den Vereinigten Staaten kamen nicht zustande. Diese ‚story‘ konnte man den Amerikanern nicht zumuten:

In Rußland ist soeben das Zarenregime gestürzt worden, Kerenski hat vorübergehend die Macht an sich gebracht. Eine Massenflucht aus der Metropole St. Petersburg setzt ein. Unter den Abreisenden ist auch eine Opernsängerin, sie führt in ihrem Gepäck eine Krone aus dem Thronschatz mit sich, die nach

Paris gebracht werden soll. Die Zollbeamten entdecken das Kleinod und nehmen die Künstlerin fest. Aber ein General, der Zeuge des Vorfalles wird (und ein heimlicher Verehrer der Schönen ist), rettet die Sängerin vor dem drohenden Todesurteil, indem er erklärt, diese Krone sei nur ein Theaterrequisit. Die Künstlerin reist ab, zurück bleibt ein verheißungsvoller Dankbrief an den Retter. – Im zweiten Akt wird dann die Krone in Paris gestohlen, und zwar von dem General, der die Ausreise der Sängerin ermöglichte. Man hat ihm den Prozeß gemacht, und obwohl er, aus dem Bauernstand kommend, ein tüchtiger Revolutionsführer geworden war, ihm vorgeworfen, einen Zarenkult im Ausland ermöglicht zu haben, weil die Krone ins Ausland gebracht worden sei. Nun hat er die Krone wieder in seinem Besitz, doch bei einer neuerlichen Untersuchung ergibt sich zweifelsfrei, daß es sich doch um eine Theaterkrone handle. Verzweifelt muß der „Bauerngeneral“ ohne seine Beute abreisen. Aber in Rußland wird ihm dann doch nicht der Prozeß gemacht, denn indessen ist auch Kerenski gestürzt worden und die Bolschewiki haben keinerlei Interesse an der ganzen Geschichte. Er kehrt nach Paris zurück, und dem Herzensbündnis mit der Sängerin steht nichts mehr im Wege.

Oscar Straus hätte allen Grund gehabt, dieser Operette nachzutrauern, denn in seiner umfangreichen Partitur – auch Kapellmeister Oscar Jascha hatte ein wenig bei der Instrumentation geholfen – gab es einige Kostbarkeiten; zum Beispiel das Duett „Schenk mir Deinen Rosenmund“, den großen Walzer „Heut' bin ich mit dem Glück per du“ und das Tanzduett „Liebe, kleine Dorothé“. Es hatte bei der Premiere viel Beifall für die Musik gegeben, auch etliche Wiederholungen waren zu leisten gewesen, aber gegen den Unsinn des Librettos kam auch die schmissigste Musik nicht auf. Der Schauspieler und Sänger Hubert Marischka hatte sich von der ‚Bombenrolle‘ des Generals täuschen lassen, der Direktor mußte nun sehen, wie er die Kosten für die luxuriöse Ausstattung wieder hereinbekam.

Straus kümmerte das wenig. Er war glücklich, nach Amerika reisen und dort seine Filmarbeit fortsetzen zu können. Der Tonfilm – das war die Zukunft. Die wollte er nicht versäumen. Er war stolz darauf, daß sein Sohn Erwin, genannt Bibi, nach einigen Erfolgen als Bühnenkomponist nun ebenfalls den ersten Vertrag für einen Tonfilm in der Tasche hatte. Vielleicht

Mit Maurice Chevalier, dem Hauptdarsteller des amerikanischen Films „The Smiling Lieutenant", einer Version der Operette „Walzertraum"

war die Zeit der Operetten nun doch schon vorbei. In New York kam Oscar Straus gerade zu den letzten Arbeiten an dem Film „The Smiling Lieutenant" zurecht und konnte sich bei der Uraufführung am 22. Mai 1931 neben dem Star Maurice Chevalier, dessen Partnerinnen Colbert und Hopkins sowie dem Regisseur Ernst Lubitsch verneigen. Der Erfolg dieser amerikanischen Filmversion der Operette „Ein Walzertraum" übertraf noch die ohnedies hohen Erwartungen; auch die Chansons, die Straus eigens für diese Version komponiert hatte, gefielen und wurden rasch zu Schlagern. Straus konnte mit Befriedigung feststellen: Nun habe ich auch die Musik zu einer idealen Tonfilmoperette beigesteuert!

Bei der europäischen Uraufführung in Berlin wagten die Veranstalter ein interessantes Experiment: Sie postierten im Kino ein Orchester und ließen der Aufführung des Films die

Operettenouvertüre unter Leitung des populären Kapellmeisters Schmidt-Bölke vorangehen. Es war verblüffend, wie gut die Originalmusik zur Filmversion paßte. Nun gab es also auch den international anerkannten Filmkomponisten Oscar Straus. Der Weg nach Amerika, der zuerst ein Irrweg zu sein schien, hatte sich doch gelohnt.

Schon warteten neue Aufträge. Auch in einem vitalen Kulturleben ist ja nichts ‚erfolgreicher als der Erfolg'. Straus sollte auch für den nächsten Chevalier-Lubitsch-Film „One Hour With You" der Paramount-Gesellschaft die Musik schreiben und stimmte bereitwillig zu. Indessen hatte sich aber in Europa Bedrohliches zugetragen. Gerade als Straus nach der Uraufführung der Operette „Der Bauerngeneral" in Amerika eintraf, hatte es an der Spree in Berlin einen scheinbaren Aufschwung gegeben, schon glaubten die Politiker der Weimarer Republik, die Wirtschaftskrise könne doch abgewendet werden, da brach am 13. Juli eine Großbank zusammen: Das Haus Donat mußte die Zahlungen einstellen. Andere Geldinstitute wurden in den Strudel gezogen und fallierten ebenfalls. Prompt wuchs das Heer der Arbeitslosen in Deutschland um Hunderttausende, es kam zu einer Radikalisierung der politischen Auseinandersetzung zwischen den Parteien, von der vor allem die National-Sozialistische Deutsche Arbeiter-Partei (NSDAP) profitierte: Nach den Wahlen im Juli 1932 zogen die deutschen Faschisten mit 32 Abgeordneten in den Reichstag ein. An einen Machtwechsel, der den ‚Führer' der NSDAP Adolf Hitler und seinen Berliner Gauleiter Joseph Goebbels an die Spitze der Regierung bzw. der Berliner Verwaltung bringen mußte, glaubte zwar ernstlich noch niemand, aber die innenpolitische Lage in Deutschland war noch unsicherer geworden.

Im August 1931 griff die Krise auf Holland über, auch die „Amstel-Bank" in Amsterdam mußte ihre Zahlungen einstellen. Dieser Zusammenbruch traf eine ganze Reihe führender Bühnenkünstler und Filmschauspieler, zum Beispiel das Ehepaar Fritzi Massary – Max Pallenberg. Und das wieder veranlaßte die Massary, die sich bereits von den Operetten- und Revuebühnen zurückgezogen hatte und als Schauspielerin – und zwar durchaus erfolgreich – aufgetreten war, doch wieder nach einer ‚Massary-Operette' zu suchen, denn nur als Operettenstar konnte sie hoffen, durch die bei einem Bühnenerfolg möglichen hohen Einkünfte den Verlust wettzumachen. Fritzi Massary wandte sich also an den Librettisten Grünwald und an – Oscar Straus. Diese beiden, das wußte sie, würden ihr zu neuem Operettenruhm und zu den erwünschten Erträgnissen verhelfen. Grünwald hatte vorsorglich die Rechte einer Komödie von Louis Verneuil erworben und war gern bereit, daraus ein Stück für die – alternde! – Massary zu machen. Straus zögerte keinen Augenblick, die Musik beizusteuern. Er schrieb also rasch noch die Musik für den Film „One Hour With You“ – vor allem waren es Lieder für Maurice Chevalier und Duette für Chevalier und Jeanette Macdonald – und reiste sogleich nach Europa ab. Die Massary konnte er keinesfalls im Stich lassen. –

Es sollte sich sehr bald zeigen, wie richtig die Entscheidung war, die Oscar Straus ganz selbstverständlich und impulsiv getroffen hatte. Wie hatten doch seine Freunde in Hollywood schon im November 1930 beim damaligen Abschied gereimt?

Da draußen im lauschigen Studio
da dreht man jetzt ohne Musik –
vorbei sind die lockenden Klänge,
es bleiben nicht viele zurück.
Was soll'n die berückenden Weisen?
Wer braucht schon im Film Melodie?
Es wird das Departement geschlossen –
es kostete zuviel Marie*.
Leise ganz leise man das erwog:
Hauptsach' im Talkie ist Dialog,
schlimmstenfalls nimmt man halt ein Grammophon,
denn die Musik, die – macht nicht den Ton.
Es ist am besten, man läßt sie ganz weg.
Auch die Leierkästen erfüllen den Zweck.
Irgendein Liedel pfeift man dazu,
vor dem Gefiedel hat man jetzt Ruh'.

Die Arbeit der Komponisten in den amerikanischen Studios wurde für geraume Zeit mühsam: Es galt jetzt mit der Stoppuhr in der Hand fertige Szenen mit irgendwelchen „charakteristischen“ Melodien zu unterlegen und Pausen zu überbrücken. Dazu brauchte man keinen Oscar Straus.

* wienerisch: Geld.

Von Strauß zu Straus (2)

Die Rückkehr des Ehepaares Straus nach Berlin konnte keine ungetrübte Freude sein. Gewiß, es war schön und angenehm, wieder mit dem Librettisten Alfred Grünwald und mit Fritzi Massary zu arbeiten, die bereitwilliger denn je auf die Intentionen des Komponisten eingingen, aber die Weltwirtschaftskrise hatte sich voll auf die Zustände in Deutschland ausgewirkt: Die Zahl der Arbeitslosen stieg – scheinbar unaufhaltsam – auf sieben, nach anderen Berichten und Statistiken auf neun Millionen Menschen an. Es gab bald niemanden mehr, der von den etablierten Parteien der Weimarer Republik Abhilfe erwartete, und so erhielten die Radikalen am Rande des politischen Spektrums unaufhaltsam Zulauf: Schon lieferten sich in Berlin die Truppen der Kommunisten und der Nationalsozialisten Straßenschlachten und es konnte kaum noch bezweifelt werden, daß es zwischen diesen beiden Kräften zu einem Kampf um die Macht im Staate kommen müsse. Daß in dieser Auseinandersetzung Bürgertum und Industrie auf der Seite der Faschisten stehen würden, war ebenfalls vorhersehbar. Von den Theaterkonzernen in Berlin schien nur noch einer aktionsfähig zu sein: das Imperium der Brüder Rotter. Diese beiden Manager, die eigentlich Schaie hießen und aus Leipzig stammten, waren die skrupellosesten Spekulanten unter den Theaterdirektoren; aber noch ‚lief das Werkel', noch konnten sie – allerdings nur mehr auf Kredit – auf ihren Bühnen pompöse Inszenierungen bieten.

Das Wiederauftreten der Massary auf einer Operettenbühne arrangierten die Brüder Rotter als glanzvolles Fest: Als die Künstlerin am 1. September 1932 in der Operette „Eine Frau, die weiß, was sie will", Libretto von Alfred Grünwald, Musik von Oscar Straus auf der Bühne erschien, war gleichsam ‚ganz Berlin' im Metropol-Theater versammelt. Mochte auch der Gauleiter der NSDAP, Joseph Goebbels, Brandreden halten gegen das ‚Spekulantengesindel' und Stoßtrupps der SA in der Nähe des Theaters postieren, der Abend verlief ohne Störung. Das Publikum jubelte seinem Liebling Massary zu, feierte aber auch Oscar Straus, der unüberhörbar den vollen Reichtum seiner Schaffenskraft in diese Partitur eingebracht hatte. Was über Stück und Aufführung zu sagen war, schrieb am nächsten Tag die „Berliner Zeitung" in einem ausführlichen Bericht:

„Ein reiner und echter Erfolg ohne den Schund der angedonnerten Herzschmerzen, die dem Finale entgegenzittern. Ohne schluchzende Geigen, ohne tobenden Jazz. Ohne Koloraturen, ohne Ballett. Weit und breit kein Donauwalzer. Verwaist der Animiersteg vor der Rampe. Abgemeldet der Tenor.

Da ist ein sauberes, lustspielhaftes Libretto von Alfred Grünwald ohne Kompagnon. Es hat einen sympathisch altmodischen, einen fast historischen Stil. Paris: Theater-Couloir, Garderobe, Séparée – tiefe Friedensluft. Vorkriegstheater. Die Zeit der Habitués, die in der Loge lebten, zu Füßen der von ihnen vergötterten Diva. Die Zeit der Verehrer, die sich am Bühnentürl drängten. Gibt es noch solche Diven?

Eine hat die Zeit überlebt. Da ist sie wieder, die Massary: Sie bezaubert die alten Freunde, die sie anlächeln, und die neuen, die sie kritisch mustern. Sie spielt eine Diva, die es in sich und mit manchen Männern hat. Und eine Tochter hat sie auch. Der Tochter zuliebe, die ihre Mutter freilich nicht kennt, verzichtet sie auf den jungen Liebhaber. Und erobert auch noch dem Schwiegersohn zuliebe später einen drohenden Verführer, schnappt ihn der Tochter weg. Es kommt zum Krach: da gibt die Mutter ihr Geheimnis preis und in den Armen liegen sich die beiden!

Das ist anständig und unterhaltsam aufgeführt, mit handgreiflichen Intrigen, mit leichten Scherzen und vor allem mit Liedern. Es sind Chansons für ein kleines Orchester und eine kleine Stimme; der wieder ganz junge Oscar Straus hat sie hingeschrieben mit einer graziösen, vielgeübten, mühelosen Notenschrift. „Jede Frau hat irgendeine Sehnsucht" – ein kleiner Spaziergang auf der Tonleiter. Die Massary singt die zärtliche Strophe mit vollendeter Einfachheit und Innigkeit: Tatsachenbericht eines Herzens. Dann „Ich bin eine Frau, die weiß, was sie will" – ein walzergeborner Onestep. Die Massary wirbelt das herunter, ohne sich vom Fleck zu rühren. Zuletzt, aus heiterem Himmel, ein Monolog: „Warum soll eine Frau kein Verhältnis haben?". Da läßt sie alle Minen springen, alle Mienen singen. Jedes Wort hat seinen Ton, jeder Ton seine Geste. Und jedes Wort schlägt ein. Parkett und Ränge applaudierten begeistert. Es war der Höhepunkt des Abends, das Siegel des Erfolges."

Oscar Straus konnte glauben, daß er mit diesem Riesenerfolg seine Position in Berlin und überhaupt in Europa wieder gewonnen habe. Denn er dirigierte nur ein paar Vorstellungen, dann wandte er sich anderen Projekten zu. Er schrieb z. B. so nebenbei die Musik zu einem Film „Die Herren vom Maxim", die u. a. eine ausgiebige Komikerrolle für den einstigen Heldentenor Leo Slezak enthielt. Die Massary freilich spürte bald, daß das Leben in Berlin für sie gleichsam zu einem Tanz auf dem Vulkan wurde. Obwohl sie selbst allabendlich pünktlich ihre Gage ausbezahlt bekam, konnte ihr nicht entgehen, daß die Einnahmen stets gepfändet wurden. Immer häufiger klagten ihre Kollegen, sie würden von den Brüdern Rotter von einem Auszahlungstermin zum nächsten vertröstet, ja daß sie überhaupt keine Gagen mehr erhielten.

Gauleiter Goebbels verschärfte seinen Kampf; er schickte Störtrupps in die Vorstellungen, die Parolen wie „Juden hinaus" brüllten. Und bald wurde auch die Massary am Bühnentürl nicht mehr von Verehrern erwartet, sondern von SA-Leuten mit dem Sprechchor: „Wir wollen auf einer deutschen Bühne keine Juden sehen." Da resignierte die Massary: Noch vor Weihnachten verließ sie zusammen mit ihrem Gatten Max Pallenberg Berlin und reiste in die Schweiz. Sie konnte Deutschland noch unbehelligt verlassen; die Brüder Rotter aber, die sich nach dem endgültigen Zusammenbruch ihres Theater-Imperiums nach Luxemburg retten wollten, wurden dort von einem Kommando der SA kurzerhand gefangen genommen und sollten zurück nach Berlin gebracht werden. Es gelang ihnen zwar die Flucht aus dem Auto, in dem sie gefesselt lagen, aber der ältere stürzte auf der Flucht in eine Schlucht und brach sich das Genick, der jüngere starb wenig später in einem französischen Gefängnis.

Oscar Straus hatte nicht so lange gewartet; er lebte schon seit Monaten in Ischl und war entschlossen, von dieser herrlichen Stadt im Salzkammergut aus seine Pläne weiter zu verfolgen. Als am 30. Jänner 1933 die NSDAP in Deutschland die Macht ergriff, wußte auch Straus, daß es für ihn keine Rückkehr nach Berlin geben werde. Er ließ also seine Villa am Kaiserdamm verkaufen und richtete sich – wie er glaubte – ‚für den Rest des Lebens‘ in Ischl ein. An Arbeit fehlte es ihm wahrlich nicht: es waren gleich ein halbes Dutzend Unternehmungen, die Straus zu bewältigen hatte. Für das Theater an der Wien war ein anspruchsloses Singspiel zu schreiben, in dem die ebenfalls aus Berlin an die Donau zugereiste Sängerin Trude Lieske die Hauptrolle spielen sollte. Direktor Hubert Marischka hatte bei diesem Stück, das den Titel „Zwei lachende Augen“ erhielt, an die Koloratursängerin der Wiener Staatsoper, Adele Kern, gedacht. Aber im Verlauf der Verhandlungen ergab es sich, daß Frau Kern lieber eine Filmrolle übernahm, und zwar in dem Streifen „Frühlingsstimmen“, in dem sie vor allem den berühmten gleichnamigen Walzer von Johann Strauß zu singen hatte. Und weil man nun einmal im Gespräch war, übernahm Oscar Straus die restliche Filmmusik. Da zeigte es sich wieder einmal, wie gut Johann Strauß und Oscar Straus zusammenklangen.

Ein weiteres Projekt, das ein junger Schriftsteller namens Armin Robinson, mit dem die Familie Straus damals eher zufällig bekannt geworden war, dem Komponisten vorschlug, griff noch weiter aus: Es handelte sich um eine ‚wienerische G'schicht‘, die drei Generationen umfaßte. Der erste Teil sollte im Wien des Jahres 1865, der zweite um die Jahrhundertwende, der dritte aber in der Gegenwart spielen. Dazu sollte, so schlug es wenigstens Armin Robinson vor, zunächst die Musik von Johann Strauß-Vater (der allerdings bereits 1849 verstorben war!) erklingen, sodann die Musik von Johann Strauß-Sohn (gestorben 1899) und erst im dritten Teil sollte Oscar Straus eigene Kompositionen verwenden. Dieses Unternehmen interessierte ihn zwar, sagte ihm aber nicht sofort zu, denn er hatte es bisher strikt vermieden, die Musik anderer Komponisten in seinen Werken – weder in Originalform, noch bearbeitet – zu verwenden.

Ihn faszinierte vorerst ein anderer Plan. Schon nach dem Tod des Dichters Arthur Schnitzler am 21. Oktober 1931 war in Berlin die Rede davon gewesen, man könnte aus dem wohl publikumswirksamsten Bühnenwerk Schnitzlers, „Liebelei", eine Art Singspiel, vielleicht sogar eine Operette machen. Ob dieser Plan mit dem Dichter erörtert worden war, ist nicht mit Sicherheit festzustellen. Sein Sohn Heinrich Schnitzler hatte jedenfalls gegen dieses Projekt nichts einzuwenden. An den ersten Entwürfen war noch der Berliner Direktor Heinz Saltenburg beteiligt, aber die Hauptarbeit der Umgestaltung des Stückes verrichteten schließlich Paul Knepler und Dr. Fritz Löhner, der sich als Texter origineller Schlager und als Operettenlibrettist Beda nannte. Was bei dieser Arbeit schließlich herauskam, ist. z. B. einem Bericht des stets gut informierten „Neuen Wiener Journals" zu entnehmen:

„Liebelei" präsentiert sich in der neuen Fassung als ein musikalisches Lustspiel in acht Bildern, das vom Original hauptsächlich dadurch abweicht, daß an die Stelle des tragischen Schlußes ein psychologisches Happyend gesetzt ist. Fritz wird im Duell mit dem Gatten seiner Geliebten nicht getötet, sondern nur schwer verwundet und bleibt am Leben. Christine aber begeht keinen Selbstmord, sondern findet sich in Resignation damit ab, daß Fritz nicht mehr zu ihr zurückkehren durfte. Die Handlung hat nun acht Bilder, wobei die drei ersten vollkommen neu geschaffen sind: sie behandeln die Vorgeschichte und spielen u. a. beim Rennen in der Freudenau, in einem Nachtlokal und beim Heurigen. Schnitzlers Schauspiel wird erst vom 4. Akt an verwendet. „Liebelei" ist in dieser Bearbeitung ein Wiener Schauspiel mit Musik geworden, das nicht an die landläufige Operette erinnert . . ."

Oscar Straus hat an diesem Werk mit viel Engagement gearbeitet und immer aufs neue – ganz gegen seine Gewohnheit – gefeilt. Doch als es fertig war, wurde es zwar sowohl in Wien (für das Raimundtheater) und in zahlreichen Städten der Schweiz, Hollands, Frankreichs, Englands und der Vereinigten Staaten angekündigt, gespielt aber wurde es nirgends; nur zu einer vereinzelten Aufführung in Stockholm soll es gekommen sein. In der Rückschau erscheint dies als durchaus verständlich: Oscar Straus hat gewiß auch in dieser Partitur kostbare Einfälle ausgebreitet und mit seiner reifen Meisterschaft verarbeitet, aber Schnitzlers „Liebelei" entzieht sich der Musik. Des Dichters Sprache klingt in diesem Stück – auch wo er schweigt – in sich selbst. –

Oscar Straus akzeptierte schließlich noch ein weiteres Libretto mit dem Titel „Das Walzerparadies". Aber er konnte sich mit der Vertonung Zeit lassen, denn noch war der Erfolg der Operette „Eine Frau, die weiß, was sie will" nicht ausgeschöpft. In Wien erschien das Stück mit Fritzi Massary in der Titelrolle am 14. September 1933 im ehemaligen Johann-Strauß-Theater, das indessen den Namen „Scala" erhalten hatte. Der Triumph von Berlin wiederholte sich auch bei dieser Premiere, dann konnte das Stück – ohne die Massary – auch noch ins Bürgertheater übersiedeln. In Zürich verkörperte wenig später Rita Georg die Massary-Rolle, in Budapest die berühmte Sary Fedak, in Brüssel Françoise Rosay und in Kopenhagen die junge Zarah Leander. Auch in London und sogar in Australien eroberte das Werk die Bühnen.

Oscar Straus genoß diesen Erfolg, er machte ihn im richtigen Moment finanziell unabhängig und bewies ihm zugleich, daß er auch weiterhin seiner Schaffenskraft vertrauen konnte. Etwa zur Zeit der Massary-Premiere an der Scala übersiedelte übrigens seine Tochter Katharina mit ihrem Töchterchen Inge nach Wien, sie war in jungen Jahren Witwe geworden und kehrte ganz selbstverständlich in die Stadt zurück, die ihr in den ersten Jahren des neuen Säkulums zur eigentlichen Heimat geworden war. Etwa zwei Jahre später sollte sie sich mit August Makart, einem Enkel des berühmten Malers Hans Makart, zu einer ungetrübt glücklichen Ehe verbinden.

So zwischendurch nahm Oscar Straus nun auch wieder Einladungen zu Dirigentengastspielen, zum Beispiel in Holland und England an. Und da zeigte es sich, daß jene Programme am meisten gefragt waren, die aus Werken der Walzerdynastie Strauß und aus seinen eigenen Kompositionen zusammengesetzt waren. Auch Talentproben seines Sohnes Erwin konnte Straus bei diesen Gelegenheiten vorführen. Und das ermutigte Straus, das Operettenprojekt in Angriff zu nehmen, das Armin Robinson ihm vorgeschlagen hatte: das Spiel, das drei Generationen umfaßte und das mit Musik von Strauß-Vater und Strauß-Sohn sowie mit seiner eigenen Musik auszustatten war.

Zunächst aber hatte noch im Theater an der Wien die Operette „Zwei lachende Augen" ihre Bewährungsprobe zu bestehen. Die Autoren Ludwig Hirschfeld und Rudolf Österreicher hatten sich eine Handlung einfallen lassen, die in Alt-Österreich spielte und die ohnedies bestens bekannte Story von der „Regimentstochter“ in dieses Milieu verpflanzte. Indessen hatte sich auch in Österreich die innenpolitische Lage so schwierig gestaltet, daß das Ministerium für Landesverteidigung nicht mehr gestattete, österreichische Militärpersonen – und sei es in historischen Uniformen – als Operettenfiguren darzustellen. So mußte im letzten Augenblick der Schauplatz der Handlung aus der alten Donaumonarchie in ein Phantasieland – ‚irgendwo in Polen‘ – verlegt werden. Das verschaffte freilich nur den Kostümschneidern Arbeit, die indessen wieder sehr rege, wenn auch durchaus gemütliche Zensur hatte ihren Willen durchgesetzt. Straus meinte lächelnd zu Marischka: „Das, lieber Freund, habe ich an diesem Theater schon einmal erlebt. Beim ‚Tapferen Soldaten‘, lange vor ihrer Zeit . . .“

Nach der Uraufführung der Operette „Zwei lachende Augen“ am 22. Dezember 1933 bescheinigte die Kritik dem Komponisten, er habe „zu jener klingenden Walzerseligkeit zurückgefunden, die ihm schon einmal größte Erfolge gebracht und ihn weltberühmt gemacht habe“. Besonders hervorgehoben wurden das Duett „Zwei lachende Augen“, das Tanzduett „Karte genügt“ und der Walzer „Am besten, man sagt sich gleich Du“. Natürlich hatte Direktor Marischka ein tüchtiges Ensemble rings um Trude Lieske, die sich allerdings in Wien nicht recht durchsetzen konnte, aufgeboten. Vor allem die Komiker Hans Moser und Rudolf Carl teilten sich mit Marischka und der unverwüstlichen Louise Kartousch die Ehren des Abends. Die Laufzeit der Operette war jedoch begrenzt, der Ausbruch des Bürgerkrieges im Februar 1934 setzte ihr ein jähes Ende. Etwa ein Jahr später startete das Werk noch einmal in Zürich. Diesmal war der Erfolg womöglich noch größer und nichts stand einer ungestörten Auswertung im Wege.

In Österreich folgte den verhängnisvollen Februar-Kämpfen fünf Monate später der Versuch der österreichischen Nationalsozialisten, die Regierung zu stürzen und die Macht an sich zu bringen. Der mit unzulänglichen Mitteln unternommene Aufstand wurde zwar rasch niedergeschlagen, aber es zeigte sich ganz unmißverständlich, daß die beiden großen Parteien längst zusammenarbeiten und gegen den Faschismus hätten Front machen müssen, statt sich gegenseitig zu bekämpfen.

Jetzt wurde zwar für eine „Vaterländische Front“ geworben, die – zum ersten Male seit 1918! – endlich die Eigenständigkeit Österreichs proklamierte, aber es war zu spät, das ganze Volk hinter der Parole „Österreich über alles, wenn es nur will“ zu einen. Der Bürgerkrieg hatte zu tiefe Wunden geschlagen.

Für Oscar Straus hatte diese Entwicklung zwei Folgen: Sein kleines Spiel „Das Walzerparadies“, das am 15. Februar 1935 im Bürgertheater zum ersten Male aufgeführt wurde, errang den besonderen Beifall des Publikums und der Kritik, weil es Alt-Österreich verherrlichte; die „Generationen-Operette“ aber, die indessen unter dem Titel „Drei Walzer“ fertiggestellt worden war, wurde – aus Rücksicht auf die gespannte innenpolitische Lage in Wien – doch lieber an Zürich vergeben.

Den Charakter der Operette „Das Walzerparadies“ hat wohl am besten das „Neue Wiener Tagblatt“ beschrieben:

„Im dritten Akt sieht man ein ausführliches Panorama Wiens: die lichterschimmernde Stadt am Abend, die blaue Donau, den Stephansturm, das Riesenrad im Prater. Und während der ganzen drei Akte hört man sozusagen dieses Panorama: Wien spielt eben die Hauptrolle in der neuen Oscar-Straus-Operette. Das ist zwar nicht ganz neu, aber immer wirksam. In die Gegenwart mischt sich das Stück nicht ein. Es spielt in der Vorkriegszeit, es spielt genießerisch mit der Vorkriegszeit und Wien ist da ein einziges Vergnügungsetablissement, das bis ins böhmische Nobelbad Karlsbad reicht. Die Musik von Oscar Straus, der selbst dirigierte, ist ‚klassisch‘: In der Hauptsache träumt das „Walzerparadies“ vom „Walzertraum“. Walzer ist Trumpf, es gibt Feschheits- und Gemütlichkeitswalzer in Menge.“

Gewiß – das reichte für einen Erfolg, sogar für einen sehr großen, weit über hundert Vorstellungen hinaus anhaltenden Erfolg. Aber eben nur in Wien, in einem Österreich, das sich – zu spät! – zu einem neuen Patriotismus, zur Besinnung auf sich selbst entschlossen hatte. Außerhalb der Grenzen des kleinen Landes war mit diesem Stück keine Resonanz zu erhoffen.

Der Triumph der Operette „Die drei Walzer“, die am 5. Oktober 1935 zum ersten Male auf der Bühne des Stadttheaters Zürich erschien, griff aber umso weiter. Oscar Straus war lange vor der Premiere in die Schweiz gereist, um die Vorbereitungen selbst zu organisieren. Gelegenheit dazu hatte ihm die Aufführung der Operette „Eine Frau, die weiß, was sie will" mit Rita Georg gegeben, die unter seiner Leitung stattfand. Es war gleichsam seine Treppe der Popularität für den Komponisten geschaffen worden: Auf „Zwei lachende Augen" war „Eine Frau, die weiß, was sie will" gefolgt und so konnte das neue Werk gleichsam auf einem hohen Niveau der allgemeinen Erwartung starten. Diese Erwartung wurde auch nicht enttäuscht, im Gegenteil, sie wurde durch Werk und Aufführung noch weit übertroffen.

Der Librettist Armin Robinson, wirkungsvoll unterstützt von Paul Knepler, der die Gesangstexte beigesteuert hatte, war mit Geschick und Behutsamkeit bei der Ausarbeitung der Handlung vorgegangen:

Im ersten Teil, der im k. k. Hofoperntheater in Wien während einer Ballettprobe beginnt, steht die Liebesgeschichte eines Ballettmädchens zu einem Aristokraten im Mittelpunkt; natürlich ist die hochadelige Familie gegen eine Heirat, aber der junge Herr scheint bereit zu sein, um seiner Liebe willen nicht nur auf den Segen seiner Eltern, sondern auch auf die von ihm als Beruf erwählte Offizierslaufbahn zu verzichten. Doch das Mädchen erkennt, daß dieses Opfer allzugroß wäre für ihren Geliebten; das gibt ihm die Kraft zur Entsagung. Die Tänzerin entzieht sich einer wahrscheinlichen Enttäuschung durch die Annahme eines Engagements in Paris.

Im zweiten Teil der Handlung, der um 1900 im Theater an der Wien beginnt, begegnet die Tochter der Tänzerin einem Sohn des Aristokraten. Für das Mädchen ist es Liebe auf den ersten Blick. Aber es erlebt den jungen Herrn als einen jener ‚Kavaliere', denen es – im Stil der Jahrhundertwende – offenkundig nur um galante Abenteuer mit möglichst vielen ‚süßen Mäderln' und – als besondere Würze – zwischendurch auch mit verheirateten Frauen geht. Ob der Geliebte aus dieser Rolle herausfinden und zu einem Mann für ihr Leben werden könnte, will die Künstlerin nicht erproben: auch sie verzichtet, wie ihre Mutter.

Im zeitgenössischen Abschnitt des Spiels, der in einem Filmatelier begonnen wird, soll die Liebesromanze aus anno dazumal, wie sie im ersten Bild erzählt worden ist, vor der Kamera rekonstruiert und in eine Filmhandlung verwandelt werden. Die Enkelin der Tänzerin und der Enkel des Aristokraten sind für die Rollen ihrer Vorfahren engagiert worden. Das Mädchen verliebt sich prompt wie ihre Mutter und Großmutter. Aber aus Angst, sie könnte ebenfalls zur Resignation gezwungen sein und ebenso enttäuscht werden, wehrt sie sich gegen ihr Gefühl. Diesmal aber triumphiert die Liebe. Das Leben ist stärker als der Schatten der Vergangenheit.

Die Uraufführung der Operette „Drei Walzer", die in Anwesenheit des Komponisten und seiner beiden Librettisten stattfand, arbeitete mit vorbildlicher Sorgfalt und Behutsamkeit den Wechsel der Sphären heraus, in dem sich die drei Liebesgeschichten ereigneten. Man spürte die Veränderung in den Sitten und Gebräuchen, aber auch im nur scheinbar ewig gleichen Ablauf der Gefühle und Empfindungen. Nicht allein der einzelne Mensch bestimmt sein Geschick, es ist auch die Zeit, die ihn gleichsam bis ‚in die Tiefen seines Herzens' prägt. Und gerade die Einbettung dieser Erfahrung in die Musik der einzelnen Epochen ergab einen besonderen Reiz: Der leise Duft der Biedermeierweisen des alten Strauß, die „fesche" Musik des Walzerkönigs und die bei aller Bereitschaft zu Gefühl, ja Sentiment schwerelos leichte, optimistische Musik von Oscar Straus trugen entscheidend dazu bei, das Spiel glaubhaft, für das Publikum erlebbar zu machen. Und wie Straus diese Sphären in seiner Partitur abgrenzte und doch ineinander übergehen ließ, das zeigte eine Meisterschaft, die in diesem Genre einzigartig, unvergleichlich, unwiederholbar war.

Die Besucher der Uraufführung in Zürich wurden sich sehr rasch der Tatsache bewußt, daß sie eines der letzten unbestreitbaren Meisterwerke in der damals etwa 80jährigen Geschichte der Operette miterleben konnten. Dementsprechend stürmisch war der nachhaltige Beifall, und auch in den Rezensionen der nächsten Tage wurde diese Erkenntnis festgehalten. Nach dem Premierenabend verbreitete sich die Nachricht vom Triumph der Operette „Drei Walzer" über die gesamte freie Welt. Sogar in Deutschland wurde sie registriert. Aber an eine Aufführung im Bannkreis des Regimes der NSDAP war natürlich nicht zu denken. Doch fand sich seltsamerweise auch in Wien keine repräsentative Bühne für das Stück. Umso größer war der Erfolg der Operette in Westeuropa. Der Erstaufführung in französischer Sprache, die in Brüssel über die Bühne ging, folgte ein in diesem Ausmaß nicht einmal von Freunden des Komponisten erwarteter Triumph des Werkes in Paris. Und wie es dazu kam – das ist wieder eine eigene Geschichte.

Nach der Fertigstellung seiner Partitur hatte Oscar Straus die Einladung angenommen, für einen Film die Musik zu schreiben, in dem der ebenfalls aus Deutschland vertriebene Tenor Richard Tauber die Hauptrolle übernehmen sollte. Das Stück erhielt den Titel: „Land Without Music" („Das Land ohne Musik") und wurde von der „Capitol Film Production" produziert. Als Oscar Straus zur Uraufführung des Filmes am 2. Dezember 1936 im Plaza-Theatre nach London reiste, begegnete er in der britischen Metropole ‚seiner' Pariser „Marietta", der Schauspielerin Yvonne Printemps, die sich indessen mit ihrem Kollegen Pierre Fresnay in der Arbeit und im Leben verbunden hatte. Die beiden hatten soeben ein katastrophales Fiasko hinnehmen müssen, sie waren in einem Stück aufgetreten, in dessen Handlung das Publikum eine ‚frivole und leichtfertige Anspielung' an jene Ereignisse sah, die damals nicht nur London, sondern das gesamte Empire erschütterten: an die Vorgänge rings um den Thronverzicht des Prinzen Edward. In tiefer Niedergeschlagenheit erklärte Madame Printemps, nie wieder eine Bühne betreten zu wollen. Da empfahl ihr Straus, sie möge doch zusammen mit Monsieur Fresnay nach Brüssel reisen und sich dort „Trois Valses" anschauen, da sei die Rolle zu sehen, um derentwillen sie gewiß sehr rasch ihre Schauspielerlaufbahn wieder aufnehmen werde. Und so geschah es auch; das Paar Yvonne Printemps und Pierre Fresnay sah Stück und Aufführung in Brüssel, erwarb sofort die Rechte und suchte in Paris nach einer Bühne, um dort die Premiere vorzubereiten.

Nach einigen Verhandlungen einigte man sich mit der Direktion des altbewährten Operettentheaters an der Seine, den „Bouffes Parisiens", das Stück während der für 1937 geplanten Weltausstellung in Paris zu spielen. Leopold Marchand und Direktor Albert Willimetz übersetzten es neu und arrangierten es nach Pariser Geschmack, Oscar Straus schrieb im letzten Augenblick noch ein Couplet für Yvonne Printemps dazu, und in dieser Form erzielte das Werk einen Triumph, der jenen bei der Uraufführung in Zürich noch weit übertraf. So wurde „Trois Valses" auch zu einem der letzten großen Operettenerfolge im Mutterland der Operette, in Frankreich. Aufführungen in England und in den Vereinigten Staaten folgten. Das altbewährte

Motto „Von Strauß zu Straus“ hatte einen neuen Inhalt bekommen, errang abermals Weltruhm.

Das zeigte sich sehr rasch auch bei verschiedenen Konzerten in der alten und erst recht in der neuen Welt. Im Februar 1937, noch begleitet vom Jubel des Pariser Triumphes, reisten Clara und Oscar Straus wieder nach Hollywood. Natürlich hatte man in der amerikanischen Filmmetropole die ausgezeichneten Kritiken gelesen, die in den Spalten der internationalen Presse über die von Oscar Straus mit seinen Kompositionen ausgestatteten Filme in Deutschland, Österreich und in England erschienen waren. Nun wollte man also sehen, ob für den erfolgreichen ‚älteren Herrn aus der alten Welt‘ nicht doch etwas Besseres in Hollywood in Aussicht genommen werden könnte, als Filmmusik nach dem Diktat der Stoppuhr. Es gab ja doch wieder recht erfolgreiche Musikfilme, die allerdings durch die neuen Produktionen vor allem in den Theatern auf dem New Yorker Broadway angeregt worden waren. Straus wieder dachte sich, es könne gewiß nicht schaden, die Freunde drüben wiederzusehen und wieder in Hollywood ins Geschäft zu kommen. Als das Ehepaar Straus Europa verließ, war erst ein Projekt fixiert, ein Unterhaltungsfilm mit dem Kinderstar Bobby Breen, auch einen Titel gab es schon: „Make a Wish“ („Wünsch’ dir was“). Das Weitere, so meinten die Agenten der Filmgesellschaften, meinte aber auch Straus, werde sich finden. Aber obwohl dem Ehepaar statt der verabredeten acht Wochen schließlich sechs Monate in Hollywood zur Verfügung standen, konnte über den reichlich uninteressanten Film „Make a Wish“ hinaus nichts vereinbart werden. Man sprach über einen Film, der den auf den amerikanischen Bühnen immer noch anhaltenden Erfolg der Operette „The Chocolate Soldier“ auch in die Kinos bringen sollte, aber man mußte sehr rasch erkennen, daß der Dichter des Schauspiels „Arms and the Man“ diesmal seine Zustimmung verweigern werde. Die Firma Metro Goldwyn Mayer gab nur bekannt, ein Team werde vielleicht im Frühjahr 1938 mit einem solchen Film beginnen.

So blieben als wichtigstes Ergebnis dieser Reise die Konzerte, die Straus in Hollywood und auf der Rückreise in New York dirigierte. Und bei diesen Veranstaltungen lautete wieder die Devise „Von Strauß zu Straus!“ Sie wurde zu einem Begriff, zum ‚Motto der Zukunft‘!

Weltbürger der Musik

Bevor das Ehepaar Straus im Dezember 1937 New York verließ, um nach Europa zurückzukehren, gab es eine Abschiedsparty für die Freunde. Dabei rieten fast ausnahmslos alle aus Deutschland und Österreich emigrierten Künstler, Theater- und Filmleute dem Komponisten, in den Vereinigten Staaten zu bleiben. Schon waren die Straus auf dem Schiff, da erschien noch einmal die aus Brünn gebürtige ‚gelernte Österreicherin' Marie Jeritza – sie hatte zusammen mit Josef Schmidt, dem kleinen Tenor mit der großen Stimme, im letzten New Yorker Konzert mitgewirkt – an Bord, um das Ehepaar zu beschwören, keinesfalls nach Europa zurückzukehren: Österreich werde nicht mehr lange bestehen, dann werde es zum Krieg kommen. „Bleibt hier, wenn es auch kein unterschriebenes Projekt gibt – Oscar wird sich wieder durchsetzen. Nur: bleibt hier!"

Oscar Straus sah die Lage anders. Er war mit der New Yorker Aufführung seiner Operette „Drei Walzer" von vornherein unzufrieden. Man hatte sich nicht an das Libretto gehalten und auch die Musik verändert, überdies reichte die Besetzung seiner Meinung nach nicht aus. Er wollte am Premierenabend möglichst nicht mehr anwesend sein. Dafür freute er sich schon, in Paris die dortige Aufführung mit dem Paar Printemps-Fresnay zu sehen. Sie lief vor ausverkauftem Haus noch immer. „Trois Valses" war bereits zum größten Operettenerfolg in Paris seit dem Tode Jacques Offenbachs geworden.

Und in Wien warteten neue Aufgaben. Es hatte Oscar Straus imponiert, daß in seiner Heimat die Parole ausgegeben worden war: „Österreich ist lebensfähig, Österreich kann bestehen, wenn es nur will". Daß diese Devise bereits im Februar 1934 ad absurdum geführt worden war, weil es zum Bürgerkrieg und nicht zur Versöhnung der beiden großen Lager der politischen Parteien gekommen war, sah Straus nicht oder wollte es nicht sehen. Es war ihm eine Ehre, daß die Wiener

Staatsoper im Bestreben, alle heimischen Kräfte zu sammeln und ihre Leistungen herauszustellen, sein Ballett „Die Prinzessin von Tragant“ neu einstudiert und in den Spielplan aufgenommen hatte. Überdies hatte er sich einen Jugendtraum erfüllt: Er hatte mit der Komposition einer komischen Oper begonnen. Es sollte kein wienerisches, aber ein österreichisches Werk werden und in der Zeit spielen, in der noch die Donaumonarchie bestanden hatte. Seine eigene Lehrzeit in Böhmen sollte darin nachklingen und so hatte er ein Libretto mit dem Titel „Božena“ akzeptiert. „Es handelt sich um eine richtige Volksoper, die genau die Mitte zwischen dem leichten und dem ernsten Genre hält“, versicherte Straus bei seiner Ankunft in Wien stolz den Journalisten. Ob das Werk an der Staatsoper oder an der Volksoper Premiere haben werde, ließ Straus offen. Er wollte jedenfalls für das selbstbewußte Österreich eine österreichische Oper schreiben.

Auf der Reise nach Wien hatte das Ehepaar Straus in Paris die 240. Aufführung der Operette „Trois Valses“ auf Galeriesitzen miterlebt, Logen und Parterre waren längst ausverkauft gewesen. Die tüchtige Yvonne Printemps hatte auch bereits dafür gesorgt, daß eine Filmversion der Operette hergestellt wurde, die Dreharbeiten sollten noch während der Wintermonate beginnen. Anschließend sollte die Pariser Aufführung nach London übersiedeln. Da wollte Straus auch wieder dabei sein und anschließend nach Amerika reisen, falls man bis dahin mit Bernard Shaw einig geworden sei und dieser einer Filmversion des „Chocolate Soldier“ endlich zugestimmt hätte. Es war ein wunderschöner Plan, aber, wie es schon so geht, nur ein einziges Detail konnte verwirklicht werden, und zwar das unwichtigste: Yvonne Printemps setzte das Filmprojekt „Trois Valses“ durch.

Im Februar 1938 begann sich das Ende der Unabhängigkeit Österreichs abzuzeichnen. Nach einem letzten, verzweifelten Versuch, durch eine Volksabstimmung den Selbständigkeitswillen des Landes vor den Augen der Welt demonstrativ unter Beweis zu stellen, mußte die Regierung kapitulieren: Am 12. März 1938 marschierten auf Befehl des Reichskanzlers Adolf Hitler deutsche Truppen, ohne Widerstand zu finden, in Österreich ein. Wenig später proklamierte der ‚Führer‘ den ‚Anschluß seiner Heimat an das Großdeutsche Reich‘. Unmittelbar nach dem Einrücken der Soldaten begannen die nationalsozialistischen Kommandos mit der Verhaftung aller ihnen erreichbaren Patrioten und deren Abtransport in die Konzentrationslager. Jüdische Bürger wurden systematisch entrechtet, später ebenfalls verhaftet und in die Vernichtungslager gebracht. Oscar Straus entging diesem Schicksal. Er wußte, daß nur sofortige Flucht ihn retten konnte. Bevor er Österreich verließ, lud er Tochter und Schwiegersohn noch einmal zu einem „grand soupé" ins Hotel Sacher ein, und als Österreich unter die Gewalt der Nationalsozialisten kam, war Oscar Straus bereits in Zürich. [Einer anderen Version zufolge sei Straus am 13. März 1938 noch in Wien gewesen, habe aber mit Hilfe eines Gauleiters die Schweizer Grenze passieren können.]

Seine Tochter Kitty und sein ältester Sohn Leo blieben in Wien zurück. Katharina, geborene Straus, konnte durch ihre Ehe mit August Makart zwar nicht von härtestem Arbeitseinsatz und zahllosen Demütigungen, aber doch vor der Verschleppung bewahrt werden; die Spur des unglücklichen Leo Straus aber verlor sich in einem Konzentrationslager in Polen, er ist dort 1943, spätestens 1944 ums Leben gekommen. Doch davon erfuhr der Vater vorerst nichts: Die Verbindung mit der Heimat und der Familie war abrupt zerrissen worden.

Oscar Straus wandte sich von der Schweiz aus nach Paris und wurde von den Franzosen mit Freundschaft und Begeisterung aufgenommen. Schon am 29. Jänner 1939 wurde er zum Ritter der „Ehrenlegion" ernannt, und da aus den Erträgnissen der indessen verfilmten Operette „Trois Valses" reiche Einnahmen zur Verfügung standen, gab es für das Ehepaar Straus auch keine materiellen Sorgen. „Ich fühle mich wie zu Hause", sagte Straus in einem Interview, und als ihm und seiner Gattin am 30. August 1939 die Staatsbürgerschaft der französischen Republik zuerkannt wurde, ergänzte er heiter: „Nun will ich Franzose bleiben bis ans Ende meiner Tage." Daß ihm die freie Welt offenstand, konnte er daran erkennen, daß in Zürich die Spielzeit des Stadttheaters mit „Teresina" begann und daß er eingeladen wurde, in den Vereinigten Staaten, in England, ja sogar in Australien Aufführungen seiner Werke zu dirigieren.

Auch als im September 1939 der Zweite Weltkrieg ausbrach, fühlte sich das Ehepaar Straus in Frankreich sicher. Zwei neue Projekte wurden in Angriff genommen. Mit Paul Knepler begann er die Arbeit an einer Operette, zu der Armin Robinson den Gang der Handlung skizziert hatte. Das Werk sollte an die „Überbrettl"-Zeit anknüpfen und den Titel „Die Musik kommt" erhalten. Und dann drängte der Pariser Direktor Willimetz auf die Komposition eines Librettos, das er gemeinsam mit Léopold Marchand nach dem amerikanischen Lustspiel „Bachelor Father" von Childs-Carpenter ausgearbeitet hatte. Im Dezember 1939 dirigierte Oscar Straus ein Galakonzert in Monte Carlo, unternahm dann eine Tournee durch spanische Städte und kehrte im März 1940 nach Monte Carlo zurück, um dort einige Vorstellungen seiner Operette „Mariette" zu dirigieren. Anschließend spielte Straus bei einem Empfang im Schloß am Meer unermüdlich seine Werke auf: „Wie nahe liegt doch das alte Wien bei dem ewigen Frankreich!" schrieben am nächsten Tag die Journalisten.

Pünktlich zum von den Autoren gewünschten Termin wurde die Partitur der Operette von Willimetz und Marchand fertig: Am 2. Mai 1940 ging „Mes amours" in einer Galavorstellung im Théâtre Marigny über die Bühne. Die Pariser Gesellschaft war – zum letzten Mal, wie sich zeigen sollte – vollständig versammelt. Es gab Jubel, Trubel, Begeisterung. Auswerten konnte Straus den Erfolg nicht mehr: Die Truppen des Großdeutschen Reiches marschierten in Frankreich ein, umgingen und überrannten die als uneinnehmbar bewertete Maginot-Linie und rückten auf Paris vor. Mit Hunderttausenden Franzosen war auch das Ehepaar Straus auf der Flucht.

Es zeigte sich sehr rasch, daß zahlreiche Emigranten, darunter auch das Ehepaar Straus, in jenem Teil Frankreichs, das nicht von den deutschen Truppen besetzt worden war, keineswegs in Sicherheit waren. Oscar Straus mußte alles daran setzen, mit Hilfe seiner Freunde bei der Regierung in Vichy, aber auch im benachbarten Spanien über die Iberische Halbinsel in die Vereinigten Staaten zu gelangen. Selbst Straus schaffte das nur mit äußerster Mühe: Vier Monate mußte er in Südfrankreich, in Mettier, auf das rettende Visum warten. Erst Anfang Dezember traf er über Lissabon, wo er noch zwei Konzerte hatte dirigieren können, in New York ein.

Auf amerikanischem Boden wurde das Ehepaar zunächst mit Freude und Begeisterung empfangen und willkommen geheißen. Tagelang berichteten zahlreiche Journale über immer neue Einzelheiten der Flucht und des Schicksals des den jungen Reportern freilich kaum bekannten Komponisten. Aber dann gab es – im Gegensatz zu Frankreich – für Straus nicht sofort neue Aufträge; das Ehepaar mußte mit immer knapper werdenden Mitteln immer sparsamer haushalten. Doch der greise Meister sah der Zukunft mit unerschütterlicher Gelassenheit entgegen, wie er es von Jugend an stets gewohnt war; nicht einmal auf die täglichen Zigarren verzichtete er, er wählte bloß billigere Sorten.

Im Mai 1941 war die schlimmste Zeit überstanden: Das Ehepaar Straus konnte nach Hollywood reisen, denn die Firma Metro Goldwyn Mayer war nun endlich entschlossen, die Verhandlungen mit Bernard Shaw zu Ende zu führen, um die Operette „The Chocolate Soldier“ verfilmen zu können. Straus hatte seinerzeit nur die Bühnenrechte von Shaws „Arms and the Man“ übertragen bekommen, daher waren diese Verhandlungen notwendig. Diesmal stellte Shaw extreme Forderungen. Als nun in Hollywood – gleichsam zur Einstimmung auf das Filmprojekt – eine Galaaufführung der Operette „The Chocolate Soldier“ unter der Leitung des Komponisten arrangiert wurde und den erwarteten Erfolg erzielte, zeigte sich Shaw erst recht unnachgiebig. Da verloren die Direktoren der Firma, die bereits Gary Grant und Ginger Rogers engagiert hatten, die Geduld: Sie einigten sich mit Franz Molnár über eine Verfilmung seiner Komödie „Der Gardeoffizier“. So entstand der Streifen „The Guardsman“ mit der Musik, die für „The Chocolate Soldier“ komponiert worden war. Die Hauptrollen erhielten nun Nelson Eddy und Rise Stevens. Das war zwar gleichfalls eine prominente Besetzung, aber Molnárs im Grunde gar nicht heiteres Stück und die parodistische Musik von Oscar Straus paßten nicht zusammen. Der Film „The Guardsman“ wurde zwar kein ‚flop‘, hatte aber doch nicht jenen breiten Publikumserfolg, der den Namen Oscar Straus auch bei jener Generation bekannt gemacht hätte, die „The Smiling Lieutenant“ nicht gesehen hatte und von europäischen Operetten kaum mehr wußte, als die Eltern erzählt hatten. Indessen begann ja das „Musical“ den Broadway in New York und die kleinen Bühnen des riesigen Landes zu erobern.

Immerhin konnte das Ehepaar Straus sieben Monate in Hollywood bleiben, mit alten Freunden plaudern und war aller

Sorgen ledig. Wie es weiter gehen werde, wußte Straus sehr wohl: Er konnte – wenn seine Kompositionen nicht gefragt waren – als Dirigent tätig sein; das Erfolgsrezept kannte er ja seit langem, es lautete „Von Strauß zu Straus!". Man konnte es nun erweitern und auch den Sohn Erwin einbeziehen. Und da Erwin Straus auch ein brillanter Pianist war, ergab sich die Möglichkeit, großangelegte Phantasien für Klavier und Orchester ins Programm einzubeziehen, wie sie damals in Mode kamen. Ab Herbst 1941 begann die Familie Straus den Kontinent zu durchreisen: Von Kanada bis hinunter nach Mexiko führten die Konzerttourneen. Ein Höhepunkt ergab sich im Jahre 1945 anläßlich des 75. Geburtstages des Komponisten: Da sammelte Straus eine Schar erlesener Künstler um sich und trug vor einem Publikum von Freunden und Verehrern in der Carnegie-Hall in New York seine besten Werke vor. Mit zufriedenem Lächeln neigte sich die hagere Gestalt des Komponisten im Sturm der langanhaltenden Ovationen: Seine Zeit war noch keineswegs vorbei!

Straus begann nun auch wieder zu komponieren, ganz aufgehört hatte er ohnedies nicht. Wie in der Zeit des „Überbrettls" hatte er Lieder für den Tagesgebrauch geschrieben, die allerdings mit dem Tag bald wieder versanken, und – als Handgelenksübungen – einige Klavier- und Orchesterstücke. Nun aber versuchte er die Komposition einer amerikanischen Operette: Das Werk erhielt den Titel „Do-Si-Do" und das Libretto stammte von Louis Verneuil und Edward Eager. Das Orchestermaterial fand sich im Nachlaß, eine Aufführung ist jedoch nicht nachzuweisen.

Auch die Fertigstellung der bereits in Europa begonnenen Operette „Die Musik kommt" suchte Straus voranzutreiben. Aber das war schwierig: Librettist Paul Knepler hatte in London Zuflucht gefunden, Librettist Robinson war in der Schweiz geblieben; er kam wohl zwischendurch einmal nach Hollywood, dann nach New York, war aber dann wieder lange Zeit unbekannten Aufenthaltes, sodaß die Korrespondenz sich recht schwierig gestaltete. Immerhin war auch dieses Werk soweit gediehen, daß die Uraufführung in Aussicht genommen werden konnte: Sie sollte in Zürich stattfinden, der Zeitpunkt dafür stand noch in den Sternen. Paul Knepler hatte indessen erreicht, daß in England ein Ensemble mit einer sehr eigenwilligen Fassung der Operette „Drei Walzer“ eine Tournee unternahm. Dabei wurde das Stück zuerst Johann Strauß zugeschrieben, doch das ließ sich korrigieren und dabei konnte man erst recht den Namen Oscar Straus wieder in Erinnerung rufen.

Und dann war im Mai 1945 der Weltkrieg endlich zu Ende. Die Völker hatten zwar Millionen Todesopfer zu beklagen und in den Zentren Westeuropas waren schwere bis schwerste Schäden an Gebäuden und öffentlichen Einrichtungen entstanden, aber die Überlebenden wurden von einer Welle der Zuversicht und des Optimismus förmlich vorwärts gerissen: Nun konnte, nun mußte es aufwärts gehen. Das Leben wurde wieder lebenswert!

Die Familie Straus kehrte nicht sofort nach Europa zurück. Es hätte keinen Sinn gehabt, die Arbeit in den Vereinigten Staaten abrupt abzubrechen, denn die Konzerttourneen mit den Standardprogrammen „Von Strauß zu Straus“ waren jetzt erst so richtig in Schwung gekommen. Oscar Straus konnte in seinen Briefen die ‚vielfachen Konzertverpflichtungen und Radioauftritte‘ erwähnen und mit Genugtuung konstatieren, daß gerade durch die Konzerte „Von Strauß zu Straus“ auch die jüngsten Reporter begriffen hätten, daß er zwar ein ‚berühmter Straus‘, aber weder der Komponist des „Donauwalzers“ noch der Oper „Der Rosenkavalier“ sei. Das hatte Straus freilich beim Präsidenten der Vereinigten Staaten, Harry Truman, ohnedies nicht zu befürchten: Als er einmal im Weißen Haus zu einer Gala eingeladen und nach Tisch an den Flügel gebeten worden war, hatte sich der Präsident als Draufgabe den Donauwalzer gewünscht, aber lächelnd dazu gesagt: „Ich weiß, er ist nicht von Ihnen!“

Im Jahre 1946 kam es zu einer großen Tournee eines ausgezeichneten Ensembles mit einer Neufassung der Operette „The Chocolate Soldier“, die für den Komponisten und das Werk wieder zu einem Triumphzug wurde. 1947 hatte dann Oscar Straus eine Konzertreise mit dem Programm „Von Strauß zu Straus“ zu absolvieren, die in Baltimore begann und über New Orleans, Long Beach, San Francisco, Seattle, Vancouver, Salt Lake City, Denver, Oklahoma, Cincinnati, um nur einige der insgesamt 48 Stationen zu nennen, nach Louisville führte. Dieses Riesenpensum war in 55 Tagen zu bewältigen und Straus schaffte es mühelos!

1945: Festkonzert zum 75. Geburtstag in der Carnegie-Hall, New York (mit Lizia Albanese)

Indessen hatte die Nachricht Straus erreicht, daß sein Sohn Leo ein Opfer der Nationalsozialisten geworden sei, daß aber seine Tochter Kitty und die Enkelin Inge am Leben waren. Er ließ sofort Lebensmittel nach Wien senden; den Herzenswunsch, er möge so rasch wie möglich zurückkehren, konnte er den beiden vorerst nicht erfüllen. Noch hielten ihn seine Verpflichtungen in den Vereinigten Staaten, die ihm übrigens am 14. April 1948 ihr Bürgerrecht verliehen, zurück.

Doch Europa lockte! Aus Zürich wurde angefragt, wann denn die Premiere der endlich fertiggestellten Operette „Die Musik kommt" stattfinden könne. Aus Wien schrieben die Direktoren Hubert Marischka und Paul Barnay wegen der Schnitzler-Operette „Liebelei". Hubert Marischka hatte sein Stammhaus an der Wien aufgeben müssen – in dem traditionsreichen Bau spielte seit 1945 das Ensemble der Wiener Staatsoper –, konnte aber im Stadttheater seine erfolgreiche Arbeit fortsetzen; Paul Barnay führte das in den Besitz der Arbeiterkammer übergegangene Volkstheater an der Lastenstraße. Marischka interessierte sich ebenfalls für die Operette „Die Musik kommt" und versprach, sich nach Zürich durchzuschlagen, wenn das Werk dort auf der Bühne erscheine. Aus Paris meldete sich neben Yvonne Printemps, mit der wegen eines Librettos von Paul Knepler „The Duchess of Valencia", verhandelt wurde und die ihrerseits einige Theaterprojekte vorzuschlagen hatte, auch der gebürtige Saarländer Max Ophüls. Er fragte an, ob Oscar Straus die Musik zu einem Film schreiben wolle, den er über ein Thema von Arthur Schnitzler plane.

Kein Zweifel: die bittere Zeit der Einsamkeit um die Jahreswende 1940/41 in New York war völlig überwunden. Der gebürtige Österreicher, naturalisierte Franzose und nunmehrige Amerikaner Oscar Straus war diesseits und jenseits des Atlantik wieder gefragt: Er war nun endgültig ein Weltbürger der Musik! Es wäre leicht gewesen, seine Rückkehr nach Europa als Siegeszug zu organisieren, aber davon wollte er nichts wissen. Bei der Landung in Südengland weigerte er sich, die nach Southampton gereisten Reporter auch nur zu empfangen, und vertröstete sie auf ein Interview anläßlich eines ‚unvermeidlichen Festkonzerts' in London.

Auch in Paris gab er sich als Privatmann, der keinerlei Bühnen- und Filmprojekte zu erörtern wünschte, und quer durch das in Besatzungszonen geteilte Österreich nach Wien wollte er zunächst erst recht nicht reisen. Natürlich machte er in Zürich Station, denn dort wurde bereits die Welturaufführung seiner neuen Operette „Die Musik kommt" in aller Stille vorbereitet. Doch auch am Zürichsee hielt er sich nicht lange auf: Das Ziel seiner Reise war – Bad Ischl!

Straus wollte sich möglichst rasch davon überzeugen, in welchem Zustand sich seine beschlagnahmt gewesene Villa befand, und sich – wenn irgend möglich – in der vertrauten Umgebung gründlich erholen. Der Bürgermeister des Städtchens, der den Heimkehrenden an der Spitze aller Honoratioren feierlich begrüßte, hatte möglicherweise einen Gealterten erwartet, denn er wußte, daß in der Villa Lehár sich ein Leben dem Ende zuneigte, das im selben Jahre wie jenes von Oscar Straus begonnen hatte. Auch Straus erfuhr es sogleich, denn Franz Lehár, der nie zum Freundeskreis um Straus gehört hatte, aber stets ein korrekter Kollege gewesen war, ließ ihn gleich nach dem Eintreffen in Ischl um seinen Besuch bitten. „Es hat mich tief berührt", sagte Straus später, „noch einmal mit ihm gesprochen zu haben. Ich habe ihn als Künstler immer hoch verehrt." Als Franz Lehár am 24. Oktober 1948 starb, war Straus bereits wieder in London.

Gleich bei der Begrüßung war der Ischler Bürgermeister überrascht gewesen: „Er sieht blendend aus, ganz so, als wäre er gerade erst abgereist!" Dann kam es sofort zu neuen Arbeitsbesprechungen mit dem Librettisten Armin Robinson, der im Tal des Flüßchens Ischl den „Haidenhof" besaß, zu einer Serie von Verhandlungen über künftige Projekte, zu zahlreichen Interviews, und die Reihe der Gäste aus Süddeutschland und Westösterreich wollte kein Ende nehmen. So ganz nebenbei komponierte Oscar Straus für seine neue Operette – gleichsam als Motto für die Zukunft – auch noch ein Lied: „Ohne Musik kann ich nicht leben!" – „Typisch Straus", sagten seine Freunde, „er ist ja erst 78!"

Zu Hause bin ich in Ischl

Dem Ehepaar Straus blieb wenig Zeit, sich im Salzkammergut zu erholen. Das Konzert in London ließ sich nicht verschieben. Die neue „Empress Hall“ sollte im Oktober 1948 vom berühmtesten Musiker des Jahres eröffnet werden, und das war eben Oscar Straus. Es blieb dann auch nicht bei diesem einen Konzert: Die Rundfunkstudios standen dem lange erwarteten Oscar Straus weit offen, auch die Hörer des „BBC“ sollten Gelegenheit erhalten, ein ausgiebiges Wiederhören zu feiern. Also gab es Interviews, Konzerte und Feste. Erst als aus Zürich immer dringendere Telegramme eintrafen, die um möglichst ausgiebige Teilnahme an den Proben für die neue Operette ersuchten, übersiedelte Straus an den Zürichsee. Wieder blieb es nicht bei der Arbeit im Theater; diesmal war es Radio Beromünster, das den Komponisten für ein festliches Konzert verpflichtete.

Am 7. November 1948 hatte dann die vor etwa 10 Jahren in Paris begonnene Operette „Die Musik kommt“, Text von Paul Knepler und Armin Robinson, Gesangstext von Robert Gilbert, im Stadttheater Premiere. Der Titel des Werkes erinnerte geschickt an eines der Lieder, mit denen Oscar Straus im Berlin der „Überbrettl-Zeit“ seine Karriere begonnen hatte, die Handlung aber schmiegte sich an die bereits in der Operette „Ein Walzertraum“ bewährte Geschichte an:

In einem deutschen Residenzstädtchen war ein Prinzeßchen, das inmitten einer steifen Hofgesellschaft aufgewachsen war, mit dem Erbprinzen verheiratet worden. Es kannte nur die Regeln der Etikette und – die altväterischen Tänze aus anno Rokoko, z. B. Menuette und Gavotte. Das Zeremoniell setzte gleichsam auch den Gefühlen unüberwindliche Schranken, die der angehende ‚Landesvater‘ – der sich mit dieser Anrede alsbald verspottet fühlte – nicht überwinden konnte. Da bricht die Musik ein, ein Walzer, den eine junge Wiener Schauspielerin in dem Ländchen rasch populär macht. Ein Maskenball wird arrangiert, und in den Masken Juno und Jupiter lösen Prinzeßchen und Prinz gleichsam im Walzerschritt den Bann der hemmenden Etikette. Die Zukunft der Dynastie scheint gesichert.

Das Publikum im Züricher Stadttheater feierte vor allem das Wiedersehen mit Oscar Straus. Als der Komponist nach der Pause am Pult des Orchesters erschien und ein längeres Zwischenspiel dirigierte, wurde er stürmisch umjubelt. Da auch die Aufführung der Novität vortrefflich war, nahmen die Zuschauer die offenkundigen Längen des Librettos nicht übel. Der Premiere konnte also eine lange Reihe von Aufführungen folgen.

Straus aber reiste nach Wien weiter. Die Freude auf das Wiedersehen mit seiner Heimatstadt war allerdings nicht ungetrübt: Die Erinnerung an die Ereignisse des Jahres 1938, die ja nicht nur zu seiner Vertreibung aus Österreich geführt hatten, sondern auch zum widerspruchslos hingenommenen Verbot seiner Werke und zum Tod seines Sohnes im Konzentrationslager, ließ sich nicht so leicht bannen, und Wien war offenkundig auch gar nicht bereit, Oscar Straus ebenso begeistert willkommen zu heißen wie London und Zürich.

Er war eingeladen worden, ein Konzert mit dem nun fast zur Routine gewordenen Motto „Von Strauß zu Straus" zu dirigieren, dessen Ertrag dem Wiederaufbau des zerstörten Hauses der Wiener Staatsoper am Ring zufließen sollte. Der österreichische Rundfunk fügte einen Abend in der Reihe „Wir laden ein" hinzu. Das war aber schon alles, was die Heimatstadt dem Komponisten zu bieten hatte. Von seinen Operetten stand keine auf dem Spielplan eines Theaters. Ein Gespräch über die Übernahme der Novität „Die Musik kommt" war zwar in Gang gekommen, wurde aber lustlos und zögernd geführt. In einer Zeitung standen in dem darin veröffentlichten „Gruß an Straus" die Sätze: „Ein Meister ist wieder daheim. Eine Chance für Wien, eine Chance für Österreich!" Doch als das Konzert, das am 26. November 1948 neben Werken von Johann und Joseph Strauß Ausschnitte aus dem Ballett „Die Prinzessin von Tragant" und den Operetten „Der tapfere Soldat" und „Ein Walzertraum" sowie die Uraufführung von zwei Stücken aus der damals noch nicht vollendeten Oper „Božena" bot, vorüber war, fand sich niemand, der dem Komponisten neue Aufgaben gestellt, ihn zu einer intensiven Arbeit für Wien aufgefordert hätte. So blieb der einzige Gewinn für Straus das Wiedersehen mit seiner Tochter Kitty, das freilich in aller Heimlichkeit stattfand. Die Tränen in den Augen der beiden sollte kein Fremder sehen.

Knapp vor der Abreise des Komponisten aus seiner Heimatstadt, die fast demonstrativ auf die ‚Chance Straus' verzichtet hatte, wurde im Filmatelier Rosenhügel ein kurzer Fernsehfilm mit dem Motto „Von Strauß zu Straus" hergestellt. Er war vor allem für Amerika bestimmt und bot nicht viel mehr als ein gefilmtes Konzert. Man ließ also auch die Gelegenheit ungenützt, eine Biographie des Komponisten oder auch nur eine sorgfältige Dokumentation seines Lebens und seiner Arbeit zu produzieren. Ehe Straus wieder abreiste – in Monaco wurde bereits ein großartiger Empfang für ihn vorbereitet –, deponierte er seinen Wunsch, es möge doch ein Theater für jenes Stück gefunden werden, das ihm besonders am Herzen lag: für die Operettenfassung von Arthur Schnitzlers „Liebelei". Das Volkstheater griff diese Anregung zwar auf, aber nach langwierigen Verhandlungen beschloß der Kunstrat, der bei dieser Bühne den Spielplan zu genehmigen hatte, das Werk nicht zuzulassen. Damit war die Operette „Liebelei" gestorben.

Von Monte Carlo reiste Oscar Straus wieder nach London. Wieder gab es Festkonzerte in der „Albert-Hall" und Aufnahmen bei BBC. Einige Schallplatten entstanden und es gab Konzerte und Rundfunkaufnahmen. Vor allem aber wollte Straus mit Yvonne Printemps wegen des Projekts einer Operette „Duchess" reden. Die Künstlerin bat, diesen Plan aufzuschieben: Sie lasse soeben den Film „Trois Valses" synchronisieren und werde ihn dem internationalen Verleih anbieten. Dann werde man weitersehen. Während Straus auf der Terrasse des „Café Champs Elysée" auf Frau Printemps wartete, schoß ein alter Freund auf ihn zu: Max Ophüls, der indessen Pariser geworden war. „Als ich meinen Film nach Arthur Schnitzlers ‚Liebelei' gedreht habe, da sind wir nicht zusammen gekommen. Diesmal entgehst Du mir nicht! Ich arbeite an einem Plan, bei dem nur Du mir helfen kannst. Seit Wochen lasse ich Dich überall suchen. Und nun sitzt Du hier mitten in Paris! Du wirst nicht abreisen, ehe ich Dich nicht unter Vertrag genommen habe!" Oscar Straus riskierte ein unbeholfenes Lächeln: „Was hast Du denn für ein Projekt für mich?" Ophüls platzte heraus: „Natürlich wieder Schnitzler, ‚Der Reigen'!" Nun wurde das Lächeln des Komponisten zur Grimasse: „Mit Schnitzler habe ich nie in meinem Leben Glück gehabt. ‚Der tapfere Kassian', ‚Spiel im Morgengrauen', die Operette ‚Liebelei'. Alle Bemühungen waren vergeblich – es ist niemals etwas Rechtes daraus geworden." Aber Ophüls ließ sich nicht beirren, und als Oscar Straus seinen Freund verließ, hatte er den Vertrag unterschrieben, für den Film „La Ronde" nach Arthur Schnitzlers „Der Reigen" die Musik zu komponieren.

Mit sich nahm Straus die Skizze zu einem kleinen Walzer, der ihm für den Beginn des Filmes eingefallen war. Das Stück mußte wienerisch sein und doch in einen französischen Film passen. Ophüls hatte ja die Sphäre des Spiels aus dem Wiener Milieu gelöst und ihm damit einen zusätzlichen Reiz verschafft. Vielleicht ging deshalb dem Komponisten ein kleines Motiv im Dreivierteltakt durch den Kopf, das Hector Berlioz etwa ein Jahrhundert früher für seinen „Sylphentanz" verwendet hatte. Es verwandelte sich in seiner Phantasie zu einem wienerisch-pariserischen Walzer im Stil der Jahrhundertwende, jener Zeit also, in der Arthur Schnitzler sein Spiel vom „Reigen der Liebe" niedergeschrieben hatte. Ein Wiener sollte es in dem Film vortragen, Adolf Wohlbrück, der durch den Willi-Forst-Film „Maskerade" bekannt geworden war, nun in London lebte und sich Anton Walbrook nannte. Ophüls akzeptierte beides sofort: die Melodie und den Vorschlag, Wohlbrück zu engagieren. Nun war sein Film „La Ronde" perfekt.

In die Zeit seines Aufenthaltes in Paris fiel auch der 80. Geburtstag des Komponisten am 6. März 1950. Aus diesem Anlaß wurde eine Reihe von Feiern organisiert, die in einem weiteren Festkonzert sowie mehreren Rundfunk- und Schallplattenaufnahmen ihre Höhepunkte erreichten. Aus der ganzen Welt trafen Briefe und Telegramme ein, mehrere Staaten verliehen Oscar Straus hohe und höchste Auszeichnungen. Etwas später beschloß auch der Wiener Stadtsenat, dem ‚berühmten Sohn der Stadt' den Ehrenring zu verleihen. Die größte Freude bereitete es dem Komponisten freilich, daß im Gärtnerplatz-Theater in München trotz der kritischen Versorgungslage der bayerischen Metropole die Neufassung seiner Operette „Die Musik kommt" unter dem Titel „Ihr erster Wal-

Die Skizze zum Walzer aus dem Ophüls-Film „La Ronde“ nach Arthur Schnitzlers „Der Reigen“

zer“ pünktlich ihre Erstaufführung erleben konnte. Die führende Operettenbühne Deutschlands hatte für diese Premiere ihr Personal ergänzt und für die Regie den in Wien tätigen Adolf Rott sowie neben Karl Schönböck die Wienerin Hertha Mayen aufgeboten. Wie schon in Zürich sicherte die Qualität der Aufführung den überwältigenden Erfolg des Abends:

Adolf Rott, später Direktor des Wiener Burgtheaters, steuerte eine seiner phantasiereichsten, mit einer Fülle effektvoller Einzelheiten geradezu prunkenden Inszenierung bei, Schönböck und Mayen ‚räumten ab' und auch die Bühnenbilder Fritz Judtmanns trugen dazu bei, das Publikum aus dem wahrhaft dunkelgrauen Alltag der Zeit ins Reich der Anmut und der Lebensfreude zu entführen. Als Oscar Straus zu Beginn des zweiten Aktes selbst am Pult erschien und das Intermezzo sowie einen Chor dirigierte, schlug ihm eine Welle begeisterter Sympathie entgegen, er wurde erst nach langen Ovationen wieder auf den Ehrenplatz in seiner Loge entlassen. Nach dem Schluß der Aufführung wiederholten sich die Beifallsstürme, dann zog sich die Feier im kleinen Kreis noch bis weit in die Morgenstunden hinein. Straus meinte am nächsten Mittag: „In diesem Jubel bin ich mit 80 Jahren neu geboren worden!"

In Amerika nahm man das Jubiläum des Komponisten zum Anlaß, abermals eine Tournee mit der Operette „The Chocolate Soldier" zu starten. Sie führte wieder durch eine Reihe von Städten und erreichte überall Erfolge, wie man sie im Zeitalter des Musicals eigentlich gar nicht mehr erhofft hatte. Straus selbst hatte der Einladung, an dieser Tournee teilzunehmen, nicht Folge leisten können, aber sein Sohn Erwin konnte sich vom Ausmaß dieses Triumphes überzeugen. Erst im April 1950 fand dann Oscar Straus die Muße, dem Magistrat seiner Heimatstadt für die Verleihung des Ehrenringes zu danken; er mußte allerdings den Zeitpunkt offen lassen, an dem er diese Auszeichnung entgegennehmen könnte. Denn jetzt konzentrierte sich die Aufmerksamkeit des Komponisten, seiner Mitarbeiter und aller seiner Freunde auf die Fertigstellung und auf den Start des Ophüls-Films „La Ronde".

Am 16. Juni 1950 war es so weit. Um die Premiere möglichst günstig zu plazieren, verband man sie mit einem Galakonzert, dem der Präsident der Republik, Vincent Auriol, beiwohnte (und mit ihm natürlich ‚tout Paris'). Straus dirigierte den ersten Teil eines umfangreichen, allzu umfangreichen Programms, es nahm soviel Zeit in Anspruch, daß Präsident Auriol gar nicht mehr anwesend war, als die Vorführung des Films „La Ronde" begann. Auch ein Teil der Festgäste machte sich mehr oder weniger diskret auf den Heimweg; dabei kam es nach Pariser Sitte zu lebhaften Verabschiedungen von den zurückbleibenden Freunden und zu fröhlichen Zurufen über die Sitzreihen hinweg. Der Zauber des Films konnte sich unter diesen Umständen kaum entfalten, und als die Vorstellung um etwa 1 Uhr früh zu Ende war, gab es so gut wie keinen Beifall. Jeder suchte so rasch wie möglich nach Hause zu kommen. Am nächsten Tag waren die Vorfälle an diesem eher wirren als festlichen Abend das wichtigste Thema in den Pariser Kaffeehäusern: Alle Facetten des Ablaufes wurden erörtert, aber niemand verlor auch nur ein Wort über den Film. Er galt als durchgefallen und abgetan.

Oscar Straus versuchte Ophüls zu trösten und prophezeite: „Dieser Film wird seinen Weg machen", und verließ am nächsten Tag die französische Hauptstadt. Er reiste nicht nach Wien, sondern zog sich mit seiner Gattin wieder nach Ischl zurück. Dort nahm er still eine neue Arbeit in Angriff, die eigentlich ein altes Projekt betraf: Er ergänzte die Partitur seiner im Jahre 1937 begonnenen Oper „Božena". Seinen Freunden erklärte er den Rückzug ins Salzkammergut mit den Worten: „Wie ich es heute sehe, bin ich in Wien zur Welt gekommen, in Berlin berühmt geworden, in Amerika konnte ich viel Geld verdienen, Paris hat mich freundlich aufgenommen, aber zu Hause bin ich doch in Ischl." Und dabei sollte es künftig bleiben.

Noch kam Oscar Straus nicht zur Ruhe. In Salzburg faßte man den Plan, am Rande der Festspiele 1950 Aufführungen des Münchener Gärtnerplatz-Theaters mit der Operette „Ihr erster Walzer" anzusiedeln. Natürlich wäre es dem Komponisten lieber gewesen, es hätte sich in Wien eine Bühne für sein Stück gefunden, aber er wußte es durchaus zu schätzen, daß Salzburg dem „Ersten Walzer" einen Platz neben Mozart und Richard Strauss in durchaus repräsentativer Weise zugewiesen hatte. Er kam daher von Ischl bereitwillig an die Salzach, um die Erstaufführung des Stückes in Österreich vorzubereiten und bei der Premiere wenigstens für kurze Zeit am Pult des Landestheaters zu erscheinen. Straus hatte es nicht zu bereuen: Das internationale Publikum der Festspiele kam bereitwillig auch zu seiner Operette. Am Abend der Erstaufführung konnte er für langanhaltenden Beifall danken und nachträgliche Wünsche zu seinem 80. Geburtstag entgegennehmen. Im Theater und bei den anschließenden Feiern bewies er einmal

Foto aus dem Film „La Ronde" von Max Ophüls (nach Schnitzlers „Der Reigen") mit Adolf Wohlbrück (Anton Walbrook) und Simone Signoret

öfter seine Vitalität: Er dirigierte nicht nur mit jugendlichem Schwung, sondern hielt auch bis in die frühen Morgenstunden bei den Gästen aus. Und weil nicht alle seine Freunde, die zu diesem Fest angereist waren, der Premiere hatten beiwohnen können, dirigierte – und feierte – Straus noch ein zweites- und drittesmal. Salzburg hatte also geleistet, was Wien versäumte: eine Ehrung auf dem Theater für den weltberühmten Jubilar Oscar Straus.

Währenddessen hatten die Pariser immer mehr Gefallen an dem Film „La Ronde" gefunden. Er war zwar aus den Palästen der Innenstadt in die kleinen Kinos der Vorstädte abgedrängt worden, aber gerade dort begeisterte er die Zuschauer. Schon machte die kleine Walzermelodie die Runde in Paris, da kam aus Venedig eine als Sensation empfundene Nachricht: Bei der Biennale am Lido hatte „La Ronde“ den ersten Preis errungen! Eilig holten die Filmtheater in der Pariser Innenstadt den Streifen zurück, und nun lief er auch dort vor ausverkauften Häusern. Die Kinos in England forderten Kopien an, auch Hollywood wollte „La Ronde“ möglichst bald kennenlernen. Und als die Stadt New York die Vorführung des Films wegen seines ‚unsittlichen Inhalts‘ verbot, war das amerikanische Publikum alarmiert: Man wollte den Streifen natürlich erst recht sehen! In Deutschland wurde „La Ronde“ in einer prächtigen, französisch-wienerischen Neufassung gezeigt und eroberte ebenfalls ein Millionenpublikum. Der Walzer „La Ronde“ aber wurde zum Schlager: Sowohl die großen Unterhaltungsorchester als auch zahllose Tanzkapellen und Mini-Ensembles spielten ihn in allen nur denkbaren Arrangements. Monatelang führte „La Ronde“ die Hit-Paraden mehrerer Länder als jeweils erfolgreichstes Stück an. Oscar Straus hatte abermals einen grandiosen weltweiten Erfolg errungen.

Als der Komponist im Herbst 1950 wieder in Paris erschien, wurde er wie ein Triumphator empfangen. Aber er entzog sich diesmal den Feiern und dirigierte lieber Jubiläumsaufführungen seiner Werke in München und Nürnberg, sah sich die deutsche Fassung des Yvonne-Printemps-Films „Drei Walzer“ an und verhandelte über neue Projekte. Erst als sich der Rummel wieder gelegt hatte, kehrte Straus an die Seine zurück. Operettentextbücher, wie sie ihm nun massenhaft angeboten wurden, lehnte er konsequent ab, nur über Filmpläne ließ er mit sich reden. Und den „Walzertraum“ wollte er, wenn es schon sein mußte, ‚modernisieren‘; aber weil er sich doch nicht recht zutraute, den angeblichen Zeitgeschmack zu treffen (und es wohl auch gar nicht wollte), zog er seinen Sohn Erwin zur Mitarbeit heran.

Anfang April 1951 nahm sich Oscar Straus die Zeit, nach Wien zu reisen, um den ihm verliehenen Ehrenring aus der Hand des Bürgermeisters Theodor Körner entgegenzunehmen. Es ereigneten sich die bei solchen Anlässen üblichen Würdigungen, aber den Ansprachen im Rathaus folgte keine einzige Straus-Premiere in einem Wiener Theater. Überdies

Am 31. März 1951 überreichte Wiens Bürgermeister Theodor Körner dem 81jährigen Oscar Straus den Ehrenring der Stadt Wien

war die Einfuhr des Films „La Ronde" nach Österreich vorerst nicht bewilligt worden, und die Zensur meldete gegen die Aufführung des Streifens Bedenken an. Man berief sich dabei auf das Vermächtnis des Dichters Arthur Schnitzler, der die Aufführung des „Reigens" auf dem Theater für Jahrzehnte verboten hatte; aber die Verfilmung war dabei nicht erwähnt worden – vor allem natürlich aus dem ganz einfachen Grund, weil Arthur Schnitzler wohl mit dieser Möglichkeit gar nicht gerechnet hatte, obwohl er später Filme gestattet hatte, die nach seinen Stücken und Novellen hergestellt worden waren, u. a. die Verfilmung seiner Novelle „Spiel im Morgengrauen" in Hollywood auf Vorschlag von Oscar Straus.

Hätte Schnitzler auch die Filmversion des „Reigens" verbieten wollen, so wäre damals – so wurde argumentiert – Gelegenheit dazu gewesen. Wochenlang zog die Debatte sich hin.

Während das Ehepaar Straus im Frühjahr zu einer Kur nach Bad Kissingen reiste, fiel endlich die Entscheidung: „La Ronde“ wurde auch in Österreich zugelassen. Aber erst im August kam es zur Erstaufführung in Salzburg. Selbstverständlich fuhr Straus zu dieser Premiere an die Salzach und freute sich besonders, weil er mit seiner Skepsis – „mit Schnitzler habe ich kein Glück“ – diesmal auf denkbar spektakuläre Weise ganz und gar nicht Recht behalten hatte.

Durch den weltweiten Erfolg des „Reigen-Walzers“ war das Ehepaar Straus wieder einmal aller finanziellen Sorgen enthoben. Aber die Zeiten, in denen Straus Stammgast in den Klubs und Spielkasinos gewesen war, kamen ohnedies nicht wieder. Ein Kartenspiel mit Gattin Clara – um Groschen statt um Tausender – beschloß nun zumeist seinen Alltag. Seine Zigarren freilich waren wieder von der allerbesten Sorte.

Den Jahreswechsel 1951/1952 verbrachte das Ehepaar in Paris. Selbstverständlich überlegte der Komponist, ob der Erfolg mit „La Ronde“ nicht für sein Schmerzenskind, die Schnitzler-Operette „Liebelei“, ausgenützt werden könnte. An Wien, an Österreich dachte er längst nicht mehr, aber er hoffte auf Aufführungen in Frankreich oder in England. Doch wo immer Straus anklopfte, niemand wollte diesem Stück den Weg auf die Bühne ebnen.

Macht nichts, dachte Straus, ich habe ja noch „Božena“. Natürlich wäre der rechte Ort für die Uraufführung dieses Werkes Wien gewesen, denn für die Wiener Volksoper war es ja seinerzeit begonnen worden. Aber gerade in diesem Hause, das seit 1945 zum Verband der Österreichischen Bundestheater gehörte (obwohl es im Besitz der Stadt Wien war und sich auch heute noch befindet!), bestand für eine Aufführung so gut wie keine Chance. Von der Öffentlichkeit kaum bemerkt, ereignete sich ein zwar niemals zugegebener, aber auch nicht geleugneter Wettstreit zwischen den Emigranten und jenen Künstlern, Direktoren und Managern, die während des ‚Dritten Reiches‘ in der Heimat geblieben und von den Machthabern entweder verfolgt oder geduldet worden waren. Selbst der einflußreiche Leiter der Bundestheaterverwaltung, Sektionschef Dr. Egon Hilbert, der an der Seite einer ganzen Reihe von Politikern jahrelang in den Konzentrationslagern des Dritten Reiches gefangen gehalten worden war, drängte eher auf eine

Wiedereingliederung der von den alliierten Behörden wegen ihres Bekenntnisses zum Nationalsozialismus mit Arbeitsverbot belegten Künstlern in den Kulturbetrieb als auf die Aufführung der in der Zeit der Emigration entstandenen Werke jener Komponisten und Schriftsteller, die aus Österreich hatten fliehen müssen. Von allen Werken, die man damals hätte aufführen können und müssen, erreichte nur die komische Oper „Die Kathrin" mit der Musik von Erich Wolfgang Korngold die Bühne der Volksoper. Als dieses Stück nicht den vom Komponisten erhofften großen Erfolg hatte, gab es für ähnliche Werke – und dazu gehörte vor allem natürlich „Božena" von Oscar Straus – keine Chance mehr.

Straus war deshalb nicht in Verlegenheit. Während eines Kuraufenthaltes in Bad Gastein spann der Komponist im März 1952 wieder Fäden zum Gärtnerplatz-Theater in München und erhielt sofort die Zusage, daß er seine Oper „Božena" dort dem Publikum vorstellen könne, wann immer er wolle. Die Direktion stieß sogar ihren Spielplan um, weil sie sofort Platz für das neue Werk von Oscar Straus schaffen wollte. Das hatte zwar die groteske Folge, daß die Generaldirektion der Bayerischen Staatstheater, der auch die Bühne am Gärtnerplatz unterstand, die Aufführung untersagen ließ („Der kundgemachte Spielplan ist einzuhalten!"), doch die Direktion setzte sich über die Bedenken der Verwaltung souverän hinweg und ordnete die Premiere für Mai 1952 an. Eiligst wurde mit den Proben begonnen, an denen Straus, ohne zu ermüden, teilnahm.

Am 16. Mai 1952 war es dann so weit: „Božena", Volksoper von Julius Brammer und Alfred Grünwald, Musik von Oscar Straus, ging zum ersten Mal über die Bühne des Gärtnerplatz-Theaters in München. Das Ehepaar Straus saß in einer Loge und genoß mit Behagen die schöne, sorgfältig vorbereitete und großzügig ausgestattete Vorstellung.

Personal und Milieu des Stückes erinnerten die Zuschauer unwillkürlich an die Oper „Die verkaufte Braut" von Friedrich Smetana. Damit wurde ein Vergleich heraufbeschworen, der für Oscar Straus nicht ungefährlich war. Denn dieses einst von Publikum und Kritik lange Zeit nicht beachtete Werk gehörte seit 1892 zu den beliebtesten Opern der Weltliteratur. Auch in der Oper „Božena" geht es um das Schicksal eines stolzen Mädchens in einem Dorf der alten Donaumonarchie. Zunächst

Die Volksoper „Božena" wurde 1952 am Gärtnerplatz-Theater in München mit großem Erfolg uraufgeführt

will sich der reiche Bauer an Božena rächen, weil sie keinen seiner Söhne heiraten will. Ein fescher Dragonerkorporal wird angeworben, der das Mädchen in sich verliebt machen und dann ebenfalls abweisen soll. Karel geht auf den Handel ein; doch die beiden verlieben sich so sehr ineinander, daß aus dem falschen Spiel redlicher Ernst werden soll. Da kehrt Boženas Bruder, der im Dorf als Deserteur gilt, nach Hause zurück. Božena fürchtet, er könnte bestraft werden, wenn seine Anwesenheit bekannt werde, und versteckt ihn in ihrem Haus. Dort findet ihn Karel, hält ihn für Boženas heimlichen Liebhaber und hetzt die Dorfleute dazu auf, das Dach des Hauses abzudecken, damit die Eltern des Mädchens vom Himmel aus die Schande sehen könnten, die das Mädchen angeblich über das Haus gebracht hat. Doch alles klärt sich auf, und zuletzt finden nicht nur Božena und Karel zu einander.

Natürlich war es für Oscar Straus schwer, mit der Melodienfülle, die Friedrich Smetana über seine Oper ausgegossen hatte, in Wettstreit zu treten. Überdies hatte sich die Erwartung des Publikums geändert: Im Wien der Dreißigerjahre hätte das Spiel in einem Dorf der Slowakei wehmütige Erinnerung an die Zeit erweckt, in der Böhmen, Mähren, die Slowakei, Ungarn, Kroatien und Krain noch zur Monarchie gehört hatten, nun aber wurden die Zuschauer eher in ein Märchenland versetzt, das ihnen weit weniger vertraut war als die alte Slowakei den Wienern. Auch die Musik lag diesen Zuhörern nicht im Blut, sie wirkte wie eine Erneuerung jener Weisen, die man eben von Smetana und auch von Antonin Dvořák und Zdenko Fiebich her kannte. Je weiter der Abend fortschritt, desto deutlicher aber konnten sich die Melodien, die Oscar Straus mit gewohnter Meisterschaft geschickt und effektvoll orchestriert hatte, vom Vorbild der slawischen Meister abheben. Und da stellte sich auch der Erfolg ein: Die Lieder wurden leise mitgesummt, die flotten Tänze rissen das Publikum zu stürmischem Beifall hin. Das große Finale des 2. Aktes mündete bereits in einen Jubel, der sich nach dem Schluß der Aufführung mit gleicher Intensität erneuerte. Die Kritiken hoben am nächsten Tag fast einstimmig hervor, es sei Straus gelungen, die Tradition der komischen Oper aus der längst versunkenen Ära der Donaumonarchie in die ganz andere Sphäre der Jahre nach dem Ende des Zweiten Weltkrieges einzubringen, und es sei schön, mit seiner Musik wieder von den alten Zeiten zu träumen. Straus konnte mit dem Beifall am Premierenabend und mit der allgemeinen Zustimmung der Kritiker, die nur gegen die Arbeit der Librettisten allerlei vorzubringen hatten, durchaus zufrieden sein.

Die Wiener Tageszeitungen ließen sich wohl ausführlich über den Erfolg der Münchener Uraufführung berichten, aber es erhob sich nicht eine einzige Stimme, um auch eine Aufführung in Wien anzuregen oder gar zu fordern. Wieder sollte es Salzburg vorbehalten bleiben, für die österreichische Erstaufführung des Werkes zu sorgen. Sie fand im Oktober 1952 statt.

Die Kurstadt Bad Ischl freilich wollte nicht so lange warten. Sie arrangierte am 9. August 1952 ein Festkonzert im Kurhaus, dessen Programm ausschließlich Kompositionen von Oscar Straus umfaßte. Im zweiten Teil, den Straus selbst dirigierte, erklangen auch Ausschnitte aus „Božena“. Das Publikum applaudierte mit Begeisterung und Beharrlichkeit, es erzwang Wiederholungen und Zugaben, darunter selbstverständlich den „Reigen-Walzer“. Es war ein prächtiger Auftakt für die Feier, die insgeheim von langer Hand vorbereitet worden war: Am Sonntag, dem 10. August 1952, erhielt ein Teil der berühmten Ischler Esplanade den Namen „Oscar-Straus-Kai“. Daß dabei dem Schildermaler ein Irrtum unterlief und er den Namen mit jenem des Walzerkönigs Strauß verwechselte, tat der Stimmung keinen Abbruch. Straus war es indessen ja gewohnt, verwechselt zu werden, und der Bürgermeister besserte höchstpersönlich den Irrtum aus. Photographieren ließ sich Straus mit dem Namenschild auf ‚seinem‘ Kai allerdings erst, als die Inschrift korrekt war.

Im September besuchte Straus die aufstrebende, bereits völlig wieder aufgebaute Stadt Düsseldorf und erlebte im Opernhaus eine Galaaufführung seines „Walzertraums“ in der Neufassung. Vom Rhein fuhr er in Etappen an die Donau, um in Wien für die Marcel-Prawy-Produktion Schallplattenaufnahmen seiner Operetten „Ein Walzertraum“ (mit neuen Intermezzi) und „Der letzte Walzer“ zu leiten. Bei dieser Gelegenheit referierten mehrere Wiener Zeitungen über die vielfältige Tätigkeit des Komponisten; darin waren Sätze enthalten wie: „Überall wird Straus'sche Musik gespielt, sein ‚Reigen-Walzer‘ ist in aller Welt ein sensationeller Erfolg, die Reprise seiner Operette ‚Trois Valses‘ kommt in Paris heraus, in Zürich steht sie schon seit einigen Tagen auf dem Programm. Nur in Wien ist Straus nirgendwo zu hören – es sei denn auf den Schallplatten . . .“ Konsequenzen daraus wurden freilich von niemandem gezogen.

Um seiner Wiener Aufnahmen willen mußte Straus auf die Teilnahme an der vortrefflichen Züricher Produktion der „Drei Walzer“ verzichten. Als aber in Salzburg die Oper „Božena“ vom Ensemble des Landestheaters – mit der Münchener Sängerin der Titelrolle als Gast – aufgeführt wurde, saß Straus selbstverständlich in der Loge, folgte mit Interesse und leisem Lächeln auf dem sonst zumeist so ernsten Gesicht der Vorstellung und nahm nachher fast ein wenig verlegen die Ovationen des Publikums entgegen.

Im Dezember folgte die Wiederaufnahme der Operette

1952 in Wien: Oscar Straus bei den Schallplattenaufnahmen für die Marcel-Prawy-Produktion seiner Operetten „Ein Walzertraum" und „Der letzte Walzer". Hinter dem greisen Meister Marcel Prawy und Dr. Hans Sachs

„Trois Valses“ in Paris, wobei nicht mehr Yvonne Printemps (sie schickte ein Glückwunschtelegramm) und Pierre Fresnay, sondern Germaine Roger und Pierre Jourdain die Hauptrollen spielten. Die neue Generation war ebenso erfolgreich wie das Team um Printemps und Fresnay. Wie in Salzburg saß Straus auch in Paris vergnügt in seiner Loge und lächelte zufrieden. Seine Werke begeisterten augenscheinlich auch weiterhin das Publikum. Die Faszination blieb übrigens diesmal nicht auf das Theater beschränkt: Gleich nach der Premiere trugen die Pariserinnen Halstücher mit den Notenzitaten aus der Operette und verwendeten das Parfüm „Trois Valses“. Die Melodien waren wieder in allen Kaffeehäusern zu hören.

So ganz nebenbei traf Straus auch mit Max Ophüls zusammen. Der durch seinen „Reigen“-Film auch in Amerika gefragte Regisseur wollte, ehe er eventuell nach Hollywood übersiedelte, ein Frauendrama verfilmen. Und dazu, meinte er zu Straus, könne er einen neuen Walzer brauchen, so in der Art des „Reigens“. „Will sehen“, brummte Straus, „was sich machen läßt“, und begann wie gewohnt, vor sich hinzusummen. Aber mit der Niederschrift dieses Einfalls ließ er sich Zeit.

In München wartete nämlich bereits ein anderes Film-Team auf sein Eintreffen. Zwei Arbeiten standen dort auf dem Programm des fast 83jährigen Straus. Erstens waren einige Musiknummern für einen Film zu komponieren, der aus der Posse „Einen Jux will er sich machen“ von Johann Nestroy eine Komödie mit dem Titel „Einmal keine Sorgen haben“ machen sollte. Nun, Straus machte sich auch keine Sorgen um diesen Film: Am Drehbuch hatte Hans Weigel mitgearbeitet und es waren so ausgezeichnete Schauspieler – von Hans Moser und Fritz Imhoff bis zu Fritz Muliar und Helmut Qualtinger, von Alma Seidler bis Nadja Tiller – aufgeboten, daß ein Mißerfolg auszuschließen war. Der Film, der ab Mai 1953 in allen deutschsprachigen Kinos lief, rechtfertigte dann auch diese Erwartung völlig. – Und zweitens war eine Neufassung der Operette „Der letzte Walzer“ herzustellen. Auch in diesem Falle stand für die Filmversion des Stoffes ein grandioses Ensemble zur Verfügung: Eva Bartok und Curd Jürgens, O. E. Hasse und Christl Mardayn, Siegfried Breuer und Erni Mangold hatten die Hauptrollen inne. Straus konnte sich auf die Mitarbeit von Bruno Uher stützen. Als der Film ab August

1953 in die Lichtspieltheater und Kinos kam, erwies er sich als ein ebenso starker Publikumsmagnet wie etwa 33 Jahre früher die Operette. Millionen wurden von der Handlung gepackt, Millionen waren aber auch von der Musik aufs neue begeistert. Wieder konnte der Komponist befriedigt konstatieren, daß seine Musik keineswegs aus der Mode gekommen war. Nach der intensiven Arbeit in München zog Straus sich den Sommer über nach Ischl zurück. Ein Freund, der ihn damals besuchte, berichtete später:

„Sein hohes Alter hinderte Straus keineswegs, unermüdlich zu arbeiten, Gäste zu empfangen und unverdrossen meine zahllosen Fragen zu beantworten. Um zehn Uhr klopfte ich an die Doppeltür, die in das Eckzimmer seiner Villa führte, an dessen Wänden vergilbte Lorbeerkränze und alte Programme hingen. Da saß er mit einer riesigen Zigarre im Munde, die wie eine Schutzmarke wirkte, und es war nicht die erste an diesem Tage. Bis Mittag berichtete er mir aus seinem Leben, so lebendig, daß man fast glaubte, die Goldstücke in seinen Taschen klimpern zu hören. Danach setzten wir uns zu Tisch und genossen das umfangreiche Mahl, das Frau Clara servieren ließ. Immer gab es dazu zwei Weine. Den schwarzen Kaffee nahmen wir im Garten ein, wobei niemals der Cognac fehlte, und Oscar Straus hielt mit.

Gegen Abend spazierten wir dann gemächlich durch die Straßen von Ischl, und wenn er nicht sprach, schien er unausgesetzt mit gespitzten Lippen vor sich hin zu pfeifen. Jeder kannte ihn, aber bis auf den höflichen Gruß ließ man ihn ungeschoren.

An manchen Tagen läutete in der Villa Straus das Telephon und Max Ophüls rief aus Paris an, wo er seinen Film ‚Madame de . . .' fertigstellte. Dann sagte Straus gelassen. ‚Gehen Sie einstweilen einen Moment voraus in den Garten, ich muß nur dem Ophüls ein bißchen die Partitur ändern'. Straus konnte nicht aufhören zu arbeiten und wollte es auch gar nicht."

Gleich zu Beginn der Saison 1953/1954 übersiedelte er abermals nach München. Zwei Premieren waren vorzubereiten: Im Gärtnerplatz-Theater sollte die Neufassung der Operette „Drei Walzer" (mit verändertem Vorspiel, einem zusätzlichen Cancan und einem weiteren Walzer für den letzten Teil) die Spielzeit eröffnen, in den Kammerspielen erschien die Operette „Eine Frau, die weiß, was sie will" als musikalisches Lustspiel mit dem Titel „Manon“ auf dem Repertoire, die einstige Massary-Rolle spielte nun Rita Wottawa. Beide Aufführungen brachten dem Komponisten, aber auch den Darstellern – zu denen im Falle der Operette „Drei Walzer“ Elfie Mayerhofer, Topsy Küppers, Tony Nießner und Gustav Waldau gehörten – einen vollen, ungetrübten Erfolg. In „Manon“ konnten neben Rita Wottawa auch Ernst Stankovsky und Gertrud Kückelmann vor dem fröhlich applaudierenden Publikum dutzende Male paradieren. Insgesamt registrierte Clara Straus in beiden Theatern an die 70 Vorhänge!

Überdies kam aus Paris die Nachricht, daß zur selben Zeit der Film „Madame de . . .“ einen ausgezeichneten Start erlebt hatte: Max Ophüls und seine Hauptdarsteller Danielle Darrieux, Charles Boyer und Vittorio de Sica hatten sich im Premierenkino immer wieder verneigen und für die Zustimmung des Publikums danken müssen. Und dann war in Paris der Ruf laut geworden: „Straus, Straus – wo ist Straus?!“ Aber der Komponist hatte diesmal die weite Reise an die Seine gescheut, er versprach, im Sommer 1954 zu kommen, denn der kleine Walzer aus dem Film „Madame de . . .“, ein Lied im Dreivierteltakt mit dem Text „L' amour m' emporte“ („Einmal im Leben“) hatte ähnliches Aufsehen erregt wie der „Reigen“-Walzer. Er wanderte aus den Kinos weiter in die Kaffeehäuser und zu den Drehorgeln. Schon gab es Schallplatten, und die Rundfunksender nahmen es in die Programme auf. Straus versprach, den kleinen Walzer selbst zu dirigieren, „wenn in den Pariser Parks die Rosen blühen“.

Vor allem hatte Straus nun einer Einladung nach Hamburg Folge zu leisten. Die größte Rundfunkanstalt Westdeutschlands, der „Nordwestdeutsche Rundfunk“ mit Studios in Köln, Hannover und Hamburg hatte ihn eingeladen, ausführlich über sein Leben zu berichten und dazu seine wichtigsten Melodien erklingen zu lassen. Eigentlich hatte Oscar Straus ein derartiges Gespräch vom Österreichischen Rundfunk schon lange einmal erwartet, aber in den Direktionen der einzelnen Sendergruppen war in den Nachkriegsjahren niemand auf diese Idee gekommen, und auch die sonst so aktive Gesellschaft der amerikanischen Besatzungsmacht, der Sender „Rot-Weiß-Rot“, hatte es bei gelegentlichen Interviews bewenden lassen. Gewiß, der Österreichische Rundfunk hat dieses Versäumnis später

Oscar Straus in seinem letzten Lebensjahr in Bad Ischl; die Zigarre war längst zum Markenzeichen geworden

gut gemacht und dafür gesorgt, daß die wichtigsten Werke von Oscar Straus, u. a. „Der tapfere Soldat", „Die lustigen Nibelungen", „Walzertraum", „Rund um die Liebe" sowie „Venus im Grünen" vollständig, „Die Prinzessin von Tragant", „Liebelei", „Die Königin", „Das Tal der Liebe" teilweise aufgenommen wurden und auch zahlreiche Proben aus den früheren Arbeiten, z. B. „Alt-Wiener-Reigen", „Serenade für Streicher", „Bilderbuch ohne Bilder", die Suite „Pantomime", das Klavierkonzert und eine Gruppe „Slawischer Tänze" im Tonbandarchiv gespeichert wurden. Aber die Gelegenheit, Oscar Straus selbst über sein Leben und Schaffen berichten zu lassen, wurde in der Heimat eben doch versäumt.

Nun sprang also im Spätherbst 1953 der NWDR mit einer großzügig arrangierten Aufnahme ein. Oscar Straus fühlte sich zunächst nicht recht behaglich bei dem Gedanken, stundenlang über sich selbst Auskunft geben zu müssen. Aber dann redete er sich rasch in beste Stimmung hinein und schuf ein ungemein eindruckvolles Porträt seiner Persönlichkeit und einen schonungslosen Bericht über seine Arbeit. Mit der Noblesse eines Grandseigneurs überging er dabei die Widerstände, mit denen er fertigzuwerden hatte, und die Gefahren, denen er nur mit Mühe entgangen war. An der Reaktion der Zuhörer konnte Straus erkennen, wie viele Erinnerungen er mit seinem Bericht erweckt hatte, aber auch, welches Maß an Wertschätzung und Hochachtung man ihm und seiner Arbeit entgegenbrachte. „Es war ein Höhepunkt in meinem Dasein", meinte Straus, als er, nach Ischl zurückgekehrt, von den Stunden im Hamburger Studio sprach. Wochenlang war er damit beschäftigt, die interessantesten Zuschriften zu lesen und zu beantworten. –

Und dann ging alles sehr rasch. Vor dem besonders feuchtkalten Dezember 1953 flüchtete das Ehepaar nach Lugano. Dort wurde im Kurhaus Sanrocco festgestellt, daß sich die Krankheit, an der Straus offenkundig bereits seit längerer Zeit litt – es handelte sich um Angina pectoris – rasch verschlimmerte. Die Ärzte rieten zu äußerster Schonung, verordneten strenge Diät und ausgiebige Ruhe. Aber Straus nahm die Anordnungen nicht sonderlich ernst. Da aber in diesem Winter auch in Lugano die Witterung extrem rauh und unwirtlich war, drängte Straus auf rasche Rückkehr nach Ischl.

In der vertrauten Umgebung schien er sich etwas zu erholen. Die Spaziergänge wurden vorsichtig wieder aufgenommen, und wenn Gäste kamen, wurden aufs neue Pläne geschmiedet: Vor allem wünschte Straus sein Versprechen einzuhalten, in Paris den Walzer aus dem Film „Madame de . . ." zu dirigieren. Noch wußte er nicht, aber er ahnte es wohl, daß dieses kleine Lied im Dreivierteltakt sein letztes Werk war. Mit einem Lied hatte seine Laufbahn als Komponist begonnen, mit einem Lied klang sie nun aus . . .

Am Abend des 10. Jänner 1954 fühlte sich Oscar Straus besonders wohl. Auch seiner Gattin Clara fiel auf, wie straff sein zerfurchtes Gesicht im matten Licht der Stehlampe wirkte. Und sie sagte es ihm auch. „Du weißt doch, Clara“, scherzte Oscar Straus, „daß ich eine Nachtschönheit bin. Die anderen meinen, ich sei häßlich. In meiner Jugend haben sie mich Marabu genannt, neulich in München wurde ich mit einem Habicht verglichen. Aber Du, Clara, Du solltest das doch besser wissen. Es gibt Blumen, die am Abend blühen, warum soll es nicht auch solche Menschen geben? Zum Beispiel: mich!“

Dann spielten sie ihre gewohnte Kartenpartie. Und diesmal gewann, gegen jede Gewohnheit, Clara. „Es war höchste Zeit“, meinte Oscar Straus sarkastisch, „ich wollte mir schon eine andere Partnerin suchen.“ Clara gewann auch die nächste Partie. In der Nacht erhob sich ein schwerer Sturm. In Oscars Zimmer flammte das Licht auf. Ein Herzanfall riß den Kranken hoch. Doch dann sank er blaß auf sein Lager zurück. „Oscar – was ist mir Dir? Wie geht's?“ „Danke, Clara, besser – jetzt muß ich schlafen.“ Aus diesem Schlaf ist Oscar Straus nicht mehr erwacht. Es war vorbei. Am 11. Jänner 1954 um 1 Uhr früh.

Als man Oscar Straus zwei Tage später zur ewigen Ruhe bestattete, herrschte immer noch jener heftige Sturm, der sein Ende wenn schon nicht herbeigeführt, so doch beschleunigt hatte. Tapfer widerstanden Gattin Clara, Tochter Kitty, Enkelin Inge und Schwiegersohn August Makart dem Wüten der entfesselten Elemente. Doch die Trauergemeinde war klein: Wohl waren aus der ganzen Welt Beileidstelegramme eingetroffen, aber das Unwetter hatte die Zufahrtsstraßen und gleich noch etliche Eisenbahnlinien durch Schneeverwehungen nahezu unpassierbar gemacht. So mußten auch Freunde fernbleiben, die unter anderen Verhältnissen selbstverständlich angereist wären.

Es wurde also keine ‚schöne Leich‘, wie man in Österreich jene prunkvollen Beerdigungen nennt, die man in diesem Lande mit besonderer Großzügigkeit gerade jenen Künstlern zuteil werden läßt, die man zu Lebzeiten nicht gerade nach Gebühr gewürdigt hat. Der Magistrat von Ischl freilich wußte, was er seinem Ehrenbürger schuldig war: Er stellte sofort ein Ehrengrab zur Verfügung. Eine spätere Umbettung des Verstorbenen, wie seine Heimatstadt Wien sie angeboten hatte, wurde zwar erwogen – aber Straus selbst hatte den Wunsch niedergeschrieben: Sein Wort „Zu Hause bin ich in Ischl" habe auch nach seinem Tod zu gelten.

Damit hatte Straus die Lage wohl richtig eingeschätzt, denn in der Folge hat sich Wien eigentlich nur zögernd und ohne besondere Begeisterung zu ihm und seinem Erbe bekannt. Eine kleine Anlage, entlegen, weit draußen zwischen den ehemaligen Vororten Penzing und Lainz, hat den Namen „Oscar-Straus-Park" erhalten, aber die wenigen Bäume und struppigen Büsche dieser Anlage verdienen kaum die Bezeichnung Park und erst recht natürlich nicht den Namen des Komponisten, der es – trotz Franz Lehár, Emmerich Kálmán und Robert Stolz, deren weltweiter Ruhm weder geleugnet noch herabgesetzt werden soll – als einziger seiner Generation in allen Bereichen der Musik – Lied, Oper, Ballett, Operette, Kabarett und Tonfilm – und in den wichtigsten Kulturstaaten der Erde – Österreich, Deutschland, Frankreich, Großbritannien und den Vereinigten Staaten von Amerika – zu nachhaltigen Erfolgen gebracht hatte. Auch auf den Bühnen Wiens sind die Ballette und Operetten von Oscar Straus in den Jahren seit seinem Tode nicht gerade häufig zu sehen gewesen. Im Theater in der Josefstadt und im Raimundtheater war in zwei Inszenierungen die Operette „Eine Frau, die weiß, was sie will" in der Neufassung unter dem Titel „Manon" zu sehen: einmal als Kammerspiel mit Christl Mardayn, Waltraud Haas, Guido Wieland, Hans Unterkirchner und Ernst Waldbrunn – das Orchester wurde dabei durch zwei Klaviere ersetzt – und einmal mit Zarah Leander in der Massary-Rolle. Das Raimundtheater spielte auch „Der letzte Walzer" und mehrfach den „Walzertraum". Die Volksoper wählte ebenfalls die Operette „Ein Walzertraum", die Staatsoper aber ignorierte die „Prinzessin von Tragant" ebenso konsequent wie etwa der „Musikalische Sommer" in Wien die ernsten und heiteren Lieder von Oscar Straus. Stets hat sich Bad Ischl entschiedener für den Ehrenbürger der Stadt eingesetzt als Wien, und Ehrenbürger ist Oscar Straus in der Donaustadt ja auch nicht geworden.

Ungleich nachhaltiger war die Anteilnahme des Auslandes am Erbe des verstorbenen „Weltbürgers der Musik". In Paris,

London, Stockholm, Berlin, München, Köln, Stuttgart, Madrid und New York wurden Trauerfeiern arrangiert, Hollywood veranstaltete ein „Straus-Gedächtnis-Konzert", und als der Film „Madame de . . ." in den Kinos erschien, nahm man das letzte Walzerlied des Komponisten „L' amour m' emporte" zum Anlaß, um noch einmal mit Liebe und Respekt des Verstorbenen zu gedenken.

Erwin Straus war endgültig nach Europa heimgekehrt, aber auch er wählte nicht Wien als Wohnsitz, sondern ließ sich in München nieder. In Österreich stellte er sich bei einem Festkonzert in Ischl am 11. August 1956 vor, in dessen Rahmen Max Schönherr sachkundig einen umfassenden Querschnitt durch das Lebenswerk Oscar Straus' dirigierte: vom Überbrettllied „Die Musik kommt" über „Ein Walzertraum", „Die Teresina", „Der tapfere Soldat", „Rund um die Liebe", „Marietta", „Die Königin", „Der letzte Walzer", „Božena" und „Ihr erster Walzer" bis „La Ronde", und Erwin, der Sohn des Meisters, wirkte als Pianist und Arrangeur einer eigenen Paraphrase mit. Er hat sich in der Folge auch als behutsamer Bearbeiter der wichtigsten Operetten seines Vaters verdient gemacht. Denn die Werke waren ja weiterhin gefragt: an vielen deutschen Bühnen, in der Schweiz, in Frankreich und in Italien. Wie lebendig dabei die Erinnerung an Straus noch war, zeigt eine liebenswürdige Huldigung in einem Programmheft:

Beim „Überbrettl" hielt'st du's mit den Jungen:
Philistern Fluch! „Ich tanz mit meiner Frau . . .
kling . . . gloribusch, ich dreh' mich wie ein Pfau!"
Im Metropol – „Die lust'gen Nibelungen".

Als „Tapferer Soldat" hat nie verdungen
dich Gassenschlagers frechem Ramsch-Radau.
Mir ahnt, daß deiner Walzer locker'n Bau
der Muse du in Schmerzen abgerungen . . .

„Rund um die Liebe": Werk auf Werk! Schon neigen
die Jahre sich im Fluge – du merkst es kaum . . .
Indes der Weltball tanzt nach deinem „Reigen",
klingt zeitlos her „ganz leise durch den Raum"
im Pianissimo gedämpfter Geigen
des Praters Hohelied – „Ein Walzertraum".

Der Sohn Erwin Straus mit Lilli Palmer, die in dem Film „Eine Frau, die weiß, was sie will" die einstige Massary-Rolle spielte

Eine weitere Variation zum Thema „Eine Frau, die weiß, was sie will" wurde in ganz Europa gezeigt, als Lilli Palmer die einstige Massary-Rolle in einer ganz neuen Version in dem gleichnamigen Film darstellte. Dabei hatte sich der Text Veränderungen bis zur Unkenntlichkeit gefallen lassen müssen; die Musik von Oscar Straus hingegen blieb unverändert, war frisch wie am Tage der Operettenpremiere in Berlin und ging noch einmal nicht nur durch die Kinosäle, sondern auch durch die Konzertcafés und Gasthausgärten; sie erklang wieder in den Rundfunkprogrammen und fand sich abermals in den Repertoires der Diseusen.

Clara Straus konnte sich noch lange an dem Nachruhm erfreuen, von dem ihr die – ausländischen – Zeitungen berichteten: In stiller Zurückgezogenheit hielt sie in Ischl aus, bis der

Tod sie im Jahre 1967 abberief. Kurz vor ihrem Tode ließ sie die wichtigsten Erinnerungsgegenstände nach Wien bringen, zur Tochter Kitty, die indessen zum zweiten Male Witwe geworden war und eine kleine Wohnung im Alt-Wiener-Stil am Wiedner Gürtel bezogen hatte. Dort gab es fortan ein adrettes „Straus-Museum", wie es heimeliger und stimmungsvoller eigentlich gar nicht vorstellbar war.

Erwin Straus kam als Erbe leider nicht mehr in Betracht. Die Krankheit, die er in der Jugend nur mit Mühe hatte überwinden können, wurde in den Münchener Jahren so quälend, daß es aus diesem Druck nur eine Befreiung zu geben schien: den Tod. Erwin Straus hielt lange stand, doch schließlich wurde die Krankheit übermächtig: „Bibi" hat im Jahre 1966 seinen Schmerzen entschlossen selbst ein Ende gesetzt.

Auf besonders herzliche Weise wurden Millionen Menschen sowohl in den Vereinigten Staaten als auch in Europa an Oscar Straus erinnert, als Fritzi Massary, noch einmal ‚entdeckt', ins Rampenlicht der Öffentlichkeit und vor die Fernsehkameras geholt wurde. Als letzte Zeugin der ‚Silbernen Ära der Operette' mußte sie ihre Erinnerungen ausbreiten und von ‚alten, legendären Zeiten' erzählen. Sie tat dies mit dem bezaubernden Charme ihres Wesens, dem das Alter eine einzigartige Würde verlieh. So faszinierte die Künstlerin, die sich so vollständig aus der Öffentlichkeit zurückgezogen hatte, daß zumindest in Europa kaum jemand mehr von ihrer ganz und gar verborgenen Existenz gewußt hatte, zum letzten Male ein weltweites Publikum. Und natürlich erzählte sie ausführlich von ihrer Arbeit mit Oscar Straus; dazu erklangen ihre Lieder und Chansons, und mit einem Male wußte auch die Generation, die erst zur Welt gekommen war, als sich die Massary längst hatte zurückziehen müssen, von der Pracht und der Herrlichkeit der Zwanziger- und Dreißigerjahre in Wien, in Berlin und überhaupt im ‚alten Europa'.

War mit dieser Erinnerung an anno dazumal die Zeit des Oscar Straus vorbei? Der Kritiker und Schriftsteller Max Graf war dieser Ansicht; er schrieb in einem Rückblick:

„Oscar Straus gehörte der Welt, die vor seiner Persönlichkeit, seinem Talent, seiner Anmut und seinem leichten Rhythmus mehr Achtung besaß, als das Wien der Jahre 1938 bis 1945, das Straus vertrieben hat.

Aber dieses heitere, witzige, anmutige und geistreiche Wien existiert nicht mehr, das so viele schöne leichte Musik hervorgebracht hat wie die Operetten von Oscar Straus. Es hat das feine Lachen in der Musik verlernt, und der Wiener Walzer ist ein Märchentraum der Vergangenheit geworden, der in die Gegenwart hineinglänzt und die Augen mit Tränen füllt."

Kitty Makart, geborene Straus, war anderer Meinung. Sie, die im Herzen jung geblieben ist, bis sie am 30. Jänner 1982 von dieser Welt abberufen wurde und ihr Erbe in die Hände der Tochter Inge und ihres Enkels Peter kam, glaubte unverbrüchlich daran, daß jenes heitere, witzige, anmutige und geistreiche Wien wiederkehren werde, daß es sich erneuern werde aus dem Wesen der Wiener heraus. Dann werde, von diesem Wien abermals in die Welt ausstrahlend, auch wieder die Zeit für die Musik ihres Vaters kommen!

Zeittafel

Daten zu Oscar Straus' Leben und Werk und zu parallelen Ereignissen aus der Musik- und Theaterwelt.

1870	6. 3.	Wien: Oscar Straus*
	30. 4.	Komorn: Franz Lehár*
	25. 5.	Wien: Helene Neumann (vereh. Straus)*
	22. 7.	Wien: Joseph Strauß†
1871	10. 2.	Wien (Theater a. d. Wien): Johann Strauß, „Indigo und die 40 Räuber" (U. A.)
1874	5. 4.	Wien (Theater a. d. Wien): Johann Strauß, „Die Fledermaus" (U. A.)
	13. 9.	Wien: Arnold Schönberg*
	12. 12.	Preßburg: Franz Schmidt*
1880	25. 8.	Graz: Robert Stolz*
1881	8. 12.	Wien: Brand des Ringtheaters
1882	24. 10.	Siofok (Ungarn): Imre Kálmán*
1884	6. 6.	Mährisch-Budwitz: Ralph (Rudolf Frantisek) Benatzky*
	3. 10.	Wien: Hans Makart†
	27. 11.	Wien: Fanny Elßler†
1885	24. 10.	Wien (Theater a. d. Wien): Johann Strauß, „Der Zigeunerbaron" (U. A.)
1886	25. 1.	Wien: Clara Singer (vereh. Straus)*
1888	24. 1.	Wien: Victoria Baum*
	4. 10.	Wien (Hofoper): Josef Haßreiter – Josef Bayer: „Die Puppenfee" (U. A.)
1891	16. 1.	Paris: Leo Delibes†
1893	17. 6.	Wien: Johann Schrammel†
	28. 11.	Wien: Eröffnung des Raimund-Theaters
1894	15. 10.	Wien: 50jähriges Künstlerjubiläum Johann Strauß
	1. 12.	Preßburg: „Der Weise von Cordoba" (U. A.)

1895	25. 4.	Hochzeit Helene Neumann (Nelly Irmen) – Oscar Straus
	21. 5.	Wien: Franz von Suppé†
	10. 8.	Brünn (Stadttheater): „Die Schweden vor Brünn“ (U. A.)
	9. 10.	Wien (Burgtheater): Arthur Schnitzler, „Liebelei“ (U. A.)
	10. 11.	Brünn: Sohn Ludwig (Louis) Straus*
	24. 11.	Wien: Joseph Schrammel†
1896	5. 2.	Brünn (Stadttheater): „Durch Nacht zum Licht“ (U. A.)
1897	21. 1.	Teplitz: Sohn Leo Straus*
	3. 4.	Wien: Johannes Brahms†
	29. 5.	Brünn: Erich Wolfgang Korngold*
1898	7. 8.	Jugenheim b. Darmstadt: Katharina (Kitty) Esther Rosina Straus*
	17. 8.	Baden b. Wien: Karl Zeller†
1899	3. 6.	Wien: Johann Strauß†
	31. 12.	Wien: Carl Millöcker†
1900	– –	Arthur Schnitzler: Privatdruck „Der Reigen“
	23. 2.	Wien: Franz Ritter von Jauner†
	8. 4.	Wien: August Makart*
	30. 10.	Erstes Konzert des „Wiener Concertvereins“ (später: Wiener Symphoniker)
1901	18. 1.	Berlin: Eröffnung des „Bunten Theaters“ (Überbrettl)
	2. 5.	Wien (Carltheater): Gastspiel des „Bunten Theaters“
	28. 11.	Berlin (Secessionstheater): Eröffnung der 2. Saison
	23. 12.	Berlin (Secessionstheater): „Der schwarze Mann“ (U. A.)
1903	– –	Berlin: „Lolotte“ (U. A.)
	22. 2.	Wien: Hugo Wolf†
1904	13. 2.	Berlin (Theater des Westens): „Colombine“ (U. A.)
	12. 11.	Wien (Carltheater): „Die lustigen Nibelungen“ (U. A.)
1905	30. 9.	Berlin (Zentraltheater): „Zur indischen Witwe“ (U. A.)

	30. 12.	Wien (Theater a. d. Wien): Franz Lehár, „Die lustige Witwe“ (U. A.)
1906	10. 3.	Wien (Carltheater): „Hugdietrichs Brautfahrt“ (U. A.)
	16. 3.	Wien (Lustspieltheater): „Mam'zell Courage“ (U. A.)
1907	2. 3.	Wien (Carltheater): „Ein Walzertraum“ (U. A.)
	26. 4.	Wien: Joseph Hellmesberger jun.†
	8. 11.	Wien (Orpheum): „Der Frauenmörder“ (U. A.)
1908	14. 11.	Wien (Theater a. d. Wien): „Der tapfere Soldat“ (U. A.)
	9. 12.	Hochzeit Clara Singer – Oscar Straus
1909	28. 5.	Wien (Volksoper): 500. Aufführung „Walzertraum“, Walzer „Lieben im Mai“ (U. A.)
	23. 10.	Wien (Carltheater): „Didi“ (U. A.)
	30. 10.	Leipzig (Stadttheater): Oscar-Straus-Abend. „Colombine“ – „Der tapfere Kassian“ (U. A.) – „Venus im Grünen“ (U. A.)
	12. 11.	Wien (Theater a. d. Wien): Franz Lehár, „Der Graf von Luxemburg“ (U. A.)
	– 11.	Wien (Tonkünstler-Konzert): Konzert für Klavier und Orchester h-moll (U. A.)
	23. 12.	Wien (Volksoper) und Berlin (Komische Oper): „Das Tal der Liebe“ (U. A.)
1910	5. 4.	Sohn Erwin (Bibi) Straus*
	11. 9.	London: „The Chocolate Soldier“ (E. A. der englischen Fassung)
	1. 12.	Wien (Ronacher): „Venus im Grünen“ (E. A.)
	23. 12.	Wien (Raimundtheater): „Mein junger Herr“ (U. A.)
1911	1. 2.	Wien (Hölle): „Die anderen Herren sind nicht so“ (U. A.)
	20. 10.	Wien (Carltheater): „Die kleine Freundin“ (U. A.)
	18. 11.	Wien: Gustav Mahler†
1912	17. 3.	Wien (Carltheater): „Der tapfere Kassian“ (E. A.)

	3. 6.	London (Coliseum): „The Dancing Viennese“ (U. A.)
	13. 11.	Wien (Hofoper): „Die Prinzessin von Tragant“ (U. A.)
	3. 9.	London (Lyric Theatre): „Love and Laughter“ (U. A.)
	23. 12.	Wien (Burgtheater): „Traummusik“ (als Zwischenspiel zu Franz Molnárs „Das Märchen vom Wolf“) (U. A.)
1913	– –	Wien: Mutter Gabriele Straus†
	31. 3.	Wien: Skandal beim „Schönberg-Konzert“ im Musikverein
1914	21. 2.	Wien (Volksoper): „Die himmelblaue Zeit“ (U. A.)
	9. 11.	Wien (Johann-Strauß-Theater): „Rund um die Liebe“ (U. A.)
1915	15. 1.	Wien (Carltheater): „Die schöne Unbekannte“ (U. A.)
	2. 5.	Wien (Carltheater): „Man steigt nach“ (U. A.)
1916	28. 2.	Wien (Bürgertheater): „Liebes-Zauber“ (U. A.)
	15. 9.	Wien (Ronacher): „Die lustigen Nibelungen“ (Wiederaufführung)
	2. 12.	Wien (Ronacher): Ralph Benatzky, „Liebe im Schnee“ (U. A.)
	2. 12.	Wien (Theater a. d. Wien): Leo Fall, „Die Rose von Stambul“ (U. A.)
	28. 12.	Wien: Eduard Strauß†
1917	1. 6.	Berlin (Lessingtheater): „Niobe“ (U. A.)
	29. 6.	Wien (Theater a. d. Wien): „Nachtfalter“ (U. A.)
	1. 8.	Wien: Gründung der Salzburger Festspielgemeinde
	16. 8.	Sohn Ludwig (Louis) Straus† (gef.)
	2. 9.	Berlin: „Liebes-Zauber“ (E. A.)
1918	20. 4.	Wien: Alexander Girardi†
	11. 10.	Wien (Johann-Strauß-Theater): „Eine Ballnacht“ (U. A.)

1919	8. 1.	Wien: Peter Altenberg (Richard Engländer)†
	24. 1.	Wien (Volksoper): „Die galante Markgräfin" (U. A.)
	29. 8.	Berlin (Wallnertheater): „Eine Ballnacht" (E. A.)
	26. 11.	Wien (Theater a. d. Wien): „Dorfmusikanten" (U. A.)
1920	12. 2.	Berlin (Berliner Theater): „Der letzte Walzer" (U. A.)
	22. 8.	Eröffnung der ersten Salzburger Festspiele
	2. 10.	Berlin: Max Bruch†
1921	10. 9.	Berlin (Wallnertheater): „Nixchen" (U. A.)
	27. 10.	Wien (Theater a. d. Wien): „Der letzte Walzer" (E. A.)
1922	– –	Berlin (Deutsches Schauspielhaus): „Die törichte Jungfrau" (U. A.)
	16. 6.	Wien: Karl Blasel†
	9. 9.	Berlin: Leo Fall, „Madame Pompadour" (U. A.)
	14. 11.	Wien: Carl Michael Ziehrer†
1923	1. 9.	Wien (Apollotheater): „Die törichte Jungfrau" (E. A.)
	17. 11.	Wien (Theater a. d. Wien): „Die Perlen der Cleopatra" (U. A.)
1924	22. 3.	Berlin: „Die Perlen der Cleopatra" (E. A.)
	25. 9.	Berlin (Deutsches Künstlertheater): „Der Tanz um die Liebe" (U. A.)
	30. 9.	Gründung des Österreichischen Rundfunks („Ravag")
1925	17. 1.	Berlin (Künstlertheater): „Riquette" (U. A.)
	11. 8.	Salzburg: Eröffnung des Festspielhauses („Das Salzburger große Welttheater")
	11. 9.	Berlin (Künstlertheater): „Die Teresina" (U. A.)
	13. 9.	New York: „Naughty Riquette" (E. A.)
	16. 9.	Wien: Leo Fall†
	– 12.	Berlin: „Walzertraum" (Stumm-Film) (U. A.)
	26. 12.	Zürich (Stadttheater): „Die Teresina" (E. A.)
1926	6. 3.	Wien (Ronacher): „Die Teresina" (E. A.)

	26.	3.	Wien (Theater a. d. Wien): Emmerich Kálmán, „Die Zirkusprinzessin“ (U. A.)
	–	5.	Reise nach New York
	4.	11.	Berlin (Künstlertheater): „Die Königin“ (U. A.)
	–	–	London: „My Son John“ (U. A.)
1927	4.	2.	Wien (Theater a. d. Wien): „Die Königin“ (E. A.)
	26.	3.	Wien (Raimundtheater): „Riquette“ (E. A.)
1928	1.	10.	Paris (Théâtre Edouard VII.): „Mariette“ (U. A.)
	4.	10.	Berlin: Franz Lehár, „Friederike“ (U. A.)
	21.	12.	Wien (Johann-Strauß-Theater): „Hochzeit in Hollywood“ (U. A.)
1929	15.	7.	Wien: Hugo von Hofmannsthal†
	10.	10.	Berlin: Franz Lehár, „Das Land des Lächelns“ (U. A.)
	19.	10.	Prag (Deutsches Theater): „Die erste Beste“ (U. A.)
	25.	10.	Wien (Theater a. d. Wien): „Marietta“ (E. A. der Wr. Fassung)
1930	14.	1.	Reise von Berlin nach New York und Hollywood
	13.	3.	Berlin: Robert Stolz, „Zwei Herzen im Dreivierteltakt“, Tonfilmoperette (U. A.)
1931	30.	1.	Rückkehr aus Amerika
	28.	3.	Wien (Theater a. d. Wien): „Der Bauerngeneral“ (U. A.)
	22.	5.	New York: „The Smiling Lieutenant“, Film (U. A.)
	21.	10.	Wien: Arthur Schnitzler†
1932	–	1.	Hollywood: „One Hour With You“, Film (U. A.)
	–	7.	„Die Herren vom Maxim“, Film (U. A.)
	1.	9.	Berlin (Metropoltheater): „Eine Frau, die weiß, was sie will“ (U. A.)
1933	–	–	„Liebelei“ fertiggestellt
	28.	1.	Dresden: Konrad Harzheim (Gatte Kittys)†
	20.	8.	Wien: Drehbeginn für den Film „Frühlingsstimmen“

	14. 9.	Wien (Scala): „Eine Frau, die weiß, was sie will“ (E. A.)
	– 11.	Wien: „Frühlingsstimmen“, Film (U. A.)
	22. 12.	Wien (Theater a. d. Wien): „Zwei lachende Augen“ (U. A.)
1934	20. 1.	Wien (Staatsoper): Franz Lehár, „Giuditta“ (U. A.)
1935	15. 2.	Wien (Scala): „Das Walzerparadies“ (U. A.)
	5. 10.	Zürich (Stadttheater): „Drei Walzer“ (U. A.)
	21. 11.	Hochzeit Kitty Straus (Harzheim) – August Makart
1936	12. 6.	Wien: Karl Kraus†
	1. 12.	London: „Land Without Music“, Film (U. A.)
1937	– 1.	Reise nach New York und Hollywood
	4.	Paris (Bouffes Paris): „Trois Valses“ (U. A.)
	11. 7.	Hollywood: George Gershwin†
	23. 8.	Hollywood: „Make A Wish“, Film (U. A.)
	15. 12.	Oscar Straus aus Amerika zurück
1938	– 11.	Paris: „Trois Valses“, Film (U. A.)
1939	7. 3.	Wien: „Drei Walzer“, Film (E. A.)
	30. 8.	Französische Staatsbürgerschaft
1940	14. 1.	KZ Dachau: Fritz Grünbaum†
	2. 5.	Paris (Théâtre Marigny): „Mes amours“ (U. A.)
	– 11.	Oscar und Clara Straus in New York
1943	30. 10.	New York: Max Reinhardt†
1944	– 10.	KZ Auschwitz: Sohn Leo Straus†
1945	4. 3.	New York: „Geburtstagskonzert“ in der Carnegie-Hall
	12. 8.	Wiederaufnahme der Salzburger Festspiele
1946	– –	Komposition der Operette „Do si do“
1948	14. 4.	US-Staatsbürgerschaft
	– 9.	Straus wieder in Europa
	24. 10.	Bad Ischl: Franz Lehár†
	6. 11.	Zürich (Stadttheater): „Die Musik kommt“ (U. A.)
	23. 11.	Straus wieder in Wien
	26. 11.	Wien: Festkonzert (für den Wiederaufbau der Staatsoper)

1949	– –	„Von Strauß zu Straus“, Television-Film
	8. 9.	Garmisch: Richard Strauss†
	4. 10.	Wien: Edmund Eysler†
1950	31. 3.	München (Gärtnerplatztheater): „Ihr erster Walzer“, Neufassung von „Die Musik kommt“ (U. A.)
	16. 6.	Paris: „La Ronde“, Film (U. A.)
	– 10.	Wien (Volksoper): Erich Wolfgang Korngold, „Die Kathrin“ (Wiederaufführung)
1951	31. 3.	Überreichung des Ehrenringes der Stadt Wien
	13. 5.	Los Angeles: Arnold Schönberg†
	19. 8.	Salzburg: „Der Reigen“, Film (österreichische E. A.)
1952	– –	Paris: „Madame de . . .“, Film (U. A.)
	16. 5.	München (Gärtnerplatztheater): „Božena“ (U. A.)
	10. 8.	Bad Ischl: „Oscar-Straus-Kai“
	– 10.	München (Kammerspiele): „Manon“ (U. A.)
	5. 10.	Zürich (Stadttheater): „Drei Walzer“ (Wiederaufführung)
	25. 10.	Salzburg (Landestheater): „Božena“ (österreichische E. A.)
1953	22. 5.	Wien (Apollokino): „Einmal keine Sorgen haben“, Film (U. A.)
	– 8.	Wiesbaden: „Der letzte Walzer“, Film (U. A.)
	25. 9.	München (Gärtnerplatztheater): „Drei Walzer“ (U. A. der Neufassung)
	30. 10.	Paris: Emmerich Kálmán†
1954	11. 1.	Bad Ischl: Oscar Straus†
1957	31. 12.	Zürich: „Die Perlen der Cleopatra“ (U. A. der Neufassung)
1958	25. 2.	Düsseldorf: „Eine Frau, die weiß, was sie will“, Film (U. A.)
1966	28. 12.	München: Erwin Straus†
1967	18. 8.	Vöcklabruck: August Makart†
	22. 10.	Salzburg: Clara Straus†
1975	27. 6.	Berlin: Robert Stolz†
1982	30. 1.	Laxenburg: Tochter Katharina (Kitty) Makart, geb. Straus†

Bühnenwerke

Die anderen Herren sind nicht so
Melodramatische Szene, Libretto von Viktor Léon.
U. A.: 1. 2. 1911, Wien: Kabarett „Hölle“.

Eine Ballnacht
Operette in 3 Akten, Libretto von Leopold Jacobson und Robert Bodanzky.
U. A.: 11. 10. 1918, Wien: Johann-Strauß-Theater.

Der Bauerngeneral
Operette in 3 Akten, Libretto von Julius Brammer und Gustav Beer.
U. A.: 28. 3. 1931, Wien: Theater an der Wien.

Božena
Oper in 3 Akten (4 Bildern), Libretto von Julius Brammer und Alfred Grünwald.
U. A.: 16. 5. 1952, München: Gärtnerplatz-Theater.

The Chocolate Soldier
Amerikan. Version von „Der tapfere Soldat“
Komische Oper in 3 Akten, with apologies to Mr. Bernard Shaw for an unauthorised parodie on one of his comedies, by Stanislaus Stange.
U. A.: 1909, mehrere Neufassungen.

Colombine
Oper in 1 Akt, Libretto (nach der gleichnamigen Bajazzade von Erich Korn) von Arthur Pserhofer.
U. A.: 13. 2. 1904, Berlin: Theater des Westens.

Daisy
(A Runaway Girl), Operette in 3 Akten, Libretto von Rudolf Schanzer.
(Aufführung nicht nachweisbar.)

The Dancing Viennese
Operette in 2 Akten, Libretto von Julius Brammer und Alfred Grünwald.
U. A.: 3. 6. 1912, London: Coliseum.

Didi
Operette in 1 Bild und 2 Akten, Libretto von Viktor Léon.
U. A.: 23. 10. 1909, Wien: Carltheater.

Do-Si-Do
Amerikan. Operette, Libretto von Louis Verneuil und Edward Eager.
(Aufführung nicht nachweisbar.)

Dorfmusikanten
Operette in 3 Akten, Libretto von Leopold Jacobson und Robert Bodanzky.
U. A.: 26. 11. 1919, Wien: Theater an der Wien.

Drei Walzer
Operette in 3 Akten, Libretto von Paul Knepler und Armin L. Robinson, Gesangstexte von Paul Knepler.
(Musik: 1. Akt nach Johann Strauß-Vater, 2. Akt nach Johann Strauß-Sohn, 3. Akt von Oscar Straus.)
U. A.: 5. 10. 1935, Zürich: Stadttheater.

The Duchesse Of Valencia
Musical in 6 Szenen, Libretto von Paul Knepler und Fred S. Tysch.
(Wurde nicht aufgeführt.)

Eine vom Ballett
(siehe „The Dancing Viennese".)

Die erste Beste
Operette in 3 Akten, Libretto von Rudolf Schanzer und Ernst Welisch.
U. A.: 19. 10. 1929, Prag: Deutsches Theater.

Eine Frau, die weiß, was sie will
Komödie mit Musik in 5 Bildern, Libretto von Alfred Grünwald (nach L. Verneuil).
U. A.: 1. 9. 1932, Berlin: Metropol-Theater.

Der Frauenmörder
Melodramatische Szene, Libretto von Victor Léon.
U. A.: 8. 11. 1907, Wien: Orpheum.

Die galante Markgräfin
Spieloper in 3 Akten, Libretto von Felix Dörmann. (Neufassung des Singspiels „Das Tal der Liebe“).
U. A.: 24. 1. 1919, Wien: Volksoper.

Die himmelblaue Zeit
Singspiel in 3 Akten, Libretto von Paul Wertheimer, bearbeitet von Richard Batka.
U. A.: 21. 2. 1914, Wien: Volksoper.

Hochzeit in Hollywood
Operette in 4 Bildern, Libretto von Leopold Jacobson und Bruno Hardt-Warden.
U. A.: 21. 12. 1928, Wien: Johann-Strauß-Theater.

Hugdietrichs Brautfahrt
Komische Märchenoperette in 3 Akten, Libretto von Rideamus (Dr. Fritz Oliven).
U. A.: 10. 3. 1906, Wien: Carltheater.

Ihr erster Walzer
Komödie in Musik in 2 Akten, Libretto von Paul Knepler und Armin L. Robinson, Gesangstexte: Robert Gilbert. (Neufassung der Operette „Die Musik kommt“.)
U. A.: 31. 3. 1950, München: Gärtnerplatz-Theater.

Die kleine Freundin
Operette in 1 Vorspiel und 2 Akten, Libretto von Leo Stein und A. M. Willner.
U. A.: 20. 10. 1911, Wien: Carltheater.

Die Königin
Operette in 3 Akten, Libretto von Ernst Marischka und Bruno Granichstädten.
U. A.: 4. 11. 1926, Berlin: Deutsches Künstlertheater.

Der letzte Walzer
Operette in 3 Akten, Libretto von Julius Brammer und Alfred Grünwald.
U. A.: 12. 2. 1920, Berlin: Berliner Theater.

Liebelei
Ein Wiener Stück mit Musik, Libretto von Heinz Saltenburg

und Paul Knepler (nach dem gleichnamigen Schauspiel von Arthur Schnitzler).
U. A.: nicht nachweisbar (nur Ouvertüre, einzelne Lieder).

Liebes-Zauber
Operette in 4 Akten, Libretto von Viktor Léon.
U. A.: 28. 2. 1916, Wien: Bürgertheater.

Lolotte
Monodram in 4 Szenen, Libretto von Leo Heller.
U. A.: 1903, Berlin.

Love and Laughter
Comic Opera in 3 Acts, Libretto von Frederik Fenn und Arthur Wimpers.
U. A.: 3. 9. 1913, London: Lyric Theatre.

Die lustigen Nibelungen
Burleske Operette in 3 Akten, Libretto von Rideamus (Dr. Fritz Oliven).
U. A.: 12. 11. 1904, Wien: Carltheater.

Mam'zell Courage
Szene aus dem 30jährigen Krieg, Libretto von Erich Korn.
U. A.: 16. 3. 1906, Wien: Lustspieltheater.

Man steigt nach
Posse mit Gesang in 3 Akten, Libretto von Viktor Léon und Heinz Reichert.
U. A.: 2. 5. 1915, Wien: Carltheater.

Manon
(Neufassung der Operette „Eine Frau, die weiß, was sie will"), Komödie in 3 Akten, Libretto von Alfred Grünwald, Bearbeitung: Leonard Steckel.
U. A.: Oktober 1952, München: Kammerspiele.

Mariette ou comment on ècrit l'histoire
Comédie Musicale in 4 Bildern, Libretto von Sascha Guitry.
U. A.: 1. 10. 1928, Paris: Théâter Edouard VII.
(Deutsche Fassung: „Marietta", Musikalische Komödie von Sascha Guitry und Alfred Grünwald.
U. A.: 12. 9. 1929, Berlin: Metropol-Theater).

Mein junger Herr
Operette in 3 Akten, Libretto von Ferdinand Stollberg (Felix Salten, Pseudonym für Siegmund Salzmann).
U. A.: 23. 12. 1910, Wien: Raimundtheater.

Mes Amours
Opérette Nouvelle in 2 Akten, Libretto von Leopold de Marchand und Albert Willemetz (nach „Bachelor Father“ von Ed. Childs-Carpenter).
U. A.: 2. 5. 1940, Paris: Théâtre Marigny.

Die Musik kommt
Eine Komödie in Musik in 3 Akten, Libretto von Paul Knepler und Armin L. Robinson, Gesangstexte: Robert Gilbert.
U. A.: 6. 11. 1948, Zürich: Stadttheater.
(Siehe auch „Ihr erster Walzer“.)

My Son John
Operette, Libretto von Graham John.
U. A.: 1926, London.

Nachtfalter
Singspiel in 3 Akten, Libretto von Leopold Jacobson und Robert Bodanzky.
U. A.: 29. 6. 1917, Wien: Theater an der Wien.

Niobe
Operette in 3 Akten, Libretto von Oscar Blumenthal.
U. A.: 1. 6. 1917, Berlin: Lessingtheater.

Nixchen
Operette in 3 Akten, Libretto von A. M. Willner und Rudolf Österreicher.
U. A.: 10. 9. 1921, Berlin: Wallnertheater.

Die Perlen der Cleopatra
Operette in zwei Teilen, Libretto von Julius Brammer und Alfred Grünwald.
U. A.: 17. 11. 1923, Wien: Theater an der Wien.
(Neufassung: Text von Paul Baudisch und Armin L. Robinson, Musik von Oscar und Erwin Straus.
U. A.: 31. 12. 1957, Zürich.)

Die Prinzessin von Tragant
Tanzspiel von Heinrich Regel.
U. A.: 13. 11. 1912, Wien: Hof-Operntheater.

Riquette
Operette in 3 Akten, von Rudolf Schanzer und Ernst Welisch.
U. A.: 17. 1. 1925, Berlin: Künstlertheater.
(Englische Version: *Naughty Riquette.* Book und Lyrics by Harry B. Smith, adapted from the German of Schanzer und Welisch. U. A.: 13. 9. 1925, New York.)

Rose und Schmetterling
Ballett in 1 Akt, von L. Aderer.
(Aufführungen nicht nachweisbar, Manuskript.)

Rund um die Liebe
Operette in 3 Akten, Libretto von Robert Bodanzky und Friedrich Thelen.
U. A.: 9. 11. 1914, Wien: Johann-Strauß-Theater.

Die schöne Unbekannte
Operette in 2 Akten und 1 Nachspiel, Libretto von Leopold Jacobson und Leo Walther Stein.
U. A.: 15. 1. 1915, Wien: Carltheater.

Der schwarze Mann
Singspiel (Komische Oper) in 1 Akt, Libretto nach dem gleichnamigen Lustspiel von Th. von Trotha und G. von Moser von Rudolf Schanzer.
U. A.: 23. 12. 1901, Berlin: Secessionstheater.

Die Schweden vor Brünn
Festspiel in 3 Akten.
U. A.: 10. 8. 1895, Brünn: Stadttheater.

Das Tal der Liebe
Musikalische Komödie in 3 Akten, Libretto nach Max Dreyer von Rudolf Lothar.
U. A.: 23. 12. 1909, Wien: Volksoper, Berlin: Komische Oper.

Der Tanz um die Liebe
Operette in 3 Akten, Libretto von Leopold Jacobson und Heinz Saltenburg.
U. A.: 25. 9. 1924, Berlin: Deutsches Künstlertheater.

Der tapfere Kassian
Singspiel in 1 Akt, Libretto von Arthur Schnitzler.
U. A.: 30. 10. 1909, Leipzig: Stadttheater.

Der tapfere Soldat
Operette in 3 Akten, Libretto unter Verwendung von Bernard Shaws „Arms und the man“ (= „Helden“) von Rudolf Bernauer und Leopold Jacobson.

U. A.: 14. 11. 1908, Wien: Theater an der Wien.
(In der Schweiz und in Deutschland auch unter dem Titel „Der Praliné-Soldat“ aufgeführt.)

Die Teresina
Operette in 3 Akten, Libretto von Rudolf Schanzer und Ernst Welisch.
U. A.: 11. 9. 1925, Berlin: Künstlertheater.

Die törichte Jungfrau
Operette in 3 Akten, Libretto von Florido (Heinz Saltenburg).
U. A.: Herbst 1922, Berlin: Großes Schauspielhaus.

Trois Valses
Französ. Version von „Drei Walzer“
Bearbeitung von Albert Willemetz und Leopold de Marchand.
U. A.: April 1937, Paris: Bouffes Paris.
(Nachkomponiert für Yvonne Printemps: „Les Moralistes“, Couplet.)

Venus im Grünen
Fastnachtsspiel in 1 Akt, Libretto von Rudolf Lothar.
U. A.: 30. 10. 1909, Leipzig: Stadttheater.

Verbot und Befehl
Operette in 3 Akten, Libretto nach F. Halm.
(Wurde nicht aufgeführt.)

Das Walzerparadies
Wiener Operette in 3 Akten, Libretto von Alfred Grünwald (nach L. Verneuil).
U. A.: 15. 2. 1935, Wien: Scala.

Ein Walzertraum
Operette in 3 Akten, Libretto von Felix Dörmann und Leopold Jacobson nach einer Novelle von Hans Müller.
U. A.: 2. 3. 1907, Wien: Carltheater.
(Mehrere Neufassungen, u. a. von Erwin Straus.)

Der Weise von Cordoba
Komische Oper in 1 Akt, Libretto von Max Singer.
U. A.: 1. 12. 1894, Preßburg (Bratislava).

Zur indischen Witwe
Operette in 3 Akten, Libretto von Ignaz Schnitzer und Siegmund Schlesinger.
U. A.: 30. 9. 1905, Berlin: Zentraltheater.

Zwei lachende Augen
Operette in 3 Akten, Libretto von Ludwig Hirschfeld und Rudolf Österreicher.
U. A.: 22. 12. 1933, Wien: Theater an der Wien.

Filme

Daybreak
Nach Arthur Schnitzlers Novelle „Spiel im Morgengrauen“. (Die für diesen Film komponierte Musik von Oscar Straus wurde nicht verwendet, sondern zum Teil in den Film „The Southerner“ eingegliedert.)

Einmal keine Sorgen haben
(= „Einen Jux will er sich machen“).

Forbidden Music
(= „Land without Music“).

Eine Frau, die weiß, was sie will
(Bavaria). Drehbuch: Fritz Eckhardt, Per Schwenzen und Arthur Maria Rabenalt. – Musik: bearbeitet und ergänzt von Erwin Straus.
U. A.: 25. 2. 1958, Düsseldorf.

Frühlingsstimmen
Mit der Koloratursängerin Adele Kern. Drehbuch: Otto Ebing, Einlagen und Bearbeitung von Oscar Straus.
U. A.: November 1933, Wien.

Die Herren vom Maxim
(Tobis-National). Drehbuch: B. E. Lüthge (nach Karl Noti).
U. A.: Juli 1932.

Jenny Lind
Mit Grace Moore.
U. A.: 1930, Hollywood.

Einen Jux will er sich machen
(Carlton Production). Drehbuch: Hans Weigel und Georg Marischka (nach Johann Nestroys gleichnamiger Posse), Liedertexte von Robert Gilbert.
U. A.: 22. 5. 1953, Wien.

Land Without Music
(Capitol Film Production). Mit dem Tenor Richard Tauber.
U. A.: 1. 12. 1935, London.
(Deutscher Titel: Das Land ohne Musik.)

Der letzte Walzer
(Eichberg – Charlton). Nach der gleichnamigen Operette von Brammer und Grünwald. Drehbuch: Kurt J. Braun.
U. A.: August 1953, Wiesbaden.

Make a Wish
(= Wünsch' dir was). (RKO-Produktion). Drehbuch: Gertrud Berg, Bernard Schubert und Earle Snell.
U. A.: 23. 8. 1937, Hollywood.

Madame de . . .,
(Max Ophüls-Production). Mit Danielle Darieux.
Drehbuch: Marcel Achard (nach einem Roman von Louise de Vilmorin).
U. A.: 1952, Paris.

One Hour With You
(Paramount). Von Ernst Lubitsch.
Mit Maurice Chevalier, Jeanette Macdonald u. a.
U. A.: Jänner 1932, Hollywood.

La Ronde
Von Max Ophüls, Text von Louis Ducreux nach Arthur Schnitzler.
U. A.: 16. 6. 1950, Paris.
(Deutsche Fassung: *Der Reigen,* Text von Kurt Felix.)
E. A.: 19. 8. 1951, Salzburg.

The Smiling Lieutenant
(= Der lächelnde Leutnant). (Lubitsch Production, Paramount). Mit Maurice Chevalier. Drehbuch: Ernest Vadja und Samuel Raphaelson.
(Filmversion der Operette „Ein Walzertraum".)
U. A.: 22. 5. 1931, New York.

Trois Valses
Drehbuch von Albert Willemetz und Leopold de Marchand.
U. A.: 1938, Paris (E. A. in Wien: 7. 3. 1965).

Von Strauß zu Straus
Televisions-Film. (Helios).
U. A.: 1949 (TV-Stationen in den USA).

Ein Walzertraum
Stumm-Film. (Varieté-Film-Gesellschaft). Nach der gleichnamigen Operette von Oscar Straus.
U. A.: Dezember 1925 (Filmmusik teilweise erhalten).

Lieder

(Auswahl, ausgenommen sind Kompositionen für Operetten)

Ach, wie kühle
(Rudolf Baumbach). op. 1 (1888)

Der Aeppel-Seppel
(Rideamus). (1906)

Die alte Stadt
(Leo Heller, „Überbrettl"), op. 124/2*

* Bei den frühen Liedern sind Ausgaben in verschiedenen Verlagen mit verschiedenen Opuszahlen erschienen.

Altes Ghettoliedchen
(Aus den „Mädchenliedern“ von Hugo Salus). op. 108

L'amour m'emporte
„Einmal im Leben“, Lied für den Film „Madame de ...

Bei Trommel und Trompeten
Soldatenlied aus „Mam'zell Courage“ (Erich Korn), op. 136 (1905)

Das Blumenmädel
(Leo Heller, „Überbrettl“)

Das böse Weib
Szene nach einem altdeutschen Text (Erich Korn und Rideamus, „Überbrettl“)

Brautwerbung
Tanzduett (Erich Korn, „Überbrettl„). op. 124

Die Chansonette
(Leo Heller, „Überbrettl“). op. 76

Das draussen ist ein Garten
(Leo Heller). (1903)

Didel-Dudel
Chanson (Rideamus, „Überbrettl“)

Der Don Juan
(Leo Heller). op. 111 (1903)

Donnerwetter
Chanson (Rideamus, „Überbrettl“), op. 84

Dreamer, dreamer
Waltz (Lyric: Irwin Caesar). (1945)

Drei Schlüssel
(Rudolf Baumbach). op. 1 (1888)

Einquartierung
(Leo Heller, „Überbrettl“). op. 82

Er ist's
(Eduard Mörike). op. 39

Das erste Abenteuer
Chanson (Rideamus, „Überbrettl"). op 127

Der erste Verdacht
Chanson (Roland von Berlin = Leo Leipziger)

Es war einmal
(Marco Brociner). op. 39

Die Fräul'n Marie
(Hugo Salus). op. 113 (1903)

Geflüster im Gange
(Otto Julius Bierbaum, „Überbrettl"). op. 78*

Hätt' die Frau Mutter
(Leo Heller, „Überbrettl")

Hans, der Schwärmer
(Detlev von Liliencron, „Überbrettl"). op. 68*

Die Haselnuß
Duett (Walther Paulus, „Überbrettl"). op. 64*

Der Hauptmann in Verlegenheit
(Adolf Ey, „Überbrettl"), op. 121

Heaven in a song
für den Film „Land Without Music" (1936)

Herr Duncan
(Kleinecke, „Überbrettl"). op. 87

Das Herz in der Linde
(Otto Julius Bierbaum, „Überbrettl"). op. 69*

Hm
(Rideamus). (1906)

I hear your voice
Lied für den „Jenny-Lind"-Film (Clifford Grey). (1930)

Ilse
(Frank Wedekind, „Überbrettl"). op. 70*

In der alten Stadt
(Leo Heller). op. 124/2*

In der Frühe
(Eduard Mörike). op. 39

Irgendwas
(Rideamus). (1906)

Katerserenade
Chanson (Rideamus). op. 125

Kußhunger
(Johann Cotta, „Überbrettl"). op. 98*

Kußlehre
(nach Paul Flemming, 1640). op. 39

Die Lästerallee
(Schönfeld, „Überbrettl")

Let me love you
Lied, komponiert für „Chocolate Soldier", Los Angeles, 1941.

Let's try again
(John A. Baset). (1941)

Das Lied
„Meine Mutter sang" (Bodmann, „Überbrettl")

Lied der höheren Töchter
(Reinhard Volker). (1902)

Lisele
Volkslied (Leo Heller, „Überbrettl"). op. 124/1*

Life is a dream
Lied für den Film „Daybreak", verwendet in „The Southerner" (Arthur Freed)

Little boy in Corduroy
(S. K. Russell). (1941)

Der lustige Eh'mann
Duett (Otto Julius Bierbaum, „Überbrettl"). op. 61*

Maientanz
Tanzduett (Otto Julius Bierbaum, „Überbrettl"). op. 65*

Marietta
Konzertwalzer für Karl Streitmann (1893)
(verschollen)

Mein, dein, sein
Chanson (Rideamus). op. 133 (1903)
Müde
(Detlev von Liliencron, „Überbrettl")

Music in my heart
Lied für den Film „Make a Wish" (Louis Alter und Paul Webster). (1937)

Die Musik kommt
(Detlev von Liliencron, „Überbrettl"). op. 54*
(Kammersänger Paul Knüpfer zugeeignet).

Das nüchterne Mädchen
Chanson (Rideamus, „Überbrettl"). op. 86*

Oh, that Mitzi
für den Film „One hour with you" (Leo Robin). (1932)

Pfüatgott, schöne Welt
(Otto Julius Bierbaum, „Überbrettl"). op. 78*

Radlers Seligkeit
(Richard Dehmel). (1903)

Reigen
(Erich Korn, „Überbrettl"). op. 126

Rieke im Manöver
(Otto Julius Bierbaum, „Überbrettl"). op. 64*

La Ronde
„Der Reigen", Lied für den gleichnamigen Film (Louis Ducreux)

Sausewind
(Max Kirschstein, „Überbrettl"). op. 70*

Schutzenglein
(Leo Heller). op. 109

Sechse, sieben oder acht
(Ludwig Jakobowski). op. 115

Simple little melody
„Es war einmal ein kleines Liebeslied", Lied für den Film „Land Without Music" (Clifford Grey). (1936)

Smile for me
Lied für den Film „Land Without Music" (Clifford Grey). (1936)

Song in my heart
(Dorothy Thomas). (1945)

Der Staar
(Peter Schlemihl, „Überbrettl"). op. 63*

Das Tanzpärchen
Tanzduett (Leo Heller, „Überbrettl"). op. 89*

Der Teufel ist ein Mann von Wort
(Rideamus, „Überbrettl"). op. 129*

Des Teufels Hochzeit
(1910)

Das Treueliedchen
(Hugo Salus). (1903)

Triolied
(Otto Julius Bierbaum, „Überbrettl"). op. 91*

Der verlassene Lehmann
(Otto Julius Bierbaum, „Überbrettl"). op. 66*

Die Wäscherin auf der Wiese
(Detlev von Liliencron, „Überbrettl"). op. 56*

We will always be sweethearts
Walzerlied für den Film „One hour with you" (Leo Robin). (1932)

Wiegenlied
(Leo Heller). op. 124/3*

Wiener Ringstraßencorso
(Paul von Schönthan). op. 95

Ein Wort
(Carmen Sylva). (1893)

Zur Dichtung abkommandiert
(Peter Schlemihl). (1901)

Zwei Schwestern
Tanzduett (Eduard Mörike, „Überbrettl“)

Instrumentalkompositionen

(Auswahl)

Air de Ballett
pour Violoncello und Pianoforte, op. 46 (1900)

Alla Taratella
für Violine und Pianoforte (1893)

Alt-Wiener Reigen, op. 45

Eine Ballnacht
Walzer nach Motiven der gleichnamigen Operette (1918)

Berceuse
für Violoncello und Pianoforte, op. 21 (1893)

Bilderbuch ohne Bilder
1. Mädchen am Ganges
2. Endlich allein
3. Kinderstücke
4. Pulcinelle
5. Orientalischer Marsch (Intermezzo)
6. Schwanengesang.

Capriccio all' Ungherese
für Pianoforte (1893)

Deux Morceaux
pour Violoncello und Pianoforte, op. 34 (1894)
1. Melodie
2. Danse Bizarre

Durch Nacht zum Licht
Tanz-Divertissement.
Gigerlmarsch / Lawn-Tennis-Polka / Parforce-Reiter-Marsch / Ländler / Schützenmarsch / Fechtertanz / Ruderwalzer / Jokkey-Galopp / Schlußmarsch. (1896)

Dorfmusikanten
Walzer nach Motiven der gleichnamigen Operette (1919)

Harlekinade
(8 kleine Tonstücke), op. 128 (1904)
1. Maskenzug, 2. Werbung, 3. Caprizen, 4. Tanz, 5. Liebesgeständnis, 6. Polka, 7. Walzer, 8. Finale

Humoresque
für Pianoforte, op. 14 (1894)

Isadora Duncan
Parodistische Tanzphantasie (Überbrettl)

Konzert für Klavier und Orchester, h-moll (1898)
1. Moderato, ma non troppo lente – Allegro con brio
2. Romanze: Lento assai
3. A tempo giusto

L' amour m' emporte
Valse nach dem gleichnamigen Lied im Film „Madame de . . .“ (1954)

Lepa
One step. Komponiert für die Zeitschrift „Music for all“, London.

Lieben im Mai
Walzer, komponiert anläßlich der 500. Aufführung der Operette „Ein Walzertraum“, Wien 1909.

Mazurka
für Pianoforte, op. 11 (1893)

Memories
Concert-Waltz for the Piano (1944)

Nostalgie
Slow Waltz (1941)

Pantomime für Pianoforte
1. Polka des Marionettes
2. Colombine, Valse
3. Entrée du Polichinelle

Perpetuum mobile
pour Violine et Pianoforte, op. 47 (1900)

Pierrot et Pierette
Scenes (1897)
Chant d'amour – Serenade de Pierrot – Scherzo.

Pierrots Fastnacht
Pantomime. Libretto: Leo Feld.

Pierrots Fastnacht
Galopp, op. 176

Round the clock
5 Compositions for the Piano (1944)
At Dawn – Morning Song – Cocktail Hour – Lenthening Shadows – Midnight Frolio.

Die Rusalka (Wasserfee)
Legende nach Puschkin für Solostimmen und Chor (1900)
(verschollen)

Serenade espagnole
für Pianoforte (1893)

Serenade für Streicher, g-moll, op. 35
Allegro comodo – Scherzino – Andantine (im Volkston) – Walzer – Finale (alla Marcia).
3. Satz: Andantine (im Volkston)
4. Satz: Walzer
5. Satz: Finale (alla Marcia)

Siegesklänge
Festouvertüre für Orchester (1897)
Komponiert für das Debut in Brünn.
(verschollen)

Sonate für Violine und Klavier, op. 33 (1894)
Allegro energico – Andantino con moto – Allegro con fuoco.

Suite in Tanzform
für Violine, Violoncello und Klavier, op. 43
1. Preambule
2. Walzer scherzo
3. Intermezzo
4. Alt-Wiener Reigen
5. Finale

Suite Miniature
für Klavier, op. 44 (1900)
1. Prelude
2. Valse lente
3. Cantique d'amour
4. Humoresque

Tanzende Wienerinnen
Walzer für den (abgesagten) Concordia-Ball 1913

Der Traum ein Leben
Symphonische Dichtung (nach Grillparzer) (1893)
Pastorale – Der Traum – Das Erwachen

Traummusik
zu Franz Molnars „Märchen vom Wolf".
Valse-Rivierie, op. 122 (1904)

Namenregister

Abraham, Paul 128, 155
Adler, Viktor 98
Albers, Hans 121, 129
Altenberg, Peter 80, 98
Ascher, Leo 56
Auriol, Vincent 187

Bahr, Hermann 50
Bardi, Mitzi 31
Barnay, Paul 180
Bartok, Eva 198
Batka, Richard 84, 85
Bauer, Julius 82
Bauernfeld, Eduard von 84, 85
Baum, Victoria (Vicki) 54
Baumbach, Rudolf 13
Bayer, Josef 72, 83
Beer, Gustav 150
Bellini, Vincenzo 150
Benatzky, Ralph 96, 98
Berg, Alban 50, 80
Berlioz, Hector 185
Bernard, Sarah 134
Bernauer, Rudolf 51, 52
Bierbaum, Otto Julius 26
Bittner, Julius 81
Blasel, Carl 34, 40
Blumenthal, Oscar 102
Bodanzky, Robert 84, 106
Bohnen, Michael 139
Bollmann, Hans Heinz 129
Bösendorfer, Ludwig 29, 86, 100
Boyer, Charles 200
Bradsky, Božena 26, 27, 30, 31, 33, 58
Brahms, Johannes 11, 12, 14, 86, 100
Brammer, Julius 67, 74, 109, 110, 118, 150, 193
Brecht, Berthold 42
Breen, Bobby 171
Breuer, Siegfried 198
Bruch, Max 14, 15, 16, 32
Bruckner, Anton 10
Brüll, Ignaz 12, 32

Carl, Rudolf 166
Carmen Sylva 31
Chevalier, Maurice 151, 152, 157, 158, 159
Childs-Carpenter 175
Colbert, Claudette 152, 157
Cornelius, Peter 75, 79

Darrieux, Danielle 200
Debussy, Claude 153
Decsey, Ernst 132
Delibes, Léo Clément Philibert 14
Delvard, Marya 81
d'Estré, Olga 26
Dietrich, Marlene 146
Donizetti, Gaetano 150
Dörmann, Felix 41, 42, 46, 50, 106
Dorsch, Käthe 105, 124, 129, 139
Drechsler, Josef 70
Dreyer, Max 62
Dvořák, Antonin 195

Eager, Edward 177
Eddy, Nelson 176
Edward, Prinz 170
Einstein, Albert 114
Elßler, Fanny 84, 85
Eysler, Edmund 56, 94

Fall, Leo 47, 56, 65, 70, 75, 82, 99, 100, 101, 102, 103, 106, 107, 109, 117, 126
Fall, Moritz 56
Fedak, Sary 81, 165
Felsegg, Rosa 105
Fenn, Frederik 67
Ferdinand, Zar von Bulgarien 54
Fiebich, Zdenko 195
Fischer, Betty 132, 155
Flotow, Friedrich von 150
Forst, Willi 185
Franz Ferdinand, Erzherzog 86
Franz Joseph I. 73, 98
Fresnay, Pierre 170, 172, 198

Freund, Grete 126, 127
Furtwängler, Wilhelm 81

Geller, Oskar (= Spontelli) 24, 25
Gentz, Friedrich von 84, 85
Georg, Rita 125, 140, 155, 165, 168
Gershwin, George 145, 153
Gilbert, Robert 182
Girardi, Alexander 37, 56, 65, 70, 86, 100
Goebbels, Joseph 158, 160, 162
Goldmark, Carl 12
Grädener, Hermann 12, 14
Graetz, Paul 124
Graf, Max 207
Granichstaedten, Bruno 56, 130
Grant, Gary 176
Gregor, Hans 68, 72, 75
Grünbaum, Fritz 47
Grünwald, Alfred 67, 109, 110, 111, 118, 139, 159, 160, 161, 193
Guitry, Sascha 134, 135, 136, 140, 143
Günther, Mizzi 127

Haas, Waltraud 204
Hanslick, Eduard 12, 13
Hardt-Warden, Bruno 138
Hasse, Otto Erich 198
Haßreiter, Josef 72, 73
Hauptmann, Gerhart 50
Heller, Leo 31
Hellmesberger, Joseph 37, 56
Hertz, Alfred 148
Herzmansky, Bernhard 38
Hesterberg, Trude 103
Heuberger, Richard 36, 38
Hilbert, Egon 192
Hirsch, Arthur 125
Hirschfeld, Ludwig 165
Hitler, Adolf 158, 173
Hofmannsthal, Hugo von 68
Holländer, Viktor 26, 27
Holm, Grete 53
Holzschuh, Lizzi 132
Hopkins, Miriam 152, 157
Horwitz, Willibald 13

Imhoff, Fritz 155, 198

Jacobson, Leopold 41, 42, 46, 50, 51, 83, 106, 123, 138
Jascha, Oscar 156
Jeritza, Marie 154, 172
Jonson, Al 144
Jourdain, Pierre 198
Judtmann, Fritz 187
Jürgens, Curd 198

Kalbeck, Max 12, 15, 20
Kálmán, Emmerich 56, 75, 82, 87, 91, 150, 152, 204
Karczag, Wilhelm 38, 93
Karl I. 98, 99, 104
Karl V. 98
Kartousch, Louise 128, 166
Keaton, Buster 146, 154, 155
Kern, Adele 163
Knepler, Paul 164, 168, 174, 177, 180, 182
Koppel, Robert 26, 27
Korn, Erich 42, 59
Körner, Theodor 190
Korngold, Erich Wolfgang 13, 146, 193
Kraus, Karl 87
Kückelmann, Gertrud 200
Küppers, Topsy 200

Lammasch, Heinrich 104
Lanner, Joseph 84
Leander, Zarah 165, 204
Lehár, Franz 33, 38, 39, 46, 47, 55, 61, 65, 75, 82, 83, 87, 92, 99, 100, 101, 103, 123, 140, 181, 204
Léon, Victor 38, 58, 61, 65, 93, 94
Lieske, Trude 163, 166
Liliencron, Detlev von 28
Lind, Jenny 149
Löhner, Fritz (= Beda) 164

Lothar, Rudolf 50, 62
Lubitsch, Ernst 146, 151, 152, 157, 158

Mac Donald, Jeanette 146, 159
Mahler, Alma 39
Mahler, Gustav 17, 39, 50, 53, 62, 72, 73, 80, 81
Makart, August 165, 174, 203
Makart, Hans 165
Makart, Kitty s. Straus, Katharina Ester Rosina
Mangold, Erni 198
Marchand, Leopold 170, 175
Mardayn, Christl 198, 204
Marischka, Hubert 66, 67, 83, 107, 128, 130, 132, 136, 139, 140, 142, 143, 150, 152, 153, 155, 156, 163, 166, 180
Marischka, Lilian (geb. Karczag) 132, 143
Mars, Mela 81
Marton, Paul 155
Massary, Fritzi (= Massarik) 29, 110, 111, 112, 117, 118, 119, 120, 121, 125, 126, 127, 130, 131, 152, 158, 159, 160, 161, 162, 165, 200, 206, 207
Mayen, Hertha 186, 187
Mayerhofer, Elfie 200
Meilhac, Henri 38
Menuhin, Yehudi 114
Millöcker, Carl 32, 58
Molnár, Franz 80, 114, 176
Moore, Grace 149, 150
Mörike, Eduard 31
Moser, Hans 132, 166, 198
Mottl, Felix 81
Mozart, Wolfgang Amadeus 134, 188
Muliar, Fritz 198
Müller, Hans 41, 42

Nansen, Peter 70
Nedbal, Oscar 58, 84
Negri, Pola 146
Nestroy, Johann 198
Neumann, Helene (= Nelly Irmen) s. Straus, Helene
Nießner, Tony 200
Nietzsche, Friedrich 23
Nikisch, Arthur 81, 114
Novarro, Ramon 150

Odilon, Helene 32
Offenbach, Jacques 14, 32, 33, 66, 89, 172
Oliven, Fritz (= Rideamus) 31, 33, 34, 37, 96
Ophüls, Max 180, 184, 185, 187, 188, 198, 199, 200
Österreicher, Rudolf 165
Pallenberg, Max 110, 114, 118, 119, 120, 130, 131, 158, 162
Palmer, Lilli 206
Pamer, Michael 84
Paulik, Anton 140
Pfitzner, Hans 81
Polgar, Alfred 112
Pollini, Bernhard 17, 20
Prawy, Marcel 188
Prebil, Inge 121, 165, 179, 208
Prebil, Peter 208
Preger, Miksa 95, 126, 127, 128, 155
Printemps, Yvonne 134, 136, 143, 170, 172, 173, 180, 184, 190, 198
Pserhofer, Arthur 32, 59
Puccini, Giacomo 81, 82, 153

Qualtinger, Helmut 198

Raimund, Carl 75
Raimund, Ferdinand 70
Regel, Heinrich 72, 73, 77
Reichert, Heinz 93
Reinhardt, Heinrich 33, 55, 74
Reinhardt, Max 30, 116
Reny, A. 84
Rezniček, Emil Nikolaus von 62
Robinson, Armin 163, 168, 175, 177, 181, 182
Roda Roda (= Sandor Rosenfeld) 57
Roger, Germaine 198
Rogers, Ginger 176
Ronacher, Anton 95, 96

Rosay, Françoise 165
Rosé, Arnold 16
Rößler, Karl (= Franz Reßner) 26, 57
Rott, Adolf 186, 187
Rotter, Alfred und Fritz (= Schaie) 128, 136, 139, 140, 160, 162

Salten, Felix (= Friedrich Stollberg) 64
Saltenburg, Heinrich 104, 116, 117, 123, 124, 125, 129, 131, 164
Saphir, Moritz Gottlob 84, 85
Sardou, Victorien 61
Schaljapin, Fjodor 114
Schalk, Franz 70
Schanzer, Rudolf 25, 30, 124, 125, 140
Schmidt, Franz 81
Schmidt, Josef 172
Schmidt-Bölke 158
Schnitzer, Ignaz 37, 38, 47
Schnitzler, Arthur 28, 33, 42, 50, 58, 59, 67, 68, 70, 87, 150, 163, 164, 180, 184, 185, 191, 192
Schnitzler, Heinrich 164
Schönberg, Arnold 28, 30, 50, 80
Schönböck, Karl 186, 187
Schönherr, Max 140, 205
Schönthan, Paul von 31
Schreker, Franz 80
Schwind, Moritz von 84, 85
Seemann, Elsa Laura 30
Seidler, Alma 198
Selim, Josma 81, 97
Serak, Marta 124
Shaw, George Bernard 50, 51, 52, 57, 173, 176
Sica, Vittorio de 200
Singer, Clara s. Straus, Clara
Simons, Rainer 20, 21
Sladek, Maximilian 116
Slezak, Leo 162
Slezak, Walter 152
Smetana, Friedrich 193, 195
Speidel, Ludwig 12
Stankovsky, Ernst 200
Stein, Leo Walter 66, 67, 83
Steiner, Fritz 155
Stern, Alfred 9, 13, 14, 16, 49
Stern, Carl 9
Stevens, Rise 176
Stolz, Robert 47, 53, 56, 148, 204
Straus, Clara (geb. Singer) 50, 54, 86, 112, 145, 153, 171, 192, 199, 200, 203, 206, 207
Straus, Erwin 64, 121, 156, 177, 187, 190, 205, 207
Straus, Gabriele (geb. Stern) 9
Straus, Helene (geb. Neumann) 16, 30, 86
Straus, Katharina Esther Rosina (vereh. Makart) 2, 21, 30, 37, 49, 54, 74, 86, 121, 165, 174, 179, 184, 203, 207, 208
Straus, Leo 18, 49, 121, 174, 179
Straus, Louis (Sohn) 16, 49, 99
Straus, Louis (Vater) 9
Straus, Walter 64
Strauss, Richard 68, 81, 114, 129, 188
Strauß, Eduard 10, 15
Strauß, Johann (Vater) 48, 84, 163, 165, 169
Strauß, Johann (Sohn) 10, 14, 15, 20, 32, 37, 47, 48, 56, 72, 73, 83, 84, 99, 100, 108, 114, 149, 153, 163, 165, 178, 183, 196
Strauß, Joseph 10, 56, 183
Strawinski, Igor 78
Streitmann, Karl 14
Streseman, Gustav 114
Strindberg, August 32
Stritzo, Josef 47
Strohlendorf 75
Stürgckh, Karl Graf 98
Suppé, Franz von 32, 66
Swanson, Gloria 146

Tauber, Richard 119, 170
Thelen, Friedrich 84
Thellmann, Erika von 124
Thimig, Hermann 117
Tibbett, Lawrence 150
Tiller, Nadja 198
Toscanini, Arturo 152

Trau, Herbert 127, 133
Trebitsch, Siegfried 51
Treßler, Otto 120, 140
Truman, Harry 178

Uher, Bruno 198
Unterkirchner, Hans 204

Valetti, Rosa 129
Verneuil, Louis 159, 177

Wacek, Wilhelm 83
Wagner, Richard 11, 14, 79
Waldau, Gustav 200
Waldbrunn, Ernst 204
Waldemar, Richard 132
Walter, Bruno 81
Wassmann, Hans 129
Wedekind, Frank 30, 32
Weigel, Hans 198
Weinberger, Charles 94
Weingarten, Paul 58
Weingartner, Felix 62, 63, 68, 73, 81, 99
Welisch, Ernst 124, 125, 140
Werner, Gustav 53
Wertheimer, Paul 84, 85
Wieland, Guido 204
Wilde, Joseph 84
Wilhelm II. 94
Willimetz, Albert 170, 175
Willner, Alfred Maria 47, 66, 67
Wimpers, Arthur 67
Wohlbrück, Adolf (= Anton Walbrook) 185
Wolzogen, Ernst Freiherr von 23, 24, 25, 26, 28, 29, 30
Wottawa, Rita 200
Wymetal, Wilhelm von 70

Zeller, Karl 56
Zemlinsky, Alexander von 13, 80
Ziehrer, Carl Michael 37, 56, 58, 80, 81, 84, 92
Zwerenz, Mizzi 66

Bildnachweis

Bildarchiv der Österreichischen Nationalbibliothek, Wien: 97; Fritz Kern, Wien: 191. Die übrigen Bilder sind aus Privatbesitz.